神とともに

偉大とは己の真心なり

第一集

神立《かみたて》 学《まなぶ》

明窓出版

本書を手に取られた皆様へ

本書を手に取られた皆様へ

この書は神の心の中で作られた、いままでに類のない書かも知れません。関心のあるお方は、お手元に置いてみてください。いままでの地球文明の中に出てきた書物とは異なり、読んで知識として満足させるような書物ではなく、真剣に人間としての生き方を省みる本になるかも知れません。真理を探求しつつも、これまでの神の世界や宗教の世界では満たされなかった方には、本書の内容を理解して頂けるかもしれません。いままでの宗教観から発するものとは異なる世界であると思われます。

創造の神様は二十世紀から二十一世紀にかけてひとつの魂を地上に降ろしました。肉体はどこにでもいる普通の人間として在りながら、内には天の魂を戴いておりました。彼は人間の作った価値観の中で教育を受けるのですが、その魂が、束縛の多い人間社会の中からどのようにして天の意識へと脱皮していくかを、創造の神は宇宙最奥の扉から沈黙を守ったまま、ただ見つめていらっしゃいました。そしてその経過を地球の命運を計る一つの目安とするべく天から降ろした魂でもありました。

二十世紀に入り、創造の大元の意識と余りにもかけ離れた人々の有り様に、天にいた時の力を消し去った普通の人として農家に生まれ、特に高い学歴も持たず、地位も持たず、しかし家族を持たされ、肉体の煩悩と天の意識の狭間《はざま》で常に苦しみ葛藤しながらも、強い精神力で欲に負けることなく、魂を汚すことなく、自分の天命を果たすために生きようとする、あるひとつの魂の実話です。この実話をあなたは受け止めることができるでしょうか。受け止める心をお持ちになれるでしょうか。

恐らく一般の方々には、夢物語か創作話としか思えないでしょう。この実話の真実性を理解できる方は、天から来た魂をお持ちの方であるかも知れません。そして、自ら二十一世紀の扉を開き、二十一世紀の宇宙文明の世に生きられる方であるかも知れません（宇宙文明とは、高い精神性と、自然と共に在ることを意識に置いて展開される文明であると思います）。どうぞ皆様、お一人お一人が、自分がどこから来て何をしに来たのか……、もう一度、よくよく思い出してみて頂きたいのです。

たくさんの、天から降ろされし魂たちが各自の天命を知って動き出すとき、地球もまたようやくにしてその本来の天命である〝宇宙のオアシス〟としての軌道を歩み出すことができるのです。

本書の主人公であるS氏は、三十代にして目覚め、天命に向かって突き進んだ人であり、「神の奇跡の物語」とでも題したい半生であるように思えます。「その心を持つと、誰にでもできることです」と言われたS氏の温かな言葉を忘れることができません。

＊本書の文中、筆者を通して頂戴しました神様からのメッセージや、主人公のS氏の話し言葉で、文法からはずれるような表現が多少あるかも知れません。極力、意に沿っての校正を施しましたが、そのままでも意味が通じ、かつそのままの方が活きた表現になると判断できた箇所は、あえてそのままにさせて頂きました。皆様のご了解をお願いする次第です。

＊S氏の言葉は、神との対話で語られたものがたいへん多くございます。神に対しては、深い思いやりと共に、非常に厳しく接していく部分がございますことを、予め皆様にお伝えをし、深いご理解を頂きたく思う次第にございます。

序

世の中にこのようなことがあるのでしょうか……。この方（S氏）が祈ると、そして話をすると、まるで言葉が物質化するが如く、話の内容を証明するが如くものごとが形を伴って動くのです。例えば、この方が南極に初めて行かれた時のこと、南極の鯨たちに「沖縄にも来てネ」と言ったら、何十年も来ることのなかった沖縄に、それ以来鯨がお目見えするようになったのです。

　また、紛争のある地域に行って祈りますと、紛争が静かになったり、或いは終息したりすることも度々ありました。

　そして、とても不思議に思えたことがあります。幾つかの滝へお供をさせて頂いた時のことです。この方は、初めての滝に入られる時には、その前に必ずしっかりとお祈りをなさいます。祈る前と後とでは、滝の様子に明らかな変化が見られるのです。私はこの方との出会いを頂いて以来、お供をさせて頂く毎にさまざまな光を見せられるようになりました（一人でいる時には、あまり見ることはありません）。この方は、「滝を開く」という言葉を使われますが、祈りの後の開かれた滝には光が生じるのです。滝に入られた時の写真を見せて頂いたことがありますが、まさに、滝の水そのものが、輝くオレンジ色、黄金色の光そのものであり、この方の身体の周囲に光が充満しておりました。S氏に初めて滝に案内して頂きました時のこと、氏が滝に入りますと、にわかに滝の元（水が落ち始めるところ）にいくつかの龍体が光となって見えたのです。まさに、前に見た写真の如く、神の光のシャワーを浴びるお方なのだと驚いた次第です。すぐさまカメラに収めたのですが、写真にはその情景は写りませんでした。神様は私の目に焼き付けられたのです。日本の神道では、鳥、獣、草木、海山、水、これら万物に神が宿ると言われます。日本人にとっては昔から当たり前なほどに馴染みのある考え方であると思いますが、そうした自然の神々をも動かす力をこの方はお持ちなのでしょうか。

また、S氏が話をしている時、その話の中の動物がひょっこり目の前に現れる時、まるで魔法使いのおじさんのように思えることさえあります。この方のお供をさせて頂くと、話だけで終わらずに現実に目の前に見せられてしまうので、これは疑いようのない事実と思い知らされるのです。

S氏のことをある霊能者は、「宇宙真理から使わされた光であり、宇宙の真理から使わされた光はSのみ」(Sとは、S氏の略称)。

また別のある霊能者はS氏について、

「創造神の最後の申し子である。創造神は太陽系の神を通して、地球にさまざまな〝聖者〟と呼ばれる人を遣わしたが、S氏は最後の砦だ」と言われたそうです。

そして平成十三年の夏、私が氏のお宅を訪れている時、氏の伯母様がお連れした老齢の霊能者は、S氏宅を初めて訪れたのにも拘わらず、

「貴方は私たちをも救って下さる人ですが、世界に向けて救いをする方です。今日はお会いすることが出来てうれしいです。ありがとうございました」と、丁寧に挨拶されたのです。このように、何らかの縁で突然S氏宅を訪れては、氏の魂について語っていく霊能者がいままでに何人もいらっしゃったようです。しかし氏は常に「私は普通の人です」と言って気負うところは全くなく、淡々と生きていらっしゃいます。

S氏は、沖縄県の北部に位置する山原《やんばる》の、自然の豊かな地に生まれました。苦労しながらも二十代前半で独立し、幾つもの会社を経営する青年実業家でありましたが、十年を経た三十五歳の時、突然それまで苦労して獲得した実業家の地位を捨て、一介の日雇い労働者としての人生を歩むことになるのです。両親、奥様、そして五人の子供の父親として一家の生活を支えながらも、多くの子供たちを救いたいという純粋な思いから始まった小中学校への絵本配り。まずは母校の小中学校から、やがて沖縄全土、そして九州の一部の学校まで、花の種と絵本を配る旅。そしてある時、神様が現われ「祈りの旅に出て下され」という願いをされ、より大きな使命に衝《つ》き動かされて、地球のための祈りの旅が始まったのです。今日までの二十年近くの間、日本はくまなく巡り、世界は百数十カ国にも及ぶ祈りの旅。世界一周を二度もされて、そのうえ北極点へ二度、南極大陸へ二度……。

S氏とはいったいどのようなお方なのでしょうか。氏については既に何冊かの本で紹介されております。いずれの著者も、S氏と出会った瞬間に、強烈に魂を揺さぶられ、氏について書かずにはおられなかった方々でありました。そして、S氏の絵本配りから始まった活動は、二〇〇二年の一月現在で二十年目でしょうか。私が出会いを頂いたのは一九九七年ですが、その後一九九九年からはたいへんな神界の謎が明かされ始めたのです。

私はS氏のエネルギーに触発《しょくはつ》されながら、とても高い次元からの神のメッセージを受けるようになり、また、S氏へのさまざまな神からのメッセージを、分かり易い言葉で受けるようになっていました。神とS氏との間で交わされる話を聞くにつけ、また、光を見るにつけ、世の中にこんな方がいらっしゃるのだろうかと、自分の耳を、目を疑いながら歩んだことは再三です。しかし、S氏の真心から出る一つひとつの行動に、やがて疑うことを放棄させられてしまったのです。

しかし、愚かというしかありません。S氏の温かい真心からの言葉や姿、そして奇跡的な事象《じしょう》等々を見せられましても、また、神様からのS氏に向けてのメッセージを、私の口を通してお伝えさせて頂くというお役を頂きながら、それでもなお、私はS氏のまことの姿を信じ切れなかったのです。S氏が、普通の人としての肉体と、まことなる神の魂とを併せ持つことを事実として受け止め切れず、何年もの間とても苦しい日々を送りました。しかし、この本を書かせて頂いているいまは、S氏は宇宙の親神様（創造神）から地球を救うために下された魂である、と私の心に深く刻むことの出来る日を迎えさせて頂いております。今日のこの日までの八年の間には、S氏にお詫びしなくては……と思うことやたくさんの感謝の想いがさまざまに入り混じっております。S氏と今生で巡り合わせて頂けた希有ともいえるご縁に、真心から感謝を申し上げる次第です。

これからこの本の中で、S氏については「S先生」、または「先生」と呼ばせて頂くことに致します。なぜ「先生」かと申しますと、半世紀をとても我が儘に生きてきた私でしたが、そのような私でも変わることができることを、次から次へと見せて下さるのです。世に、「子は親の背を見て育つ」とありますが、まさにそれです。私にとりましては最高の師となったのでございます。師と呼ばせて頂くことも実はたいへんおこがましいことなのですが、この本を最後までお読み頂きますと、その意味もおわかり頂けることと思います。

S先生と接しての印象は、馥郁《ふくいく》たる梅の花の如き気高さ、海のような大きさで包み込む真心の愛、高炉のように燃え盛る情熱、岩をも砕く大波のような心の強さ、生きとし生けるものの御親のような温かくも深い思いやり、それらを一身に併せ持ち、目に見える姿は人間なのに光の中に溶け込んでしまわれるような、まるで神様のようなお方でした。一九九七年五月十一日、初めてお会いしたその時、私の目に映るS先生のお姿は〝光〟そのものでした。そこには光しかなく、肉体の姿は消えておりました。初めてお会いした時から、真《まこと》のお姿を見せられていたのです。

沖縄のある景勝地にこんな碑文があります。

「生命《いのち》とは
自然の中にあり、
自然と共に生きる」

人間は自然の一部に他なりません。S先生と接しておりますと、そのことを本当に実感せずにはおれません。「人間とはこう生きるとよいのですよ」と、生き方のお手本（原則）を示して下さっているような気が致します。誰よりも人間らしく生きている……先生にはこの言葉がピッタリかもしれません。飽くなき欲の追求の果てに作られた、物質文明の粋を極めたこの社会の中で、諸々《もろもろ》の欲に縛られず生きていかれるということは、ひょっとしたらこれは神様のなさっていることではないかしら……。人としての原点を見失い、根無し草のようになった多くの現代人に、神が化身して「人とはこうあるべき」と教えているのではないかと、ふと思ってしまいます。……いや、本当はそうなのです。神は、私にそう教えて下さいました。

S先生について書かれた本はこれまでに十冊近くになりますが、その第一弾となった「目覚め」（新装改訂版として、明窓出版から再版）の本が世に出るまでは、先生はご自分が世に知られることを強く拒んだようです。しかし、「目覚め」の本を読んでから先生と出会った人たちのあまりの変わり様に、考えを改められたようでした。

しかし先生はどこまでも謙虚です。

「私は人を指導するなんてできません。ただ自分の考えるところを生きているだけだからね」とおっしゃるのですが、先生のお姿を後ろから拝見しておりますと、強く反省しなくてはならない自分がそこに見えてくるのです。七年間、先生のお姿を拝見して参りましたが、先生との直接、間接の関わりの中から私が体験させて頂いたさまざまなお話や事実は、私の心の中にだけしまっておくのはあまりに勿体ないことばかりでした。そうした先生のことを多くの人たちに知って頂きたく、先生について書かれた本をこれまで、多くの人たちにお渡しして参りました。

それと並行して、それらの書に書かれている内容とは別に、私自身が体験したことがらの中から、皆様にどうしてもお伝えしたい、お伝えすべきと思われることが、次から次へと果てしないほどに出て参りました。しかし、文章の才を天から頂いていない私は、いつの日か、いつの日か本に書かなければと思いながらも、一向に手が着かないまま月日が流れておりました。そんなある日、私は十人十色という諺があることに気がついたのです。「そうだ、私の拙《つたな》い文章でも待っていて下さる方々がどこかにいるかも知れない。先生とご縁を頂いた、それにまつわる体験からの文章だったら綴れるかも知れない」と、思ったのです。先生との御縁を、心ある方々に更につなげていくための入口として、お役に立たせて頂けるかも知れないと思い、ペンを持つことを決心致しました。

先生が何のために地球に肉体を持って存在するのか。まことの〝神〟とはどのような存在であるのか。S先生のまことのお姿はどのようなものなのでしょうか。世の多くの方々が先生の存在を理解し受け止めることができた時、世の中は短期間で大きく変わっていくことでしょう。

私は大学を卒業する時、自分のすることが直接的に世のため人のためになることを感じ取れる仕事に就きたいと思いました。しかし大学時代、私は容易に解くことのできない二つの大きな心の問《つか》えを持っていたために、小学校一年生からの夢であった教師になるための採用試験も受けぬままになっておりました。そして結局は警察官として歩み始めたのですが……。

交通警察、刑事、日本で初めての婦人騎馬警察官と、女性としては異色の部署を経験しながらも心の奥底では満足できず、禅寺にて座禅を組んでみたり、心の修養になりそうなセミナーに参加してみたり、宗教に入ってみたりと、〝ある答〟を求めてさまざまに体験を致しました。

そして、昭和五十七年のある日、夜も更けた十時頃、五、六人の小学生が広場で遊んでいる現場を目撃したのです。子供たちに聞いてみると「昼は塾通いで遊べないから、夜遊んでいる」というのです。何かが狂い始めている。この子供たちの姿は限られた少数派ということではないような気がしました。世の中の流れが、修正の利かない大きな力で逸《そ》れ出して、それがそのまま子供の心と姿に映し出されているようで……、まさに背筋が凍る思いでした。

しかし、それ以上に変化しているものに私は気づいたのです。それは子供たちの心の環境もさることながら、全ての命を支えている地球の息づかい（環境）でした。警察官としての十二年間、私の心と身体で感じ得たもの。子供たちも地球も、このままでは世の中おかしくなっていく……。何かしなくては、何かしなくては……。自分に何ができるのかも見えぬまま、私は子供たちのために、地球のために働きたいと思いました。そうした私の気持ちを形に現していくための何ができるというのだろうか。まず辞めることから一歩を踏み出そうと思い、昭和五十八年、それまで十二年間勤めさせて頂いた警視庁を去ったのでした。

しかし、その頃の地球への想いは、いまから思いますととても底の浅いものでした。私はS先生との出会いがなかったら、地球のことについて現在のように深く思うことはなかったでしょう。地球への想いが深まるにつれて、自然の中に息づく神と人との関わりがどうあるべきか、S先生の一言ひとことが〝神と共にある生活〟へと私を誘《いざな》って下さったのです。そして、私の心の閊《つか》えになっていた疑問も、やがて解ける日がくるのです。

次のようなS先生の祈りの言葉の中に、大きな気づきを頂けたのでした。

偉大とは宇宙なり
宇宙とは真理なり
真理とは神なり
神とは無なり　空なり　まことなり　愛なり　慈悲なり　光なり　大自然なり
そして己の真心なり
宇宙八百万《やおよろず》の神々様、地球八百万の神々様が和合をとり
宇宙永遠の安泰と

地球全生物に調和がとれ
万類に幸あれとかしこみ かしこみも申す
世界が平和でありますように
万類が安泰でありますように
人々が直《なお》き 正しき真心を持ちますように
宇宙よ 永遠であれ
地球よ 永遠であれ
大自然よ 永遠であれ
そして神々様よ
永久（とわ）に永久（とわ）に永遠であれ

一九九七年五月十一日、待ちに待った日、初めてS先生にお目にかかることの出来た日。S先生のこのお祈りを耳にした時、涙が止まらなかったことを憶えております。ペンを持ついまも、先生のこの祈りの声が心に響きますと、涙が頬を伝わります。

私の大学時代からの心の問《つか》えは、「天命を知り真理を知る」、ということでした。

「真理とは神なり　神とは無なり　空なり　まことなり　愛なり　慈悲なり　光なり　大自然なりそして己の真心なり」。この祈りの言葉に、私の心と魂は打ち震えておりました。S先生に出会い、この本を書かせて頂いているいまは、問《つか》えも消え、素直にS先生の下《もと》に伺えるようになりました。私はこれまでの人生を、総じて、自信を持って生きてきたような気がします。一度立てた目標を途中で放棄するという経験があまりなかったからでしょう。そんな私にS先生は、

「自信というものは持ってもよいが、偉そうにしてはいけない。偉くなってはいけないよ。強い人ほど表に出さないものだからね。自信は人に見せて思わせるものではないからね。あなたはもっと謙虚《けんきょ》になりなさいよ」と、やさしい声ではありましたが、芯を突いた助言を下さいました。家に戻ってからこの助言をしみじみと味わいかえした時、S先生は真心から相手の人のことを考えて下さる……と感じられ、また涙が頬を伝わるのでした。

先生は私に「自分は世界で一番駄目な人間だと思いなさい」とまで言われました。私の心の中をえぐり取って目の前に見せられたような、端的で適切な助言でした。更に、「神とは、謙虚である」とも申されました。

このように話される先生ご自身、まことに謙虚なお姿でした。全大陸をまわっても、何を書くということもせず、何か世に示すということもせず、ひたすら、地球のために祈っておられるのです。なぜひたすら地球のために祈ることができるのか、S先生という存在の大きさが、やがて私にも分かる日がやってくるのです。そして、先生の謙虚さは次のようなところにも窺《うかが》えます。何人もの方から、「連絡事務所を構えて下さい」とか、「貴方ほどの方が、どうして宗教を作らないのですか」とまで言われます。でも、「私は教えるほどの者ではありません。指導するほどの者ではありません。宗教を作ると枠が出来、その枠を守ることが大切になります。また、そこに集って専従する人たちを守らなくてはなりませんよね。自分がこれからもっともっと成長しなくてはならないのに、他人《ひと》を指導するな

んでできません。ですから宗教も作れないのです」とおっしゃるのです。私は、ただただ頭が下がる思いでした。また、こんなことも話して下さいました。

「世直しをしようとする人々は、発心はみな素晴らしい。しかしその人たちの間違いは、ある時期がくると、名を出して名誉が欲しくなることにあると思うのだけれど」。

まことにそうであると、心の底から思いました。「無にして人を化す」という素晴らしい言葉がありますが、S先生はまさにその通りのことを実行していらっしゃるお方であると思います。このことを立証するかのように、先生のお子たちの、立派に成長する姿があります。息子さん二人は既に学業を終えられましたが、中学校の頃から、周囲に、酒を飲み、煙草を吸う学生が見られる中、「お父さんがしないのに、できないよ」と言って、酒にも煙草にも手を染めませんでした。親の背中を見て育つとはこのことではないかと思うのです。私は、これほどまでに謙虚な方が世の中にいるだろうかと、先生のお姿を拝見する度に思えてなりません。S先生に出会わせて頂きましたお陰で、大きな大きな存在の地球に対して謙虚でありたい、そして、地球のために精一杯働いてみたいと、心の底から思うようになったのです。

本書を読まれて、一人でも多くの方が、宇宙に二つとない、宇宙におけるエデンの園＝地球という星に生を頂いて、神と共に、自然と共にある生活へと誘《いざな》われていかれますよう、真心から祈る気持ちでございます。

目次

一章 「出会いと私」

一 奇跡の本「目覚め」と出会う

一九九七年三月、「目覚め」という一冊の本が、当時市会議員だった方から送られてきました。その方とのご縁も、とても不思議なものでした。私が主催する健康教室を通してその方のお嬢様とご縁があり、お父様である市会議員の方から腰痛の相談を頂いたのです。この時お会いできたご縁に端を発するその後の出来事を思いますと、その方には筆舌に尽くせぬ感謝の気持ちでいっぱいでございます。

その方から送られてきた一冊の「目覚め」の本が、私の人生を大きく変えることになるとは、当時の私に分かろう筈もありませんでした。本が送られてきたその日は、一日中とても忙しく包みもそのままで、夜遅くになって開いたのでした。東京都奥多摩近辺の三月半ばの夜は、まだまだ冷えます。寝《やす》む準備をし、布団に潜り込んで読み始めました。食い入るように読み進む私の目に、涙が滲み始めました。ページが進むにつれ涙が溢《あふ》れてきました。手では拭いきれずにいるのに、立ち上がってタオルを取るという気になれず、手で拭い拭い読み続けました。このように心の奥底を揺さぶられたことは、かつてなかったことでした。このときの感動は一体何なのでしょう？ それまで体験したことのある感動とは異なる次元の、存在というものの本当のふるさとにつながっていくような、そんな深さがありました。乾いた私の魂が、たっぷりと湛えられた清水《せいすい》に浸されて、生まれたての瑞々《みずみず》しさを取り戻していくようでした。

一行を幾度も繰り返して読むこともあり、こんなにも一つひとつの言葉を味わいつつ読ませて頂いた本は、過去にはありませんでした。そして読み終えて静かに本を閉じたとき、不思議な光景を見せられたのです。閉じた「目覚め」の本が、黄金のオーラに包まれていたのです。私は自分の目を疑いました。

「えっ！　これは何！　黄金のオーラ！　私は何を見せられたの……」と、思わず心の中で叫びました。感動と共に読み終えた後の驚くばかりの光景に、まんじりともしないで朝を迎えました。この不思議な体験と同時に、「目覚め」の本の中の「先生」という方にお会いしたいとこみ上げてくる気持ちも手伝い、夜明けがとても待ち遠しかったのを憶えております。

朝、はやる気持ちを抑えながら、本を送って下さった方に電話をし、お礼の言葉と共に、「本の中の、『先生』という方にお会いしたいのですが……」と申しますと、「沖縄の方ですから、すぐには会えません」というご返事。私は飛行機にも乗ったことがないのに、「ええ、私はこの方にお会いできるなら、どこへでも行きます」と申しました。議員の方は続けて、「この方は、お忙しい方ですから、そのうち東京に来た折にお会いできると思います」とのことでした。

私は心の中で叫んでいました。会いたいなぁ！　会いたいなぁ……！　忙しいお方と聞かされながらも、会いたい気持ちが募るばかりでした。そしてふとその時浮かんできた思いによって、心に明るく灯が点りました。

「私がこんなにも心を揺さぶられた本。こんなにも感動した本。市会議員の方が私に送って下さったように、私もこの本を配ろう！」。思うが早いか、その日のうちに出版社に電話をかけ、三十五冊の「目覚め」の本を注文しておりました。するど、何と！　お会いしたこともない、「目覚め」の著者から直接お電話を頂いたのです。「『目覚め』の本をたくさん求めて下さり、有り難うございました」という内容のものでした。私は見ず知らずの著者の方に失礼なことであったかも知れませんが、夢中になって語りました。

「こんなにも素晴らしいご本を書いて下さいまして有り難うございました。私は大学を卒業する時に、世のため人のためになる仕事に就きたいと思っておりました。しかし、これといって何も出来ずに、現在に至っております。一人っ子の娘が幸せに生きて欲しいと思う時、自分の子供だけが良い学校に入り、希望の就職ができたとしても、受け入れる社会が平和でなくては、決して娘は幸せではないのです。私は娘のためにもこの『目覚め』の本で世直しをしたいと思います。現在《いま》の世をどうにかしなくては、と思っていますが、私自身は何か出来るという人間ではありません。しかし、この『目覚め』の本をたくさんの方に読んで頂くことによって、世の中の何かが変わっていくような気がしてならないのです。本の中のお方にお礼を言えないので、貴方様にお礼を申し上げます。本当に有難うございました」。

そしてこの時から、「目覚め」の本配りが始まったのです。一人でも多くの方にこの本を読んで欲しい、そう思う一途な気持ちからでした。経済的にゆとりがあってのことではありませんでした。共働きで得たお金の中から本を購入するのですが、夫婦合わせてもゆとりがあるとは言えない家計の中、夫に申し訳ないと思いつつ気兼ねをしながらも、でも本を注文するときには嬉しくて嬉しくて、夫に手を合わせるような思いでした。

やがて、「目覚め」の中の「先生」に会わせて頂くことになるのですが、その一年後には、前述したこの本の黄金のオーラについて、先生から納得のいくお話を伺える時が訪れるのです。

二　ふるさとの地

「目覚め」の本の黄金のオーラを見せられた時、私の心には、驚きと無性にお会いしたいS先生への思いに加え、母から何度となく聞かされていたある話をふと思い出しておりました。

私のふる里は、関東平野の西壁の近くに位置し、私の小さい頃は自然の恵みが豊かな土地でした。中学も村の東と西に別れ、東中学だけで百八十名ほどおりましたが、現在では過疎化が進み、村の中学校全体でも五十名位になってしまいました。

水清らかに空気は澄み、夜空には星が降るほどに輝いて、緑も豊かでした。春から秋の季節は四方の山々の移り変わりがとても美しく、秋には栗や胡桃《くるみ》の木にいっぱいの実がなりました。裏の畑には柿がたわわに実り、木登りをして取った柿を頬張りながら遊んだものです。私に限らず当時の子供たちは皆とても活発で、自然がいっぱいの環境の中で育っておりました。

私は小さい頃から〝変わった子〟だったようです。たとえば、夕方遊んで帰る途中、動く灯《あか》り（普通の人の肉眼では見えない光だったのかも知れません）を見て、その灯りがある家の屋根で消えると、「あの家の人が、誰か死んじゃうよ」とか……。一緒に遊んでいる友達に灯りの見えることを話しても、誰も見えないと言うのです。「どうしてみんなは分からないのだろう」と、不思議でたまらない時期がありました。そのようなことが一再ならずありました。そんな私の感覚は生まれついてのものかもしれませんが、母によって育《はぐく》まれた部分も大きかったのではないかと思えます。

私の祖母は四十七歳の若さで亡くなりました。母はその時二十七歳だったそうです。祖母は昔の人でありながら、学問から織物・和裁まで田舎の人にしては珍しく何でも出来、近所の人たちをよく指導していたそうです。母はそんな祖母の姿を見て育ったために、祖母がこの世を去った後、「人を頼らずに生きていこう」と、思ったそうです。そんなとき、父の部落に住む品の良いおばあちゃんが訪れ、「ご先祖を大切にすることは、とても大切です。お経を上げてごらんなさい」との母への一言で、毎夜、経を読むことを決心したのだそうです。

私が生まれて一ヶ月の頃から、赤子の私を抱いて仏壇の前で経を読み、また、二、三才の頃には膝に乗せて読んでいたそうです。四歳の頃には母の隣にちょこんと座り、母の経が終わるまで聞いていたそうです。そしてそのおばあちゃんは、月に一度私の家にやってきては必ずご先祖の話をしていくのですが、私はそのお話を聞くのがとても楽しみでした。

大学を卒業する頃に気づいたことがありました。五才から十五才の頃まで毎日仏壇に向かい経を読んでおりましたのに、ふるさとの実家を離れると、神仏に向かう想いが薄くなるということです。

生まれ育ったふるさとの自然に対する気持ちが、自ずと神仏に手を合わせる心を育ててくれたのかもしれません。信仰心というものは……少なくとも私の場合には、自然と共に在った日々の生活の中から折々に生じる感謝の心、そこから湧き出てきたように思えてなりません。

神様と言えば、私の父は信仰心の篤《あつ》い人でした。朝起きて顔を洗うと、お日様に向かい、二拍手して祈るのです。また、村内や家の周囲の神様をとても大切にしていました。そんな父が口癖のように、「神山には大きな神様が祀ってあるそうだ」と言っておりました。その神様がどのような神様であったのか、ずっと後になり、S先生と出会わせて頂き深い神の謎が解けたのでした。もし先生と出会うことがなかったなら、父の言っていた、〝大きな神様〟の存在がどのようなものであるかということも、分からず終《じま》いになるところでした。世の中に偶然はない、全て必然である、と母はよく話しておりました。それは母自身が人生の中で実感していたことでもありました。毎春、高野山から来ていたお坊さまが、未婚の十八才の娘（私の母）に、将来、夫となる人が西方の部落から来ると話された……。このことも既に決まっていたことだったのでしょう。そう言えば、父が神山について知ったのも、「父親から聞いていた」、と言っておりました。父方の祖父は、周囲から〝学者〟と言われるほど、色々なことに精通している人でした。また、神様のことについてよく話をする祖父でした。一方、母方の祖父は口数も少なく、生き神様と言われるほど、多くの方から尊敬されている人でした。いまでも、私はそのような家に生まれて幸せ者だと思っております。

父は、他人《ひと》のことをよく考えて行動する人でした。とても愛情の深い人でした。六人兄弟（姉二人）の五番目に生まれ、たいへん苦労の多い人生だったそうだと、母は私に話してくれました。野菜作りが上手で、「野菜作りは子育てのようなものだ」というのが父の口癖でした。七十三才でこの世を去った父に、「父さん、ありがとう」と、心からお礼を言いたい気持ちです。「心を込めて書かせて頂きます」と言って書き始めた、この本の完成した姿を見て欲しいと思っています。私は父に向けて、「目覚め」の本をお経を読むように読んであげたように、完成した本を仏壇にそっと置いて、父の霊に捧げたいと思います。

三　S先生との初めての対面

「目覚め」の本の中に書かれている主人公・S先生に、夢ではなく本当にお会いできる日が来たのです。忘れもしません、一九九七年五月十一日。場所は、銀座の静かなレストランでした。私に本を送って下さった議員の方の紹介で来られた方々と合わせ、二十名ほどの集まりでした。まずは昼食を頂きました。その間、先生の紹介はなく、一体どの方がS先生であるのか、気になりながらも全く分かりませんでした。それほどに、先生はごく普通の方でした。昼食が済み、さあ、お話が始まるという段になって、S先生は大きな包みの中から、卵の大きさほどの揚げ菓子を取り出し、皆に分けて下さいました。サーターアンダギーという、沖縄からのお土産でした。

お土産を皆さんに渡して下さる先生の姿はとてもやさしい笑顔で、そしてとても素朴な感じでした。私はこの時、まさかS先生からお土産を頂こうとは予想だにしておりませんでした。後々、このようなことを含め、S先生の真心がどのようなものであるのか分かるのですが、世界各国、初めて訪れる国には、祈りの旅ですから誰に渡すと決めた相手はなくとも、必ず、沖縄を代表する土産の品をお持ちになられたようです。直接、市長さんに渡すようなことになったり、まるで親善大使のような役割までなさってしまう。いやそれ以上の意味のあることが、先々、先生の存在が明らかになるにつれ、分かってくるのです。そして……、これは私の推測の域を出ないのですが、S先生は沖縄のお土産を、訪ねた国の神様に差し上げるおつもりでお持ちしたのだと思っております。

さて、話は元に戻ります。

議員の方からS先生の紹介が始まりましたが、ご本人の姿がないのです。「えっ!」と思った瞬間、S先生の姿は光に包まれ、光そのものとなっていたのです。何!　何!　この方は何者なのか。光は何を意味するのか……。と思ううちに、S先生の話が始まっておりました。私は一瞬、異次元の世界にスポッと入ってしまったような不思議な体験をしました。身体ごと、心も魂も吸い込まれていくようなお話の内容でした。本では知ることのできない、全て先生の体験からのものであることが、聞く人たちの心を惹きつけるのです。そして最後に、お祈りの言葉を、歌のような節に乗せて唱えられました。

神と共に
光と共に
地球と共に
宇宙と共に
自然と共に

偉大とは宇宙なり
宇宙とは真理なり
神とは無なり、空なり、まことなり、愛なり、慈悲なり、光なり、大自然なり、
そして己の真心なり

……

……

（序章で記述したように、後に続きます）

Ｓ先生の祈りの言葉が始まると同時に、皆の心に感動の波が走り、すすり泣きの声が聞こえます。私などは胸から込み上げてくる、というより、突き上げてくるかのように声を抑えることができず、しゃくり上げるほど泣き声が出てしまうのです。人のお祈りを聞いてこんな状態になったことは、いままで一度もなかったことでした。

やがて祈りの言葉も終わり、先生が口を閉じられた時、議員の方が目をハンカチで押さえながら先生への感謝のご挨拶をしている間、私は我に返りＳ先生を見つめました。

何人かの方が質問した後、私は最初に見せられた光の存在が何であるかも分からないまま、この方だったら、多くの魂を救いたいという私の願いを聞いて頂けるのではないかと思い、初対面なのに厚かましくも先生に申し上げました。

「一九八五年、群馬県の御巣鷹《おすたか》の尾根に墜落した日航機事故によって亡くなった方々の霊（魂）が、毎年、八月十二日乃至《ないし》十三日に、ふる里の家の神殿にてお祈りしておりますと、必ず、数え切れない

ほどに列をなし、救いを求めて来るのです。その都度、『ごめんなさい！　私には救ってあげられません。せめて私の祈りの言葉で、少しは楽になるでしょうか』と言って、祈るより他になかったのです。既に事故から十二年も経過しているのに、まだ救われていないのです。先生、どうかこの人々の魂を救って下さい。お願い致します。先生でしたら、救って下さるのではないかと思うのです。お願い致します。S先生の光を見せられ、お祈りの言葉（言霊《ことだま》の響きとして感じたもの）を聞いたら、事故で亡くなられた方々は必ず救われると思うのです」。

すると先生は、

「救霊というのは、ついでにできることではないので、そのために来なくてはいけません」と、おっしゃるのでした。その場ではっきり「致しましょう」と、言って下さった訳ではありませんでしたが、私はもう既に「あの方々が救われる時がくるのだ」と思い込んでしまい、何か安堵《あんど》したような気持ちでした。

翌年の十二月、S先生は群馬まで来て下さり、事故で命を失われた方たちの魂をお救い下さったのです。そのお祈りは、恐らく世界中どこを探しても他に類を見ないようなものでした。形も全くS先生独自のものでしたが、その言葉の一つひとつに先生の真心が乗せられ、聞く者の魂に響いて揺さぶる様は、このような祈りをなし得る人が他にいるとは、私には想像できないほどのものでした。その様子は六章にてもう一度くわしくお話させて頂くこととしまして、先生とお別れする時、これほど純粋な気持ちで、心から「ありがとうございました」と、お礼を言えたことがあっただろうかと思うほど、不思議に心が安らいでおりました。この時から、私自身も天命を知る道が開かれ始めていたのです。

帰り道、夫が「Sさんって、なんとも無垢《むく》な方だねぇ……」と言ったことが、いまでも私の心に残っております。

二章　導かれるままに

一　この世に偶然はなく、全て必然である

S先生との御縁を頂いてから、折々に先生のお供をし、神様の御意志を伝えさせて頂くようになるまでに体験したさまざまなことを振り返ってみますと、すべてのことが最初からきちんと道としてできていたような気が致します。

まず、大学を卒業したら学校の先生になるため群馬に戻るつもりでいたのに、何故か警視庁に入ってしまう。もし群馬に戻っておりましたら、S先生との出会いはまずなかったことでしょう。警視庁に入ってからの警察学校での夢は、女性の警察署長を目指すことでした。でも、そのような中にも、次第に地球環境の問題への関心が芽生えてきたのです。と同時に、自分が警察官であることへの疑問や心の葛藤も生じてきた私は、一時、人間不信に陥った時期がありました。そのような気持ちを癒したかったのかもしれません、私は動物と過ごす時間を求めるようになり、休日の度に、警視庁の騎馬隊を訪れるようになりました。そして、警察官生活五年目にして、警視庁初の婦人騎馬警官として採用が決定。採用の基準からしますと、当時二十七才の私は決して若いとは言えませんでした。なぜ私

が騎馬隊に……と、その時は思ったものです。しかし、S先生に出会い、なぜ私が騎馬隊に配属させて頂けたのかを考えてみますと、そこには霊的な観点からの理由があったのだと、いまにして腑に落ちた思いをしたのでした。

警視庁の騎馬隊は、仕事柄、皇居への出入りが多く、昔の皇居の話などもよく伺いました。また、雅楽にも興味を惹かれ、皇居内の音楽堂にてよく聞かせて頂きもしました。

警視庁の警察官は、巡査の場合ですと五年で転勤なのですが、私は八年もの間、騎馬隊に勤めさせて頂くことができました。しかし、いまにしてみると、警察官として生涯を通す身ではなかったのだと思うのです。結局、まだ神の心に目覚めてはいなかったのですが、地球環境のために何かしなくては、と思う気持ちが強く湧き起り、退職することに致しました。

それから十五年の歳月が流れました。S先生にお会いして一年ほど経った頃、神武天皇からお声をかけて頂き、同時に、天照大御神様からのお声もいただいておりました。天照大御神様から「日本を救うために立ち上がって下さるように……」というお言葉でしたが、当時は、S先生に御縁を頂いた多くの人々に共通するお言葉と思っておりました。

S先生とのご縁を頂きました人たちが、先生に出来る限りの協力をさせて頂くことにより、地球人として、また日本人としての役を果たすことになるのではないかと思っておりました。

天照大御神様は、私の口を通してS先生にお声を掛けることはありましても、私がひとりでいる時にお声を掛けて下さることなどは滅多にありません。それを思いますと、やはり「どこにでもある神懸《がか》りとは違うぞ。性根を据えてかからなくては……」と思うのですが、人間とは本当に弱いものです。

普段の生活に戻りますと、本来やるべきことへの思いが次第に薄らいで参ります。そのような点に関しても、S先生の二十数年にわたる変わらぬ御意志と歩みには、ただただ頭が下がります。やはり、先生は神の魂でいらっしゃるとの確信を深く致します。S先生がご自身の天命に目覚めておられなかったとすれば、お金がないとか、身体が駄目になったとか、さまざまな人間的な理由を盾に、途中できっと止まったのではないかと思うのです。始めたことを誰に知られるでも認められるでもなく、三年間も誰も振り返らなかったら、普通の人でしたら止めてしまうかも知れません。しかし、一貫して影の力（神の力）で、誰をも意識しないで、目立とうともせずに、背筋を伸ばして黙々と地球のためにご自分の務めを果たしていらっしゃるのです。

もうひとつ、私が天命に気づくための不思議な縁《えにし》がありました。神様が私を本筋の道へ引っ張るアプローチの一つとしてでしょうか。

東京都中野区に事務所を構え、出版なさった著書もあり、カウンセリングをお仕事としているある女性がおられました。その著書を読んで興味を覚え、当時六歳の娘と夫と三人で、その方を訪ねたことがありました。とても明るい方で楽しく時間を過ごしておりましたが、私に「あなたは、何でも見える人よ。ほら、ここに、これも見えるでしょう」などと言われるのですが、私には何も見えないのです。いわゆる霊視とか霊聴とかいう能力のことですが、「何で私が見えなきゃいけないの」くらいに思っておりました。いえ実は、大学を卒業してから、見えたり、聞こえたりしていた時も正直あったのですが、「そんな世界は真っ平ごめん！　目に見える実生活の中で自分が成長することが一番」と思っておりましたので、霊的な世界は敢えて避けていたのです。それを、見えない世界のことについて指摘されたものですから、一瞬戸惑いました。でもその時は本当に見えなかったのです。

彼女は続けて、「あなたの家は真っ黒？　家の中が黒い？」と聞くのです。その時住んでいた家は黒くはなかったので、「いいえ」と答えますと、再び「いや、実家はどこ？」と聞かれます。そう言えば、実家は煤《すす》で真っ黒だ、と思い、「はい、実家の家の中は煤けて黒いです」。するとその女性は、我が意を得たりとばかりに話し出したのです。

「あなたの家は黒い大きな柱があってね、その柱に金龍が下りて来ているのよ。家を守っているのね」。確かに田舎の家は真っ黒な大黒柱で、大人の一抱えもあるほどの太い柱があります。

私は警視庁を退職し、中野の女性を訪ねる頃から、東洋医学的な知識や技術を学び、整体や気功を応用しての健康教室を開くなど、人の身体を癒す仕事をしておりました。その仕事を始めてから四年ほど経った頃から、不思議なことが見え始めたのです。つまり、病いの肉体面での原因や、また霊的な側面での原因が見える。そしてそこに光が差し込んでくるのが見えたりするのです。更に驚くことに、目の前に観音様のお姿そっくりの形で光が現れ、相手の方に必要なことを指示して下さり、また、お話して下さるのです。そのようなことが何回もありました。S先生の場合は、先生ご自身の胸の奥から湧き出るものによって、相手の方のお心を察しますが、私は第三者（霊的な存在）が教えて下さいます。たまに、S先生は、「学さん、霊感を使わずに自分で見てごらん」などと言われますが、私自身は、思いやりの心が充分でないのでしょう、S先生のようにはとてもとてもいきません。

S先生にお会いしてから三年ほどした頃、こんなこともありました。ある時、先生のお山にある水の神殿（自然のままの姿の神殿）にてお祈りをしておりますと、「学さん、龍神さんがいるよ。見てご覧」と言われるのですが、私には分からないのです。先生は思い余って「霊感を使ってもいいから、見てごらん」とおっしゃいます。それでも蛇（龍神の化身）の居る方向だけは分かるのですが見つけることができません。とうとう教えられて見ると、本当に三十センチほどの蛇が十センチ位、鎌首をもたげて、じーっとS先生の方を見ているではありませんか。そのようなことからも、先生の漏れのない〝気づき〟の鋭さには驚かされてしまいます。きっと、自然と一体になっていることの証明であるのかもしれません。

話は元に戻りますが、時には、電話での健康相談を受けておりますと、相手の方の家の間取りや身体の内部がヴィジョンで見えたり、相手に私のエネルギーが伝わったり、さまざまな体験をさせて頂きました。いま思いますと、これらは全て、S先生の御縁を頂き、その後の私が果たすべき役割のために見せて頂いたことなのだと思えるのでした。そのような目的が設定されていながら、私がここまで到達するのに何年を要したことでしょうか。S先生にご縁をいただき、二〇〇四年の今年で七年になります。父は私によく話してくれました。「若い時は苦労するものだ」と。言い古された言葉であると思いますが、これは、苦労して人の道を知りなさいよ、という言葉であると思うのです。S先生はよく言われます。「苦労して、人の道ができている人は分かる筈」と。何が分かるのかと言いますと、いまの世の中に何が足りなくて何が必要か、人間にとって何が大切か、そしてどうすればよいのか、というようなことだと思うのです。私は七年間、先生のお供をさせて頂きながらも、なかなか魂の成長がなく、ただ一筋に天命を果たすということができず、人として何と勿体ないことかと恥ずかしくなりました。Ｓ先生は私にこう話して下さいました。

「人間はね、自分にとってこれが天命だと分かっても、天命を与えられても、自由であるだけになかなか天命を果たせない。人間は基本的人権があるから、と言わんばかりに、なかなか天命を果たすことができないんですね……」と。

Ｓ先生は、ある時雑談の中で「私は、天命とかいうものじゃないけど、人とはこういうものだと、こうあるものだと。普通の人よりもより人らしく生きなさい、と宇宙の神様から言われたことがありましてね」と、話されたことがあります。本当に先生を見ると、私たちの目には全然特別な方には見えません。しかし心は常に、大自然の中に生かされている人としての原点、いえ、神の心の原点に立って生きておられる方だと思えてなりません。そのような先生は雑草が好きだとおっしゃいます。本当に雑草のように、特別に装うこともなく、淡々と胸から湧き出るままに生きていらっしゃるのです。先生のなさってきたことを振り返ってみますと、人間的な意識では計れない次元の、心の姿勢と行動で貫かれた人生であり、ただただ驚嘆するばかりなのですが、本当に人間が雑草のような心を持っていたら、この世にこれほどまでにも無用な争いは起きないだろうと思われるのです。雑草は普段、人の目のフィルターから漏れてしまいがちです。でもちょっと焦点を合わせて見てみると、意外なほどに可憐であったり無駄のない美しさを持っている。自然の中で生きているその姿は、見ていて飽きることがありません。どんなに風が吹こうとも、どんなに雨が降ろうとも、どんな寒さの中であろうとも生きていく根強さ。Ｓ先生は本当に雑草のような存在かも知れません。先生は、こちらが気づかない限り、ご自分からは何もおっしゃいません。こちらが気づいた時には、先生はその人のために全力を尽くして下さるのです。

その人自身が、自分の天命に気づくために。

全ての囲いを払った時に、無限の力が湧いてくる、と先生は言われます。私から見て先生は、何の囲いもない方のように見えます。先生ご自身が自然そのもののように思えます。神自らを顕《あら》わしているのが自然であり、自然の中に神の意志がある。子供を産む（創《つく》る）ことは親神様（創造神）の力だから、全ての人が親神様そのものなのだ、と先生はおっしゃいます。そして、親神様の思いは、人がそれぞれ自分の思いのレベルでしか受け取ることができない、とも言われます。ですから、親神様にどこまで思いを抱けるか、言い換えれば、自然の中にどれだけ神の意志を見ることが出来るか、そういうことがその人の心を起こしてくるのでしょうね。心を起こすとは、天命に近づいていくということではないかと思うのです。

先生のお話の中に、こんな話がありました。

「楽をする人は、魂を磨けません。岩（石）が転げて転げて丸い石になるが如くにね。そして心を磨くのも同じですね。心を磨くには、悲しいこと、嬉しいこと、困難なこと、さまざまなことにぶつかって（石が転げるのと同じ）、どうしたらよいのか分からないことにぶつかって、反省して磨かれてくるんですよ。何事も、体験しなくては磨かれないと思いますね。子供でも、気が付いた時には注意をしてあげて、その時その時に心の作り方を学ばせてあげなくては、成長のない大人になってしまいますね。大人であってもまだまだ心を磨かなくてはいけない人はたくさんいます。だからといって、それで子供に注意できない、では違うと思うのですね。子供はその場で注意をしてあげないと理解できませんからね」。

子供は予期せぬ行動をすることが多いですし、また、子育てによって親は成長するとは、このことなのかも知れません。S先生はとても分かり易く、どんな人でも心を磨き魂も磨ける方向へ導いて下さるのです。

もし先生に出会わなかったら、私は成長のない人間で終わっていたように思います。それを思いますと、娘を持つ親としての自分を振り返った時、本当に恐ろしくさえなるのでした。大学は卒業したものの、専門の知識は身につけてきたものの、「三つ子の魂百までも」と言われるように、我がままに生きてきた私には、人の道が備わっていなかったのです。他人《ひと》を思いやるという人の道が……。自分の我の強いところや気づかぬところを先生は気づかせて下さいます。私の、子供が学ぶ以上に学ぶところの多い人間であることや、一生気づくことがなかったかも知れない自分の欠点などを、先生の温かい一言によって気づかされて参りました。

二　S先生との御縁のはじまり

一九九七年の六月、再び先生にお会いできることになりました。神様についてあれやこれや、伺いたいことが山ほどありました。その中でも、これだけはどうしてもと思うことが一つありました。それは、私が次のような体験をしたからです。

ある夜中の、何時頃だったのか覚えておりませんが、グァーっというか、ゴーっという、もの凄い地響きのような音に目が覚めました。パッと目を開いた途端です。部屋の中に、大きな大きな龍が入ってきたのです。胴体は直径二メートルもあるかと思うような龍の体が、目を爛々《らんらん》と輝かせ、太い髭をぴくぴくとしならせて、寝ている八畳の間いっぱいに、ゆっくり、ゆっくりと入ってきたのです。夢ではないかと思い、瞬間目を擦《こす》って確かめたのを覚えています。黒っぽい龍体が発する威圧感のその凄さといったら……、あまりの恐さに最初は声も出ず、でも実際にはやはり声を発していたようです。そして、声を出したときに龍の姿が消えたのではないかと思います。私の声に驚いて目を覚ました夫や娘が心配して、「どうしたんだ?」、「母さん、大丈夫?」と、声をかけてきました。私ひとりがその龍を見ていたのです。

あの黒い龍は一体何の意味なのだろうか。誰か分かる人はいないだろうか。次の日の昼頃、以前、龍神について話をして下さった中野区の女性に聞いてみました。すると、「黒龍は大地を守る龍神様だから怖いことないのよ。ほら、やっぱりあなたは見たじゃないの」と、そうおっしゃるので、まずま ず悪い意味ではないと知り、ホッと胸を撫で下ろしたのでした。私が龍神に殊の外興味を持ち始めましたのはそれからのことです。そして、この体験からというもの、神様や龍神に関してのいろいろな情報が舞い込んでくるようになりました。そんな時に夫が一冊の本を買ってきたのです。それは、四百年以上の昔、足利時代の末期に実在した、あるお姫様からの霊界通信の本でした。その本には、龍神についてさまざま書かれておりましたので、その日は龍神について、先生に詳しく伺ってみたいと思っていたのです。

しかし、先生にお会いする前、更に思わぬ体験があったのです。S先生にお会いするという日の前の晩のことでした。「目覚めよ！」、という声が聞こえるのです。こんな夜に誰だろう、と思いつつも、そのまま目をつむり横になっておりました。すると再び、「目覚めよ！」と大きな声。ハッとして、布団の上に起き上がり時計を見ると、午前二時十五分。いまでも時刻をはっきり覚えております。時計を見るやいなや、何故か緊張して正座を致しました。すると、目の前に扇の形をした、とても落ち着きと気品が感じられる黄金の光が、サーッと現れたのです。そして再び「光の柱を下ろす！」と大きな声が聞こえるやいなや、私の身体の頭から全身に、ズドーンという強い衝撃と共に、黄金の光の柱が下りてきたではありませんか。とても短い時間であったと思いますが、まるで映画のシーンを見せられている様でした。一体どういうことなのだろうかと、目はパッチリと覚めてしまい、それから朝まで眠れぬまま、訳も分からず、ただ、S先生にお会いしたら分かるのでは、という思いで夜明けを迎えました。

後に、先生の体験の中から、光についてお話し下さったことがありました。話だけではとても信じがたいことですが、現実の写真を見ながらの話ですからよく理解できました。先生は、光の変化は魂の成長でもあるとおっしゃいます。先生が本を配り始めた頃から現在に至るまで、何気なく撮った写真の中に、光が写っているものを何枚も並べ説明して下さいました。最初は光が外から身体に入ってくる。そして光の形や色や量が変化し、やがてご自身の身体から光を出す段階（意識して出すのではありませんので、「光が出る」という方が良いのでしょうか）、そして光の出る様子にも、いろいろな形があります。中南米のピラミッドの前で撮った写真は、先生が「光となって写っている」というのではなく、先生ご自身の身体が透明になっているのです。先生の身体を透かして後ろの風景がすべて写っているのです。

　また、二度目の南極行きから戻られての祈りでは、七色の光に黒い色も混じり、先生の胸の辺りから三六○度の方向に光が放射されていたのです。荘厳な光でした。


　さて、当日はよく晴れて暑いくらいでした。とても緊張しておりました。私は、龍神のことについて書かれている本と、言霊《ことだま》の本と二冊持って行き、そこに記述されていることについて、また、私の体験も交えて伺いました。二冊の本を手にして、「この本に書いてあることで……」と質問を切り出しますと、先生は「申し訳ないけど、私は本を読みません。自分の胸から出たもの、自分の体験したものので判断していくのですよ」と答えられたのです。そのお言葉から私は、「このお方は、とても立派な方のように感じられるけれど、それだけではなく、これまでに私が経験したことのない世界のお方のようだ……」と思いました。それからは気持を引き締めて、食い入るように話を伺いました。私は龍神について伺いました。先生は、「龍神というのは奥が深くて、とても難しい。一言では話せないからね……。純粋な霊能者ほど、本は読まない方がいいですね。読んだものが潜在意識に入ってしまい、多くの人の前で潜在意識のものが出てしまったら、惑わされてしまってたいへんですからね」。このお話を伺った時から、私は神様の本は読まないことにしようと思ったのです。後に分かることなのですが、S先生はご自分で体験したことのみお話しされるのです。その席でのお話にしても、まさか……、と思われるような奇跡的な体験が多く、本当に普通の方ではないな、と痛感した次第です。

　兎にも角にもこの日は、それまでの私の人生で最も輝いた一日となったのです。こんなにも感動、感動、感動を与えて下さった方はいらっしゃいませんでした。

三　初めて神の姿を見る（青梅市御岳山・奥の院にて）

先生のお話を伺ってから一ヶ月が経った頃、再び「目覚め」を送って下さった方から、「神立さん、あなたの家の近くの神社に、S先生が一緒にお参りして下さる、というのですが、どこかありませんか」と、突然のお話です。私は一瞬とまどいましたが、御岳《みたけ》神社に来ていただくことに致しました。

御岳山の入り口は夏でも少し肌寒い位です。まず温かな珈琲を頂き、ケーブルカーで上に登りました。御岳神社は何段もの階段があります。S先生の脚は、現在ほどひどくはありませんでしたが、昇るのに相当お辛そうでした。

神社でお参りを済ませそのまま終わろうとしました時、先生は「いや、奥の院があるね。そこまで行くのかな」と、ちょっとお考えになられた様子でしたが、「今日は奥の院に行きましょう」と言って下さいました。

奥の院までは勾配も急で道も細く、たいへんな道です。奥の院の一の鳥居のところに、五十センチほどの長さの蛇が横たわっておりました。先生はすぐに「龍神さんのお迎えですよ。神社をお参りする時には、私はよく龍神の姿で神様に迎えられることがありましてね」と言われ、神社での蛇の姿は龍神のお迎えを表す場合もあることを知りました。

それが不思議なことに、先生が蛇に、まるで神様にお話しするように挨拶をし終わると、すうっとその蛇が茂みの中に姿を消すではありませんか。挨拶が済むまではぴくりともしないのに、挨拶が終わった途端に動くのですから、本当に不思議です。この時S先生は、「神は自然の生き物を使って合図を送ってくる」ということを話して下さいました。このことはとても大切なことであると後に知ることとなります。

創造の親神様は自然そのものの姿なのです、と先生はおっしゃいます。先生のお供をしていて気づかされたのは、先生は、自然の何気ないような動きを実に素早くキャッチすることです。言い換えれば、神様への想いが深いといいますか、神様と自分との間に距離がない（観念的ではない）ということに他ならないと思うのです。「深い」という言葉で、この時とは別な機会での先生のお話を思い出しますが、親神様（創造神）の心について、「見えるものでもなく、聞こえるものでもなく、想いを深く持つことによって親神様の真意を受け取ることができる。親神様への想いが深ければ深いほど、親神様から送られる言葉も深い。分かり易く言うならば、同じ映画を見ても、感動の深さによって発せられる言葉は違う、ということでしょうね」と話して下さったことがありました（この話は、この御岳神社の時から三年くらい後のことです）。

この時以来、私は先生のお供を折に触れてさせて頂くようになりました。初めての場所で、S先生と蛇との対話を聞かせて頂き、生き物に対して、神様に対して（言い換えれば、自然に対して）、何と温かな心をお持ちの方であろうかと、頭の下がる思いを致しました。それから更に登ること三十分ほど。途中にお宮がありましたが、奥の院は更にその上でした。小さな石のお宮があり、木々の間から、太陽が燦々と射してくる場所がありました。

突然、「神立さん、神様を見たことはありますか」と先生が聞いてこられました。「いいえ、ございません」と答えますと、「今日は神様に会えるかもしれませんね」とおっしゃいますので、驚いてしまいました。

「どのようになさるのですか」と伺いましたら、「さあ、それでは始めましょう」とおっしゃり、特別気負う様子もなく、淡々と大自然と向き合うのでした。自然の中でのS先生の祈りを初めて拝見することになりました。私は、先生から四メートル位離れて、静かに目を閉じ、合掌をしておりました。

祈りが進み、いろいろな神様のお名前を呼ばれ、中には私が聞いたことのない神様もいらっしゃいました。するとどうでしょう。本当に大勢輪になって、神様の姿がそこにあるではありませんか。私は驚きました。さまざまなお姿の神様が、三十柱ほどお集まりになっていました。そして、その神々様がS先生の方に向かい、手を合わせていらっしゃるのにも驚きました。この方は一体どのような御方なのかと、言葉もありませんでした。

先生に、「神立さん、見えましたか」と言われ、私は「は、はい」と、こっくり頷《うなず》くだけでした。「どんな神様が来られたの」と聞かれ、私は神様のお名前が分かりませんので、姿・形で説明を致しました。先生はその度に、神様の名前を言って下さいました。最後に先生は、神々様に何かお話ししていらっしゃる様子でしたが、私はもう驚くばかりで、その時のことは何も覚えておりません。ただ、神様がお帰りになる時、先生が大きな気合いを発せられたのを覚えております。

それから間もなく帰路につき、歩いて十五分ほどのところにある山荘にたどり着いてひと休みとなりました。時刻も丁度お昼を過ぎた頃でした。昨夜は遅くまで、そして今朝は早かったということでしたので、山荘には予め、お風呂と昼食の準備をお願いしてありました。山荘のご主人は宮司もなさっておりまして、大きな建物の中央の間には立派な神殿があり、旧家のご様子でした。一行の三人で頂いた昼食は、川魚以外は全て精進料理でしたが、その料理のとても細やかな心遣いに、心が和《なご》まされる思いでした。やはり、神様に仕える方のお心が、お宿の料理にも表れているようでした。

ゆっくりと食事を頂きながら、市会議員さんは、S先生のお供をなさっていた一年間での奇跡的な体験を、いろいろお話しして下さいました。その感動的なお話しの中から、私の知らない先生のお姿がさまざまに見えて参ります。一つだけ伺いたいことがあり、先生にお聞きしてみました。

「私の田舎の家のことなのです。不思議な掛け軸が二つありまして、私の母が生まれた時、お爺ちゃんがお祝いに買ったものだと言っておりました。一つの軸には、天照大御神様を中心に、十五柱の神様のお姿とお名前が描かれてありまして、その下には、第一代神武天皇を中心に、第百二十三代大正天皇まで、百二十三人のお姿と天皇のお名前が入っています。もうひとつの軸は、天照大御神、神武天皇、明治天皇、大正天皇、貞明皇后（大正天皇の奥様）のそれぞれのお姿が描かれてあるのです。巻いたままでおくと霊的に良くないので、常に掛けておくようにと言われているそうです。先生にお伺いしたいことは、その掛け軸から最近光が出ているのですが、何か意味があるのでしょうか」。すると先生は、「神立さん、皇祖神の神社を歩いてみるといいですよ。あなたの魂のルーツが見えて来るかも知れません」と答えて下さいましたが、私は神社などには全く知識がないので、どこを参拝したらいいのか再度伺いました。「まず多賀大社から始まり、伊勢神宮、英彦山神社、高千穂神宮、天の岩戸神社、霧島神宮、鹿児島神宮、鵜戸《うど》神宮、宮崎神宮、橿原《かしはら》神宮あたりを行ってみるといいですよ」ということでした。

その後、たいへん印象に残るお話を伺いました。私がS先生に直接身近にお会いして二度目の時ですから、先生がどのような魂でいらっしゃるのか、まだまだ理解できていませんでした。私は、「先生はどうして神様を、あのようにたくさんお呼びできるのですか」と尋ねたのです。「そうねえ、魂の入らない人の祈りは通じないように思いますね。そしてね、ほんとに祈りが通じると、自然そのものが動くのが分かるしね。神様は自然の生物を使い、神の心を見せてくれるのですよ。神様にお参りをする時には、神様に心を合わせなくてはね。人と話す時には、目を合わせるでしょう。それと同じじゃないかな」。

このようなお話を伺いますと、先生のなさることは当たり前のように思えますが、その当たり前のことに気づく人々が少ないのだと思うのです。しかし、気づいたとしても、誰もが神の心を動かせるはずもなく、S先生とはどのような方なのでしょうか。更に更に、先生についての関心は深まるばかりでした。

私は中学生の時、父が神様に熱心に手を合わせる（勿論仏壇にも手を合わせておりましたが）人でしたので、日本の国って、どうして神様（神社）と仏様（お寺）があるのだろうか、と思っていた疑問を先生にお尋《き》きしてみました。先生は、

「神社というのは、自然に対して、またそこに祀られている神様に対して感謝する対象ではないでしょうかね。そして、寺というのは、仏の教えを学び、仏様やご先祖様に感謝する所ではないでしょうか。日本という国は、とても調和の取れている国であると思うね。神社と寺も、陽と陰なんですね。

神社は陽で、寺は陰の働きでね。しかし、考え方によっては神社が陰で寺が陽であるけど、知れば知るほど深く、一言では言えません。四国の八十八カ所を歩くと、寺のそばには必ず神社がありますしね」と、分かり易くお話して下さいました。そう言えば、昔は神社やお寺が、多くの人々の心の支えであったものが、現在では多くの人は、お寺などはお葬式のためのもののように錯覚しているような気が致します。ですから、お寺の代わりをするような新しい宗教がたくさん興っているのかも知れません。以前、私も何年か宗教体験をしたことがありますが、そこに集まる人たちは、まず自分（家族）の幸せや、自分の心の癒しのために入っている場合が多いようでした。私自身は、S先生に出会いを頂くまでの心の学びであったような気が致します。

この日一日の体験で、私の心の中は随分と整理がつきました。本当に心からS先生に感謝をして、お別れしました。その夜の私は魂がショック状態で、何も手につかないほどでした。神様を集める……、どういう力によってあのように神様がお集まりになるのか……。先生から出る光は、尋常のものではありません。先生のこの光と、これまた尋常でない真心からの祈り……。この二つで神々様に思いが届くのかも知れない、とこの時は勝手に思っておりました。しかし、これから徐々に徐々に、神様をなぜ集められたかの疑問が解けてくるのでした。

三章　神様と向き合おうとする私

一　皇祖神の神社への旅

S先生から教えて頂いた数日後、善は急げとばかりに、九州・近畿地方の神社の場所と交通機関について調べてみましたら、電車でまわる旅では何日もかかってしまうようでした。ところで私は、三日間の予定で整体の勉強に九州へ行く予定が入っておりました。この予定は二ヶ月前からのものでしたが、その三日間で神社参りの旅と両方を果たすことはとても無理です。そこで、この三日間は神社参りだけの旅にしようと決心し、お世話頂いた整体の先生と、その方の友人に事情をお話し致しました。すると、友人は待ってましたとばかりに、いつの日か私を英彦山《ひこさん》神社に案内しなくてはと考えていた、と言うのです。そして、車を用意すると言って下さったのです。この三日間の整体の勉強会は、大勢の整体師の方たちが集う研究会でした。それを私の神社巡りのために変更して頂けたということを考えますと、これが必然であるならば、その綾なす糸の交差にどのような意味が込められているのか……、何が始まるのだろうか、と思わざるを得ませんでした。

S先生のお話の日から何日もしていないのに、トントン拍子で話が進むことに、何か不思議なものを感じておりました。また、九州で実際に歩いている時、本当に不思議なことをたくさん体験致しました。

神社巡りが始まった一日目の夜のことでした。鵜戸《うど》神宮、霧島神宮、高千穂神宮を回り、「最初の宿は翌日回る神社の近くに取りましょう」、ということでその日一日は目いっぱい車を走らせ、予定の目的地に到着したのは夜の十時でした。そんな時間に開いている店もなく、たった一軒、道路沿いに灯《あか》りの点《つ》いた旅館がありました。尋ねると空室はありませんでしたが、旅館の女将さんはとても親切にして下さり、十分ほどで行かれるペンションを紹介して下さいました。ペンションに着くと、今日午後になって三名のキャンセルがあり、私たちが泊まれることになったという話を聞き、ここにも神様は一本の糸を絡めておいて下さったかのようで、感謝せずにはおれませんでした。

翌朝、駐車場に来て驚いてしまいました。昨日、相当走って汚れていた車が、ピカピカに磨かれているのです。ご主人とその息子さんが二人して見送りに出てきて下さっておりましたが、息子さんが長靴を履いていらっしゃいましたので、

「朝のお忙しい中、車まで洗って頂いて恐縮です。有り難うございました」とお礼を申しますと、ご主人は、

「私たちはお泊まり頂く方に感謝の意味で、このくらいのことは当然だと思っています。忙しい時には、ミラーと窓くらいになることもありますが、できることなら全部洗って、浄めて幣立神宮へお参りして頂きたく思っております」とおっしゃいます。神へのまことの感謝を持つ人がどのような人であるかを、神様は私たちに見せて下さいました。本当にお二人に頭の下がる思いで感謝をしつつ、ペ

ンションを後にしました。

幣立神宮では鳥居にて深く一礼し、石段を昇って行きました。本殿の周囲には立派な木々が立ち並び、きらびやかさのない、どっしりと重みのある神社でした。女性の神官の方がいらっしゃいましたので、本殿に上がらせて頂きました。そこでまた驚かされたのですが、この神社は宇宙の神様をお祀りしているのでした。女性の神官の方は、たいへん心の籠もった祈詞《のりと》を三十分ほどあげて下さり、その後、延々と三時間ほど話をして下さいました。永い神の歴史の中に培われた真心が、現在の政治、経済、教育の中に薄らいできてしまい、何事につけても感謝の心がないためにさまざまな問題を起こしてしまっている、というようなお話でした。神社でこのような話を伺いますと、日常生活の中に、神の思いがたくさん込められていることがよく分かります。昔の人たちが神話を通して語る、やさしい神様の心が見えるようでした。

帰りがけ、神殿の入口の上に、明治天皇の直筆の教育勅語が額に入って掲《かか》げられているのが目に止まりました。日露戦争の当時、神と明治天皇との働きのご縁について、この神社の宮司さんのお力が大きかったことを伺うに付け、この神社では日本の心を分かり易くお示し下さっているような気がしてなりませんでした。私はこの時初めて、教育勅語の文字をじっくりと味わってみました。この内容は、日本人ならずとも、人間であるならば全ての人の、あるべき姿を説いたものでした。このことが多くの人の心に受け入れていかれたならば、敢えて難しい教えは必要のないものではないかと思う位、素晴らしい、温かな心を持っているものなのです。

私自身、S先生に出会うまでは、教育勅語に対し「戦争時代の教え」という偏見を持っておりましたが、教育勅語は決して軍国主義を唱える国の教えではありませんでした。宗教とか政治思想などというものとは関係なく、ごく当たり前の、人間としての本来の生き方を説き教えているものでした。現状の教育荒廃から立ち直るためにも、この心が欠かせないものであると思えてなりません。どこの国でも、昔もいまもこれから先も、皆に共通した心のあり方であり、人として幸せに生きていくことを教えているのです。現に、教育勅語にまつわる史実が次のように伝えられております。

「第二次世界大戦が終わった後で、ドイツのアデナウアー首相は、ドイツの国が栄えるようにと、ドイツ国民に日本のこの教育勅語を教え、ドイツの国の復興を果たしたのです。」（『にっぽん賛歌』出雲井晶著より）

世界に類のない「心の原点となる教え」が、戦前までの日本には連綿と伝えられてきたことに、戦後に生まれた人たちの中で気づく人はとても少ないようです。私は昭和二十年代に生まれたので、教育勅語の心には直接的には触れてきておりません。大学まで進みましたが、教育勅語の十項目については、心に刻まれていないことばかりでした。地球環境への思いはあっても、親への想いは薄く、まことにちぐはぐでした。これでは子を産んでも、世のため、人のためになる子は育ちません。

S先生との出会いから私の中で生じた変化は、私の人生にとって決定的なものとなりました。先生は十三年ほど前に明治神宮で、教育勅語が書かれた本に出会ったそうです。そしてその時、聖書を上回る内容であると思ったと、おっしゃいました。しかし、この本に出会う以前から、教育勅語の内容は知らずとも、その内容そのままを生きてきた方でいらっしゃいます。

これまでに出版されてきた、S先生を紹介する本の中に、それぞれの著者が必ず引用なさる内容がございます。先生が〝人としてのあるべき基本的な心と行い〟を示して下さいました「十法」です。先生ご自身の歩まれる道から説かれたものでした。人間としての踏むべき道を示した「十法」は、何百年、何千年と時代は変化しても、根底において変わることのない真理であると思われます。ただ単に理屈だけ、理論だけで示されるものではなく、先生自らが実行されておりますところに、「十法」の言葉の重みがあります。

まず、S先生の「十法」をお示しする前に、人間とはなにものなのだろうか、と少し考えてみたいと思います。人体は小宇宙によく喩《たと》えられます。針をからだの一点に刺すと全身が苦痛で歪むように、体の中のあらゆるものはバラバラではなくて、互いにつながっているのです。同様に、地球がくしゃみをすると宇宙全体が震えるとも言われます。舞台を地球に限ってみても、人間も人間以外のすべても、みな創造のひとつの命でつながっているという想い、その真理を教えてくれるものが戦前の日本にはしっかりと存在していて、歴史教科書の中にきちんと組み込まれておりました。それは日本の神話です。神話を通して、日本の建国、というより更に壮大な、地球の創成ということにまでも思いを馳せることができるのです。地球という星には、太陽と月、昼と夜、暑さと寒さ、男と女、……そうした陽の力と陰の力のバランスによって自然が息づき、人間やすべての生き物が命をつなげ、伝えることができる。宇宙が神様の御心に叶った息づかいをするために、陽の力と陰の力とを与えて下さったのだと思うのです。大自然には大自然の原理があり、その中で生きる人間には人間としての原理・法則が存在します。人間が人間らしく幸せに生きるには、大自然の原理を踏まえ、人間の原理に沿った生活をしなくてはなりません。またそうでないと、現在の地球の状況を招いたように全体の調和を狂わせてしまうのです。そのことをS先生は、右手と左手の十本の指を使い、とても分かり易く十法にまとめて、教えて下さいました。

人間らしく生きるための十法
◎目に見える部分の五法（陽）

一、自立しましょう
経済的自立は勿論、精神的にも一人前になり、人に迷惑をかけずに生きられるようになりましょう。自立して初めて、人生のスタートです。

二、結婚しましょう
社会における最小単位、他者との関わりのもっとも基本型。夫婦間で協力できない心は社会においてもゆがみをもたらすでしょう。陰陽和合の道を知り、男女の愛のコミュニケーションを学びましょう。結婚しないと人生の半分は分からないのです。（自分が親でいらっしゃる方は、成人した子供たちに、結婚とはどのようなものであるかを伝えることも大切です）

三、子育てしましょう
人を育てることは、あらゆるものを育てるということを学びましょう。人間は子育てしながら、子供に育てられるものです。特に忍耐力（平和につながる力）を養うことができます。子供を持たなければ、人生の三分の一を知らずに終わってしまいます。親になって初めて親の心を知ることが出来ます。

四、親孝行しましょう
親のしてくれることを〝当然〟と思わず、感謝をしましょう。親を大切にすることは、人への感謝を知ることです。

五、社会へ貢献しましょう
社会があって自分があります。前の四項目を実践した方は、自然に人のために役立とうという心が湧いてきます。お陰さまという心を持って、その感謝を世の中に還元しましょう。

◎目に見えない心の部分の五法（陰）

一、ご先祖様に感謝しましょう
ご先祖様があってこそ、いまの自分がいます。肉体、血を代々受け継いできていまの自分があることに感謝しましょう。ご先祖様の供養をしましょう。供養という形でご先祖様に感謝の心を送るのです。

二、仏様に感謝しましょう
仏様の教えを学びましょう。日本の国は、陰陽整った国です。神様は陽、仏様は陰、バランスをとって感謝をしましょう。

三、神様に感謝しましょう
生まれた時から、七・五・三をはじめ、いつもいつも見守ってくださる氏神様にも感謝しましょう。お寺だけに偏らず、神社へも参りましょう。神の道を学びましょう。

四、地球に感謝しましょう
　私たちがいま肉体を持って生きておれるのは、地球があってのこと。大地、水、木々、自然の全てに感謝しましょう。

五、宇宙へ感謝しましょう
　天に輝く太陽、月、星々は地球の全ての生き物を生かしておられます。前の四項目を実践して参りますと、自ずと生かされていることに気づき、広大な宇宙の力に感謝せずにはいられなくなります。

　この十法については、ひとつひとつ自分を当てはめて考えてみますと、私のこれまでの人生は、本当に深い思いが足りなかったと、反省するところばかりでした。子育てをしながら忍耐する心を学ぶ、などということは、理屈では分かっているものの、結婚して十六年目にしてやっと少しはまともに実践できるようになれたかな、と思っています。それまでの私自身は本当に我の強い人間でした。夫婦二人がそろって成長する上にとても大切な十法であり、これからは、この十法を深く噛みしめて歩んでいきたいと願っております。また、多くの方がこの十法に触れ、実践したならば、本当に平和な世を迎えられると確信しております。
　いまの世を振り返って見ますと、毎日世界中のどこかで争いがあります。その根っこの部分を見ますと、宗教観の違いが争いの一番の元になっているように思えます。もしこれまでの聖者と言われる方々が、S先生が示して下さるこの「十法」を、言葉だけに留まらず現実に成し遂げていたのなら、世の中は真の平和が訪れていたと思います。聖者と呼ばれた方たちの中には、結婚を経験していない方もいらっしゃいます。また、家族を置いて我が身だけ出家し、悟りを開いた方もいらっしゃいます。いま、私たちは心の学びの一つひとつが、どのような形で顕《あら》わされているのか、自らのまことの心で捉え直してみる必要があるのではないでしょうか。その対象となるものは、人の心であったり、物であったり、組織であったりするかも知れません。そのことが真の平和をこの地上にもたらしてくれるような気がしてなりません。

今度の九州の神々様と向かい合う旅は、何か分からないのですが、目に見えぬ存在の力に次から次へと衝《つ》き動かされるように、その後も進んだのです。この日本の国にS先生が誕生されたことが、どのような意味があるのか考え始めた旅でもありました。

二、　伊勢神宮へ初参り

忘れもしません。一九九七年十一月二日、仕事も一区切りついた昼前のことです。あまりの身体のだるさで横になり、少し眠りました。どの位眠った頃でしょうか、夢の中のような気がするのですが、仙人のような姿の老人が現れて、

「伊勢神宮に参れ」。

と言うのです。その声でハッと目が覚めました。再び

「伊勢神宮に参れ」。

と声が聞こえるのです。すぐに夫に、「明日、伊勢神宮に行って来ます」と言うと、「何で？」と聞いてくる主人に、夢のようで夢ではないこの話を致しますと、「神様に言われたからと、疑いもせずに本気で行くのもあんた位なもんだね」と言われました。

すぐに宿泊の手配をしなくてはと思い、生まれて初めての宿探しです。何軒か当たってみると、何と内宮《ないぐう》の近くに神宮会館という宿があることが分かりました。

初めての伊勢参り。それも一人なので不安はたくさんありました。S先生に電話をかけて、お参りの仕方について伺いますと、順序として外宮《げぐう》からお参りされると良いでしょう、とだけ話して下さいました。

不安ながらも何とか伊勢に到着できました。外宮のお宮の佇《たたず》まい……、内宮までの砂利の道……、お宮までの砂利を踏みしめ、静かな周囲の風景に浸るうちに、神に向かう静まった心が自然に芽生えてきているように感じました。これが日本人の心を育んできた自然の持つ力なのではないか、と思いました。自然信仰……自然の中に身を置いて自然と向き合った時、心の中に自ずと湧《い》き出ずる大自然への畏敬《いけい》の念や、尽きることのない郷愁、それらが私たちの心を育ててくれる素朴でシンプルな自然信仰の素晴らしさであると思います。世界中を歩かれているS先生のお話の中にも、世界の各地に、それぞれ篤《あつ》い自然信仰が残されているということです。

伊勢神宮の森には鳥の鳴き声も聞かれ、五十鈴川には大きな鯉が悠々と泳いでいます。私も川の水で手を浄め、一呼吸してお宮に向かいました。人が絶え間なく流動しているので、初めてお参りさせて頂くことの挨拶だけ致しまして宿に戻りました。夢の中で教えて下さった神様（恐らく御岳山の神様であると思います）の言葉に従って来た以上、きっと何かあるに違いない。いやいや、伊勢神宮は最初に来るべき所であったから……、早く行きなさいということだったのかな……などいろいろ考えてみましたが、とにかく明日は朝の五時半にもう一度お参りできるようにと思い、床につきました。

そうしますと、やがてどこからともなくたくさんの神様がいらっしゃって、次から次へと話しかけてくるのです。とてもとても眠れません。その上、神様が寄って来られるとにかく暑く、浴衣だけになったのですが、まだ暑くて堪《た》まりません。ついに裸の王様です。しかし一晩中神様と話をしていて、一睡もせずお宮に出掛けました。町並みもまだ起き出していない早朝でした。

お宮の守衛さんがコートを着て立っていらっしゃいました。砂利を踏みしめる足音が、シーンとした空気の中に響き渡ります。石段を昇り、静かに手を合わせ、ゆっくり二拍手致しました。すると、途端に、

「お待ちしておりました」。

観音様の声です。なぜ伊勢神宮で観音様なの？……と思いましたが、静かに耳を傾けました。

「S氏とは神なり。神の魂なり。人の身体を持つが、人に非ず」

たったこれだけを伝えられたのです。（えっ！　えっ！　えっ！）もう……びっくりです。神が肉体を持って実在する……。いえ私は神の実在を信じております。しかし、身体を持った神とは！　この時S先生の真の姿を知る由もない私は、なぜ伊勢神宮でS先生のことについて知らされるのだろうかと思いつつも、素直な気持ちで「有り難うございました」とお礼を述べました。

ご挨拶を終え石段を降りると、年配のご婦人がいらっしゃいました。「お早うございます」と一礼致しますと、「初めてのお参りですか」と声をかけて下さいました。「ハイ」とお答えしますと、「私はあなたをお待ちしていたのですよ。お参りしている姿を見て、初めての御方だな、と思いましたので……。ご案内しましょう」と言って、伊勢の森の中、大小さまざまのお宮を案内して下さったのです。この方は、何年も前に手術をなさり、それがきっかけで雨の日も風の日も雪の日も、一日も休むことなく朝のお参りを続けてこられたそうです。「毎日、お伊勢さんのお陰で元気でおります」と話しておられました。初めてのお参りなのにとても素敵な出会いを頂いて、神様に心から感謝をして帰ってきました。

早速S先生に観音様のお言葉についてご報告いたしました。でも、先生のお言葉は「そうね」と、沖縄の人が普通に、平《たいら》に言う調子で一言おっしゃっただけでした。いま思いますと、本当に傲《おご》りのない、ただひたすらに神様のためにという感じでした。

驚いたことには、十一月三日に伊勢に行って来たばかりですのに、十一月七日、またも「伊勢に参れ」ということです。朝、神様に向かってお祈りをしていた時のことです。あまりに頻繁《ひんぱん》なので、「御殿岩という山に登るのでは如何でしょうか」と尋ねますと、無言でした。御殿岩というのは、自宅から車で二時間、それから徒歩でさらに三時間あまりの、多摩川の源流がある山で、三六〇度が眺望でき、目の前に富士山を望むことの出来る山でした。神様にもう一度伺いますと、「その山でも宜しい」ということでしたので、「よし、明日行こう」と準備を進めておりました。しかし、当日はザンザン降りの雨。やっぱり伊勢に行かなくてはならないことだったのだと反省して、S先生にお電話致しました。先生は、伊勢に行くのは少し待つようにということでした。後で改めてお伺いしますと、「幣立神宮で五つの鍵を預かりましてねえ。本物の岩戸開きをしましたよ。本物の天照大御神様が伊勢神宮に入られましたからね。これからはいつ行ってもいいですよ」と言われるのです。え！　じゃあ、いままでの神様はどなただったのでしょうか？　そうです、代理の神様が入られていたのです。初めてのお参りの時にはお代理の神様がいらっしゃったということで、だからあのとき観音様が応対して下さったのかもしれません。

十月に幣立神宮にお詣《まい》りして帰ろうとした時、神様は「S氏を幣立神宮にお連れして下さい」と言われておりました。「S氏が来て下さると何かが始まる」とも言われたのです。本当の岩戸開きのための鍵をお渡しするために、先生に幣立神宮を訪れて欲しかったのです。でも、神様は人間に用事を言いつけるように、「〜だから来い」等とは間違っても言いません。人間が気づくまでお待ちになるのです。

S先生はいまから七年前、東京での大きな講演終了後すぐに宮崎県に行き、それまでなかなか見つけることの出来なかった本当の「天の岩戸」を発見したとのことでした。それも、そのつもりで行ったのではなく、人に会いに行ったときに案内してもらった運転手さんが、わざわざ連れて行ってくれたということでした。その後、本物の天の岩戸を開くためのお手伝いとして遣わされた九州在住のある方と改めて車を走らせて宮崎を訪れたそうです。そして、岩戸開きのために高千穂方面に向かう途中の山路を走行中、奇しくも幣立神宮の看板を見つけ、神宮への上り階段を発見したというのです。

S先生は、

「神話では、天の岩戸を開く天照大御神様は騙された形で扉を無理矢理開けられ、世の中に出てきたことになっているけれど、自分の意志で出てきてはいないのだから、本当のご神体は岩戸の中にまだいらっしゃるのではないかと思う」と、その時同行された方に言われたそうです。

行き着いた岩戸には、それまでに何人もの方々が行かれたのだそうですが、扉を開くことは出来なかったとのこと。なぜそれまで誰も岩戸を開くことが出来なかったのか、言葉では「天の岩戸を開く」と簡単に言いますが、天照大御神様を上回るほどの大きな魂をお持ちの方でなくては、岩戸を開くことはできなかったのではなかろうかと思うのです。S先生が常々話して下さることの中に、「亡くなった方で、自分の魂より大きな魂に触ってはいけないよ。自分より大きな魂を救ってあげることは出来ないからね」と、言って下さいます。神様でも同じことが言えるということでしょうか。

幣立神宮に祀られている、天照大御神についてよく御存知の宇宙の神様であればこそ、S先生の存在についてお分かりになり、お願いをされて来たのだと思うのです。また、依頼してこられる神宮の神様の気持を察することのできる高い意識をお持ちのS先生でなくては気づくこともなかったことでしょう。神宮の神様もやっとのことで岩戸開きの鍵を預けるべき方にお会いできたと、安心されたに違いありません。私が十月に幣立神宮の神様に言われた時、神様に対してもっと深い思いがあったなら、S先生へのお伝えの仕方も違っていたはずでした。S先生は、人々に対してもそうですが、神様にも深く温かい思いやりの心をお持ちでいらっしゃることを、目の当たりに見せて頂いた出来事でした。

伊勢参りも、一日おいて十一月十一日に致しました。再び神宮会館に宿を取り、翌朝誰もいない静かなお宮の前に額《ぬか》ずきました。すぐに天照大御神様が声をかけて下さいました。

「S氏は宇宙の神にございます。世に真実を伝えて参ります。S氏とは、何回生まれ変わってきても、二度とお会いできないお方（魂）です。あなたはS氏のお手伝いをなさいませ。あなたはそのために育てられて参りました。世に、千載一遇《せんざいいちぐう》という言葉がありますね。でも千年に一度どころではありません。御縁を大切になさるよう」。

私は前回お参りした時以上に驚きました。玉砂利を踏みしめながらの帰り道で、ふと、高校時代を思い出しました。そう言えば私は学校の帰り道、心に湧き出る言葉で「私は神様に使われる身体なんだ。私は神様に使われる身体なんだ……」と、呟いていたことがありました。革靴を履いて、コツコツと歩きながら背筋をピンと伸ばして……。本当にあの時の思いが……、このことであったのかと。もしそうであるならば、一つの目的のために、長い年月をかけて人を育てる神様の忍耐強さに対して、ただただ感謝を申し上げたい気持ちでした。

伊勢から家に戻って、先生に電話致しました。先生は驚いた様子もなく、ただ私に
「これからひと月に一度くらい、沖縄に来れるといいですね」と、おっしゃって下さいました。

四章　まことの平和の世を求めて

一　「目覚め」の本を配る

私は娘を身ごもったときから、「この子が世の中のために尽くせる人間に育ちますように」とよく祈ったものでした。子育て一年生の私は、どうしたらこの子が幸せになるかを、よく考えました。でも答えはいつも同じなのです。「この子ひとりだけが良くなっても、幸せにはならない。世の中が変わらなくてはね。それでは、平和な世にするためにどうしたらいいの？　どうしたら変わるの？」。具体的な方法は見当たりませんでした。しかし、S先生の「目覚め」を読み終わった時、心に浮かんで来たものがありました。「そうだ、この本を配ろう。何かが変わるかも知れない」。（前述）

それから約一年が過ぎました。「目覚め」の本の主人公・S先生にもお会いすることができ、世の中が変わるかも知れないという夢のような思いが、まさに着々と現実になろうとしているのです。毎日毎日が、楽しくなりました。いまでも「目覚め」の本は配り続けています。一年間で四百冊くらいは配りました。働いて得たお金で本を買っては配り、そうすると、それが多くの人から感謝の心になって返って来るのです。当時、夫は、たいへんな女と結婚したものだと、思ったのではないでしょうか。

配った「目覚め」の本がきっかけとなり、早速九州で先生の講演会を開かせて頂けることになりました。北九州での先生の講演会は、九州の神社回りをする際にお世話になりましたお二方に、再びお力を頂き、お陰さまで百名ほどの集まりになりました。学校の校長先生や教諭、僧侶、町の政治に携わる方々などもいらっしゃいました。

翌日、先生とお世話下さいました方々とで宇佐八幡にお参りに行きますと、いままでお目にかかったことのない光景を見せられたのです。先生がお参り致しますと、お祀りされております応仁天皇のお側に、百名位かと思われる巫女が一斉に頭を下げ、先生に対して「ありがとうございます」とお礼を言われ、同時に、「光を下さいませ」とお願いしてくるのです。神様には、S先生の神の魂としての光が分かるので、このようなことになるのでしょうか？ その時の私は、ただ、息を呑む思いでした。

S先生は、「こういうことはよくありますよ」と、他人事《たにんごと》のように平然としておられます。霊能を持つ同行のお一人も、同じ情景を見て驚かれておりました。

温かな、先生の心情が迸《ほとばし》るような講演を通して、九州の地にもS先生の心に感動する人々が更に多くなりました。

先生はいつの講演会でも講演料を頂くことはありません。「いまの時代は、誰でも分け隔てなく心の学びをすることを許されていますね。お金がなくても、平等に誰もが聞くことができるようにしないとね」とおっしゃいます。また、お礼をしたいという方がいる場合、「本当に心から感謝して、真心からのお礼であれば、それぞれ出来る範囲で、本当のありがとうの心を下さればいいと思うけど」と話されました。「ありがとう」という言葉は、二歳の子供でも言葉だけは知っています。しかし、「ありがとう」の本当の心を知っている人は少ないものです、ともおっしゃいます。「ありがとう」と言いながら、相手が困っていることも分からずに、何か要求したりすることもある。本当に深い深い想いを持っての「ありがとう」は、意外に少ないことを考えさせられました。普段何気なく使う「ありがとう」の言葉。二十一世紀は形だけでなく、真心が通い合う時代になるよう、お一人お一人が成長していくことが望まれる時代なのかも知れません。

二、東京での初めての講演会にて

それは「二十世紀の終焉《しゅうえん》――そして誕生」というテーマで開かれた大きなイベントの中での講演でした。まさにS先生その人を喩《たと》えたようなテーマでした。誰もが、いまを生きる地球人として、自分に出来ること、共にできることを見つけて動き始める時なのでしょう。国の内外からさまざまなパネラーが招かれ、それぞれの会場で講演が催されました。全国から集まってきた人々は、それぞれの思いで会場を選び聴講してまわるのですが、沖縄の一男性（S先生）の、「教えと導き～ある求道者の物語」の場内は、聴衆でいっぱいでした。シーンと静まりかえった中に、ステージの上で正座をなさる先生の姿がありました。深々と聴衆に頭を下げ、とても謙虚な挨拶をなさいました。その姿の中に、宇宙神の魂の存在を思い描くことの出来る方が会場に一人でもいらっしゃいましたでしょうか。私も、まさか三ヶ月後に、この方が宇宙の神の存在であることを知らされることも分からず、正座の挨拶をされる姿に、ただただ感無量となり涙していたのでした。この講演会で、先生の話とその姿に接し、どれだけの方が目覚めていかれたでしょうか。

たくさんの方が感銘を受けた素晴らしい講演でしたが、実はS先生はこの講演依頼がありました時、最初はお断わりしたそうです。断られても諦め切れない何かが、依頼に通われた方の心にあったのでしょう。

その方はまず「是非、一度お会いしたい」、そして、「S氏が住まわれる沖縄の地の神様に挨拶に行きたい」と思い、沖縄に行かれたそうです。先生は、純粋で熱心な思いを持つその方の心に対して依頼をお受けになられたと、後日話して下さいました。「目覚め」の本で知ったS先生を、東京での講演会にと思い続けた、その方の純粋で真摯《しんし》な生き方は、先生を通して何人の方々をまことの目覚めの方向へと導いたことでしょうか。これをきっかけに、私も一九九八年三月頃から沖縄を訪れるようになるのですが、人々を育んできた沖縄の歴史の中には、私たちが二十一世紀を生きるために必要であり、また学ぶべきものをたくさん見つけることが出来ます。S先生の姿の中に、温かな心と神の存在を意識しない方は、恐らくいないのではないでしょうか。

講演会の小冊子に書かれた、先生の紹介文をここに引用させて頂きたいと思います。やや長文になりますが、まだ紹介されていない先生の横顔をご理解頂けることと思います。そしてこの文章は、これを綴られたご本人の、目覚めの証《あかし》であるのかも知れません。

「目覚め」という本の内容は、よく作られた物語のような真実の話。不思議な余韻が残った。まるで森の中に眠る清冽《せいれつ》な泉、人の垢で汚されたことのない、大切に守られた美しい泉源を見つけたような、そしてその清らかな水、身も心も洗われていくような思いが全身を駆け抜けた。

果たして、人はここまで純粋であり続けることができるものなのだろうか。そして、本当の祈りとは何なのだろう。

不思議な本は、生き物のように、人から人へと静かに広がっていった。

白鷺に導かれてから――彼はまず、事業から身を引いた。これまでの生活、仕事漬けのつきあいの夜、顧みなかった家族にかけた気苦労を反省し、ひとりの労務者として人生の再スタートを切った。つつましやかではあるが家族揃って食卓を囲む幸せな日々、平穏な日々が続いていった。

そんな清貧の生活の中、昔世話になったある方の供養にと大阪に行き、ふとしたことから高野山に案内され、子供たちのお土産にと、八冊の絵本を買った。高野山の開祖、空海やお釈迦さま、観音さまのことが子供向けにやさしく描かれた仏教説話のような絵本だった。この本との出会いが、彼の旅の発端《ほったん》を形づくることになる。

「お父さん、悪いことをすると地獄に行くの？」

「本当に天国や地獄はあるの？」

本を読んだ子供たちの感想、なにげない素朴な疑問が、かねてから社会や教育の現状、いじめや自殺に苦しむ子供たちを憂えていた彼を動かした。

彼は決意した。よし、一人でも多くの子供たちにこの本を届けよう。人間としての基本の道、親に感謝し、兄弟仲良くし、生き物をいたわり、弱いものを助ける。その道を子供たちに教える手助けをしようと。

彼は別に仏教徒ではなかったが、そこに描かれている素朴で深遠な教えには、命の道も教えられずにいる子供たちが、生きる上で救いになる大切なことが書かれている。同時にそれを諭す大人や教師の助けにもなると直感したのだった。

それから彼は沖縄中の小中学校に、すべて自分の足で、名も名乗らずに八冊の絵本を配り通した。途中からは七種類の花の種も共に配った。人の痛みのわかるやさしい子に育ててほしい、子供たちの心に美しい花を咲かせてほしい、それだけが本と花に託した彼の偽らざる願いだった。

楽ではない生活の中でも、生活費はきちっと妻に渡し、自分の少ない小遣いをやり繰りして、食うや食わずで本を購入、旅費を工面し、離島の隅々まで行脚《あんぎゃ》を続けた。

旅の中で忘れられない素晴らしい出会いもあった。涙を流して感謝してくれる先生、心ある親切な人々にも方々で出会った。野宿をしても、空腹でも、服や靴はぼろぼろに擦り切れても、彼は幸せだった。満足だった。

ある晩のこと、彼の夢枕に空海が現れたのだ。そしてその背後にいる日本の神々は、彼の旅の一部始終をずっと見守り続けていたのだった。神は彼に語りかけた。彼の真心の行為、私心のない愛の行動を心から称えると共に、彼にある願いを託した。その願いとは、日本列島の祈りの旅に出てくれということだった。

「どうして自分が?」と彼は尋《たず》ねた。お金もなければ宗教家でもない、ただ、子供たちのために必死でやってきた普通の人間だと。押し問答の末、結局は引き受けることとなって、彼の祈りの旅はいよいよ幕を開ける。

そんな国鎮《くにしずめ》の旅の途中、神は彼に、次には世界を回ってくれるよう要請《ようせい》するのだった。さすがにそれはできない、自分以外のもっと適任の人がいる筈だ。今回も彼は丁重に断り続けるが、地球の将来、神々の計画、ことの重要性を諭されて、ついには世界平和の祈りに発つこととなる。それはイエス・キリストが《天の父》と呼んだ神の依頼だった。さて、それから彼の壮大な巡礼の旅、地球を東西南北に駆け抜ける、人類初の祈りの旅が始まっていく。

旅費の工面も含めさまざまな試練、救い、奇跡、奇跡が展開していくが、いつしか彼の周りには多くの人が集まり、従う人も後を絶たず、人々は彼を〈先生〉、〈聖者〉と呼び慕うようになっていった。

一九九四年四月一八日、祈りの旅の総仕上げとして、ついに彼は北極点に立った。全身全霊を振り絞って祈りを捧げた。祈りを終わった時、宇宙創造神が彼の前に顕現《けんげん》し、メッセージを与えた。天界の計画と地球のある変動が彼にかかっていたことを説いたのだった。

選びに選び
導きに導き
ためしにためし
鍛えに鍛え
待ちに待ち

ついに地軸に立つ
この喜びの日をどれほどに
待っていたことか

その彼に会うために、私は沖縄・那覇空港に降り立った。同行のT氏から彼について若干の説明を受けてはいた。凄い力を持つ聖者だけれど、まったく気取らない、素敵な人だよと。確かにそういう人物なのだろう。本の読了後、どんなことがあっても奢《おご》らず、謙虚な姿勢を保ち続ける彼に対して、私もそんな感想を抱いてはいた。とはいえ、数々の奇跡に包まれ、いくつもの宗教の教祖がその存在に平伏した偉人である。期待と不安の交錯する中、それでもつとめて冷静に、私は彼と出会おうと思っていた。

わざわざ空港に出迎えてくれた「彼」＝S氏は、沖縄の人らしい、はにかんだ笑顔で我々を歓待してくれた。Tシャツと Gパンの飾らぬ風情《ふぜい》、青年と呼ぶには少し季節の過ぎた、波間のきらめきのようなやわらかな表情。

「聖者とか先生とか呼ぶ人もいますけど、僕は教祖でも特別な存在でもない。まったく普通の人間ですよ」。

自ら車を運転し、ガイド役を買ってくれたS氏は、私たちの今回の滞在が短いのをしきりに残念がり、沖縄にある魅力的な旅のポイントを話してくれる。

沖縄、日本、そして世界へと巡礼の旅を続けたS氏は、祈りの導き手であるだけでなく、封じ込められた歴史の導き手でもあることを、私はこの旅の中でまざまざと実感することになる。

「三庫裡《サングーイ》」の、とある拝所でS氏は私たちに言った。一人ずつゆっくりと祈りなさいと。私たちは素直に、ここに導かれた所以《ゆえん》、今回の旅の趣旨《しゅし》を心中で語り、祈りを捧げたが、S氏はそれを受け取るようにして祈り始めると、突然、違う口調で語りだした。私は自分の出身地くらいは彼に告げていたが、それ以降の経緯《けいい》については何も語ってはいなかった。ところがS氏は私の経由した土地、その地に縁した私の意味を延々と述べたのだった。驚いて氏に告げると、こともなげに彼は言った。

「そうでしたか。神様が僕の口を借りてしゃべらせたんですが、時々そんないたずらもなさるんですよね」。

それから次の拝所、拝所へと私たちは向かった。途中、空海の話をしていた時のことだ。一人の修行僧がどこからともなく現れ、傍らの歩道を過ぎて行った。T氏と私は顔を見合わせた。S氏も驚いて、にっこりと笑って言った。

「不思議ですね。僕は沖縄に長いこと住んでますが、修行僧を見たのはこれが初めてですよ」。

目を凝《こ》らしてごらんなさい、世界のすべてを、あなたに訪れる物事をよくごらんなさい。そこには多くのことに意味があり、多くのことを教えてくれるから。S氏の瞳はそう告げていた。

この島の美しい、生命力溢れる自然の中で、S氏は生まれ、育《はぐく》まれてきたのだ。

「僕は最初、よく知らないままに白鷺に導かれ、滝に導かれましたが、僕の先生はいつも自然なんです。かつてどの宗教に入ったことも、祈りを習ったこともありません。僕の祈りは大自然から教えられ、魂のそこから湧いて出ることばなんです」。

私たちの今回の急ぎ旅では仕方なかったが、通常一時間や二時間、時には半日以上祈り続けることもあるという。

「世の中には形骸化《けいがいか》した祈りが多すぎると思います。一度、ある宗教団体の方々とご一緒した時のことですが、教祖の方の代わりに祈らせてもらったことがあったんです。海に向かって僕流の〈自然の祈り〉をささげました。すると、海中からマンタが飛び出して、次にはイルカが飛び跳ねて来ました。神様が信者の方々に小さな奇跡として見せて下さったものですが、大海を、大地を、天空をも震わすような渾身の祈りでなければ、地球に対する祈りは届かない、意味がないんです」。

地球に対する祈りの旅、それこそがS氏が何年にもわたって世界中の聖地を、七つの海、七つの大陸、聖なる山、湖を命がけで駆け巡った所以だった。

宇宙の神々が〈導きに導き、ためしにためし〉てS氏に託したこと、それは世紀末を迎え、新たな次元に突入する地球、新たな時代に突入する人類の、今後の大きな方向性なのだった。

「僕は静かに生きたいと願っていたし、本当は本も出したいと思っていませんでした。でも、このままでは地球はもっと破壊の方向に進むでしょう。あまり時間はありません。一部の人の力では限りがあります。多くの人が目覚め、地球と人間の真実を知り、愛の力を知る必要があるんです。そうなれば未来も変わるでしょう」。

——本当の目覚めとは
善なる魂の扉を開くこと

そして一歩を踏み出すこと――

いま、私の手元には、S氏から預かって来た講演のビデオテープがある。周囲に請《こ》われて開かれたものだ。二回目に行われた名護市での講演で、彼はこう語っている。

「僕は高校も事故のため五年かかって卒業し、たいそうな知識も持っておりません。そんな僕が皆さんに、こうやってお伝えできる唯一のことは、心の小さな芽生えを大切にして、一歩を踏み出して欲しいということです。僕は何とか子供たちを救いたい、何か自分にできることはないかと、踏み出した一歩をそのまま歩き続け、いまも歩いているだけです。宗教家や政治家のように、こうあるべきだともいいません。ただ、行うだけです。

我々はみな、神の魂、善なる魂を宿しています。目覚めとはその魂の扉、本当の心の扉を開くことです。それは自分自身にしかできません。周囲は、せいぜい手伝える、きっかけを作れるくらいです。目覚めて、一歩踏み出すこと、行うこと。それが二十一世紀につながる大切な鍵なんです」。

S氏は今日も祈りの旅を続けている。そして「目覚め」の《の》きっかけを与えてくれる不思議な本は、人から人へと、新たなる感動、新たなる目覚めをさらに載せて、まるで命ある生き物のように今日も誰かの手へと渡っている

――講演会のガイドブックより抜粋して引用――

東京での講演会に集まった方々の中には、このガイドブックに掲載されたS氏の体験に吸い寄せら

れてきた方も多勢いらっしゃったでしょう。私も改めてガイドブックを読み、S先生にお会いすることの出来た初心の頃を振り返ってみますと、本当にいまの世に偶然はないことを再認識させられております。そして改めて、S先生の真心に、筆舌に尽くせない感謝の気持ちが溢れてくるのでした。

東京でのS先生の講演を聴いた沖縄県のある主婦は、思い立ってある中学校の校長先生に「目覚め」の本を手渡しました。校長先生がこの主婦の方の思いを受け、全校生徒八百名、父兄、学校職員、教員を対象にした先生の講演会を、学校にて開催されたそうです。この学校は少し荒れており、卒業式もこの数年、満足に行われなかった、という状況の中での、先生の講演会でした。S先生のお話は、生徒たちの心の奥底に訴えかけ、大きく揺さぶるものがあったのでしょう。その年、中学三年生全員が高校入試に合格するという、すばらしい結果を残し、卒業式も静かに行われたということです。

また、北陸でもある主婦の方が、子供たちのためにと、中学の校長先生に依頼したことで先生の講演会が実現したのでした。その結果は、講演会の当日中に、親と子供の感想文が校長先生に届けられました。「たった一時間の講演で、人の心がこんなに動かされるものなのか。こんなに素直でやさしい心に変われるものなのか、と今更ながらに実感させられた」と、その主婦の方はおっしゃっていたようです。更にその方は、S先生の講演のビデオテープ(現在は入手不能)を次のような便りを添えて、校長先生にお届けしたということです。一部を紹介させて頂きます。

「私もこの先生(S先生)と同じ思いです。先生でもない、偉い人でもない、ただの一主婦です。子供たちのことをどんなに思っても、したくても、何も出来ません。その思いをどうかお酌み取り頂けたら幸いです。どうか教育の現場に立っていらっしゃる校長先生、並びに先生方に、まことの心の教育にお役立ていただきたく、心からお願い致します。このビデオテープは各学校で、良き方法でお使い下さい。宜しくお願い致します」。

そして中学校講演会の後、勿論S先生のところには校長先生からお礼の便りがあったということです。そして、校長先生ご自身の感想として、

「人としてもっとも大切な基本的な話が、なぜか近年聞くことの少なくなった状況の中で、今回の講演はいつまでも私たちの心の中に深く残り、生活の中に生かされていくものと思っております。どうか、今回が最後とおっしゃらず、もっともっと多くの子供たちに、大人たちに、今後ともご講演に回っていただき、感動を広めて頂くことを、勝手ながら切にお願いしたい」というようなことを伝えられたそうです。

一主婦の方が渡されたビデオテープが他の学校にもまわり、それぞれの校長先生から、講演会を実施した校長先生へのお礼の言葉があったりと、やはりS先生の心は「目覚め」の本に限らず、不思議な力で広まっていくようです。

それではここに、校長先生からS先生に送られてきました、中学生の感想文をいくつか紹介させて頂きます。

「おじさんの話は、心を大切にするという話だった。その話を聞いていると、おじさんは本当に一生懸命、心の大切さについて教えてくれたと思う。僕はそれを聞いて、本当の心の大切さを、心の磨き方を教わった。おじさんの心は本当にきれいなんだと思った。僕も見習おうと思う」（生徒）

「私は心についてそんなに深く考えたことがありませんでした。なのに先生はすごく真剣に考え、全

国の小・中学校に花の種を送り、学校をお花でいっぱいにするなんて、素晴らしいと思いました。それと、やさしい涙を流せば流すほど、心がやさしくなっていくなんて、いいことだと思いました。私もやさしい涙をたくさん流そうと思いました」（生徒）

「心の教育の仕方を考えさせられました。感動のある日々を過ごしたいと思います。また、家庭の大切さ、子供にとって家庭がエデンの園になれるように頑張っていきたいと思います」（父母）

「中学三年の子供と先のことについて話していた矢先、この講演を聞きました。子供はいま、自分がどうすればよいのか？　と迷っているときなので、この講演を聞いてどう思ったか、今夜聞くのが楽しみです。私はこの講演を聞いて、子供に勉強させるのではなく、自立させるための親子関係を作っていかなければいけないのかなと思いました」（父母）

S先生の学校での講演会の反響は、地方新聞でも取り上げられるほど素晴らしい結果であったようです。講演会の準備で先生と直接お話しされた方々、また、先生の講演を聞いて先生の心に触れた方々は、いままでにない感動を覚えたようでした。

S先生と接してお話を聞かれた方々が、ただ単に〝感動〟で終わらず、そのことが出発点となり、魂の自立（目覚め）の旅へと歩み出した方たちが少なからずいらっしゃるのは、先生の表面的な言葉によってでも、計算された話術によってでもありません。先生が十八年かけて、魂と心と身体を丸ごとひとつにして、骨身を削り、子供たちと地球のために世界中を巡り、日本中を巡って、命でひと連なりになっているすべての存在に、祈りによる訴えをなさってきたその真心が人々の魂を揺さぶり、魂の姿勢を正し、自立の道への扉を押させるのだと思います。先生の眼《まなこ》は存在の本源に立って、そこから全てのことを見、祈りを発しておられると思うのです。

現代の日本に見られる高学歴は、一面では魂の自立を逆に妨げる面も出てきているような気がしてなりません。学問を何のために修めるのか、その最も基本となるところをはき違えてはいないでしょうか。そのことが、結果としていまの子供たちや若者たちを対象としての意識調査に表れているように見受けられるのです。「無気力」、「知的好奇心を持てない」、「他人を思いやれない」、「社会に貢献《こうけん》するという意識の無さ」、「自分の国を誇りに思えない」等々……（読売新聞に掲載された〝見出し〟の言葉から）。

私はS先生の中学校における講演会の、生徒から寄せられた感想文を見せて頂き、先生の話を日本全国の中学生や高校生に聞いて欲しいと、心から思うのでした。

五章　神の心を知る旅

一　沖縄の拝所（聖地）を案内して頂く

一九九八年の正月は、夫と共に伊勢神宮にお参りすることから始まりました。伊勢神宮に初めてお参りした時に案内して下さった年輩のご婦人（前述）は、早朝のお参りでは必ずお会いします。時折、とてもきれいな字でお便りを下さっておりましたので、一月五日の初詣は、共にお参りをさせて頂きました。朝六時、お参りを済ませて石段を下り、遷宮《せんぐう》（神殿を建て替える時、神霊を移すこと）のために空けている土地の前にさしかかった時、上空三十メートルほどの所に光を見たのです。一つひとつが神札《かみふだ》の剣先の形をした光、それがいくつも消えては生まれ、消えては生まれ、まるで花火のように光り輝くのです。オレンジ色にも似た黄金の光でした。この光が何を教えて下さっているのか分からぬまま、その日は奈良まで足を伸ばし、お昼過ぎには橿原《かしはら》神宮にもお参り致しました。正月で、参道はきれいに掃き清められておりましたが、道の両脇の木立には、参拝客が投げ捨てた弁当の空き箱からお菓子の袋、さまざまなゴミが辺り一面に汚く散らかり、駐車場に至っては、ゴミ捨て場かと見紛《みまご》うばかり。少々のゴミならば拾って持ち帰るのですが、こんなにたくさんではどうしようもありません。

何とも侘《わ》びしい気持ちを抱きながら、急ぎ足で次の目的地、高野山に向かいました。雪のちらつく寒い日でした。奥の院にある空海様の御廟《ごびょう》にて線香を点《とも》し、S先生に出会わせて頂いたお礼を申し上げて参りました。その日の宿坊に向かう途中、一軒の店に立ち寄り、先生が小中学校に配られたという八冊の本を求め、宿坊で身体を休めながらそれらの本に目を通してみますと、大人が読んでもとても勉強になる本です。

家に戻りまして、お母さん仲間や、私が週に一度書を教えている子供たちに、高野山で求めてきた八冊の本を見せてあげると、子供たちは、「先生、家に持って行っていいですか」と、言うほどに関心を持って読みます。この子供たちの様子から見ても、これからの子供たちが健全な日本人として歩むための心の糧《かて》として、この八冊の本は日本人の心を捉えて已《や》まないものがあると思えます。

この年の二月、沖縄では旧暦の正月を迎えておりました。お年寄りの人は、新暦の正月より旧暦の正月を大切にしているとのことです。S先生が初めて滝に入られたという滝の近くに、セメント材で造った簡素で小さな社《やしろ》があり、三名のご老人が手作りのお供物《くもつ》の準備をしていらっしゃいました。先生が「こんにちは」と声をかけると、いろいろな話が始まりました。しばらくすると、背の低い痩せたおばあちゃんが、お供物《くもつ》を供えてからその前に座り、私に「こうして神様の前に座るだけで、私が何を言いたいのか神様に通じるさぁ」と言うのです。胸が熱くなるのを感じました。「あぁ、これが本当の信仰なのだ」と思いました。先生はそんなおばあちゃんを見てにこにこしていらっしゃいました。

私は何と有り難くも幸せな場に居合わせたのでしょう。沖縄の地には「亡くなった人たちは自然回帰する（自然と融合する）」というところから生まれた、自然を崇拝する信仰がしっかりと残っているのです。世界各地にも沖縄と同様、その地方に古くから伝わる土着の信仰を数多く見ることができる、と先生は話して下さいました。現代人は、仏教やキリスト教など、世界的宗教の進出と共に、私たち祖先の残した素晴らしいものを忘れてしまっているように思えます。高校、或いは大学の頃、聖書を読んでもあまり感動できなかったのを覚えていますが、聖書には、先祖崇拝に想いを馳せるような内容は少なかったような気がします。感動が少なかったのは、何かそのようなものも要因になっていたのかも知れません。沖縄には、神霊と通じることのできる「ノロ」や「ユタ」と言われる人たちが数多くいると聞いています。こうしたことは、人の心の根本に忘れてはならないものを脈々と伝えている表れでもあり、また私たちが後世に継いでいかなくてはならない心のことであるような気が致します。沖縄は、気候が温かいだけでなく、心も温かい島です。

次に訪れた時、S先生は、昔、祭司を取り仕切った最高神女、聞得大君《きこえおおきみ》の即位式が行われたと伝えられる、沖縄では随一の聖地であったセーファウタキ（斎場御獄）という場所に案内して下さいました。まさに、自然の神が宿ると思われるような聖域でした。先生は少し離れた大きな岩場から海に向かい、大きな祈りをなさいました。すると、私がいままでに聞いたことのないお名前の、大きなエネルギーを感じる神様がお出になられたのです。その時私の身体は、吹き飛ばされる位の風圧を感じました。大きな大きな神様であることはすぐに分かりました。

「地球霊王（生命体である地球の魂のことを、先生は地球霊王と呼んでいます）でございます」と、

Ｓ先生に挨拶をなさり、続いて、地球を汚してしまったことのお詫びをしていらっしゃいました。先生の存在（宇宙の神であるという）について、私はまだまだ信じ切ることができていない頃でしたので、「え、どうして先生に詫びるの？」などと思っていたものでした。――本当に失礼なことであったと、後々分かるのですが。地球霊王様については一九九四年四月十八日、先生が祈りの総仕上げとして北極点に立たれた時、初めて声をかけてこられ、その時に初めてその存在を知った、と言っておられました。

神は、光の存在でそれぞれの神の大きさをお知りになるのでしょうか。地球霊王様はＳ先生の北極点での祈りに、宇宙の大元からの大きな気を感じていらっしゃったようでした。

「目覚め」に書かれた北極点の祈りを読んだ時、私は先生にひれ伏してお礼を申し上げたい気持になり、涙が止まらなかったことを覚えております。地球霊王様は北極点で、真心で力強く祈りをするＳ先生の姿を目の当たりにされ、先生の魂の大きさを感じないではおれなかったのでしょう。

「人から神になった魂は、人の生き方を導いてくれる。それに対して自然の神は、自然の大切さを強調してくるんですよ。（＊筆者注＝なるほどそれで、地球霊王様は先生にあのように言ってきたんだ……と思いました）そしてね、神様は、（人には）先が見えない状態で一歩一歩進めて導いていくのですね。四国の金比羅山の千三百段の階段を登るのと同じように、一段一段導いていくのですよ。たとえば、金比羅山の一の鳥居まで行こうと言っても、登り始める前は一の鳥居は見えない。一の鳥居まで行ったら、次はじゃあ二の鳥居まで行こう（ここではまだ二の鳥居は見えない）、そしてついには頂上まで、というように、私の花の種配りも、沖縄から鹿児島、そして宮崎というように順々にね。私もそうでしたが、先は見えないけれど導かれるままに素直に進んでいくと、その道中、年輪を刻むように人は成長するのかも知れません。本配り、花配りは三年かかって、中学校も三年行くと次は高校というように、人間は一才から十二才までが一サイクル（十二年間）で、ここでは肉体的にも成熟してきますし、十二才から二十四才までは二サイクル（二十四年間）で、二十五才になるとほぼ身も心も成長してくるので、結婚ということも考えられるようになると思うよね。本当に、幼稚園から小・中・高・大学というように、一段一段、年数をかけて導かれてきましたね」と先生はお話し下さいました。更に、

「神様も人も、私にいろいろなことを言って来られるけれども、私自身、何者なのかよく分からないのです。あまりいいことではないけれど、離婚から事業の失敗、怪我（病気）、煙草、酒を止めること（＊筆者注＝自分の意志で止めなくては他人《ひと》の導きはできない、と先生はおっしゃいます）と、他人《ひと》の痛みが分かるさまざまな学習をさせられましたね。導きの神様も次から次へ替わるしね。最初はご先祖が導く。次は空海様。次は伊邪那岐神様《いざなぎのかみさま》。次は天《あめ》の御中主神様《みなかぬしのかみさま》（太陽系を守る神。イエスが『天の父』と呼ぶ神）。そして神様も親しくお話してくるようになると、神様の悩み事を打ち明けて来られるし、そしてその悩みに答える自分がいるのですからね。どうなっているのか本当に分からない。でも、とてつもない考えをしている何かが、自分の胸の内にいることは分かるから、不思議でね。神様の気持ちが分かると、宗教は作れなくなるのじゃないでしょうか……」と、おっしゃるのです。

私は先生に出会ってから二年足らずで、こんな大きな神様と出会わせて頂いていいのだろうか……と思いつつ、帰りの道すがら、先生にそのことを話してみますと、

「そうですねえ、あなたも警視庁を辞めた頃から、神の道が始まっていたのでしょうが、少し遠回りだったけれど、来るところに来たのだからいいのじゃないですか」と、おっしゃって下さいました。

何気なく普通の会話の中で話して下さったことでしたが、先生ご自身としては十数年、たった独りで歩かれた道の中で、私たちには想像もつかないご苦労を乗り越えてこられたのだと思います。またそれに伴って次元が上がっていかれますと、肉体を持つが故の人間的な世界と、神としての意識の世界との間に生じる大きなギャップに悩まれることもありましたことでしょう。他の誰もが体験することのない世界であるが故に、誰に悩みを話すこともできず、ひたすら黙々と、最初は大勢の子供たちのために、次は地球と神様のために歩んで来られたのでした。

二、　神岳の祈り

S先生が若い頃、ある有能な霊能者に、沖縄一番の聖地はどこですかと尋ねると、神岳という山だと知らされたそうです。その霊能者もその山がどこにあるか分からないという。S先生は離島に本を配りに行った帰り、船の中でその山に登りたい思いに駆られ、そのまま下船して、自分の思いのままに道なき道を登り進んだそうです。そして多分この辺りであろうと思うところにて、お祈りをなさったそうです。そして毎年、年に一度、旧暦の四月四日にその山でお祈りをされていましたが、ある祈りの時、神様が、

「この山に私が降臨《こうりん》することがなぜ分かるのか」と言われ、先生は、「変なことを言う神様だな……」

と思ったそうです。すると、太陽からのエネルギーが凄い勢いで身体に入り、その勢いで身体が飛ばされてしまったそうです。その神様はS先生に、

「世界の祈りの旅に出るように」と言われたといいます。しかし先生は、お金もないし英語も喋れないことから、お断りをなさいました。しかし何回お断りをしても頼んでこられ、最後には、「するかしないかだけ決めなさい」と言われたそうです。そこでS先生は、「一つだけ条件があります。あなたは誰であるか教えて下さい」と言うと、何もお答えにならず沈黙のまま……。十回尋いても二十回尋いてもお明かしにならなかったのですが、最後に、

「イエスは私のことを『天の父』と呼んだが、そちは何と呼ぶ」とだけ言われたそうです。S先生は余りにも畏れ多いことに、ひれ伏し、声を上げて泣いたそうです。そしてそれ以降、先生をお導きになられる方は、太陽系の天の御中主の神（天の父）に替わられ、それから世界の祈りの旅が始まったということです。

先生のお供をさせて頂くようになり、私が初めてその山に登りましたのは、一九九八年四月四日でした。地球霊王様（地球の御霊）は、いままで人の世に伝えたことのない地球のことについて話して下さいました。（＊筆者注＝ここでお断りしておかねばなりません。神様からのお話はすべてS先生に対するものであり、私を通してS先生にお伝えをさせて頂く形で進みます。ですから当然、私に課せられる日々の努力としては、如何に心の純粋さを保つかにあります。先生には、私からの神の声ばかりではなく、他の霊能者の方からもさまざまな情報が寄せられるそうです。しかし、先生は、

「寄せられるすべての言葉が、どの次元から語られているものなのかを見極めなくては方向を間違え

てしまう恐れもあり、道を狂わせる因《もと》にもなるから、神様の話されることの全てを真《ま》に受けはしないですよ」とおっしゃいます。「しかし、こうやらなければということには、命をかける決心で向かって行きます。自分の足許が一番しっかりしなければ、何事もできないからね。いつもまず、ことに当たる前に、自分の心を整えていくのですよ」と。

地球霊王様

「富士山は、『ふじ』の言霊《ことだま》からは不二山とも言い、世界に二つとない山とも言えます。まさに地球上に二つとない宝物でございます。
また富士山は多くの人の心を開くための山でもございます。この度、日本の国の中に、生み出す大きな力を持つ山を三つ、宇宙から教えられました。一つはヤマトの神山、次に琉球の神岳、そして富士山です。富士山は臍《へそ》の役目を致します。赤ちゃんの臍を思い出して下さいませ。臍の役目とはたいへんなお役目でございます。ある時には、ここから全てのものを排出させねばなりません。この地球という星の神々の浄化をする山でもございます。神々の浄化をする山と申しますと皆さま驚かれるでしょうが、幾つかあるうちのその中心が富士山でございます」。

そして地球霊王様は、二〇〇〇年の七月には、沖縄の地に世界の神々が集まるので、その前に日本の神々の浄化をして頂きたい、と先生にお願いをされておりました。沖縄サミットの一週間位前に、世界の神々様が日本の国にいらっしゃることになっていたのです。お迎えする日本の神々様にとって初めてのこと故、身を清めてお迎えするという地球霊王様の思いであったのだと思います。私にとって初めてお供をさせて頂きました山で、考えたこともない言葉を聞かされ驚くと同時に、このような場に立ち合わせて頂く自分という人間の使命は何であるのか、皆目分からない状況で山を下って参りました。

三　沖縄南部へ

S先生を交え、五人で沖縄南部のある神社に詣りました。昔は栄えた神社であったようですが、現在は何かしら寂しそうなたたずまいでした。先生にその神社を造られた方の一代話を聞かせて頂きました。

「目覚めた者が、大きな社を造り、神様の名のもとに人の前に披露《ひろう》した時から真理は伝わらなくなりますね。物質を通して真理を人々に伝えようとする意図《いと》の中に、形を存続するためのノウハウを込めていかなくてはなりませんからね」。

私は、これは宗教と同じことではないかと思いました。そして、同行のおばあちゃんが言うのには、その神社に祀られる神様の大元は他の場所にあるということで、おばあちゃんの案内でそこに行ってみることに致しました。その地は、こんもりと盛られた土に石の碑が建っているだけの、簡単なものでした。先生が、「さあ、お参りしましょう」と言われたその時、大きな太鼓の音がどこからともなく聞こえてきました。先生は「神様の合図だね」と言われ、太鼓の音の止むのを待ってお祈りを致しました。祈りが終わると神様が言葉を下さいました。

「宇宙から下ろされた光と言葉により、日の本国《もとつ》、大和の国へ神の心を伝えて下さい」と、お願いをしてこられたのです。またまた九州の宇佐八幡の時と同じ状況を見せられました。先生が言われるように、神の存在には社《やしろ》は必要ないことを、今日の神様のご様子で分かる気が致しました。人の深い思いが通じれば、そして、本当にそこが神の座であるとしたら、自然にある石や木や花を置き、神の座であることが示されるだけで、神様はそこにお見えになるのです。

とは言っても、私たちの家の中での仏壇や神棚というのは、その存在（神や仏）の居場所として、また、どこに座して頂くかのために必要なものであり、日本の歴史の中でずうっと受け継がれ、先祖から子孫へ、親から子へと心をつなぐ大切なものでもあると、S先生は話して下さいました。

大和のしきたりの中には、心を表すものがたくさんあります。しかし、いまはそのようなものが段々薄れていく傾向が強い中、沖縄という島には心の籠もった慣習が数多くいまも引き継がれているのを見ると、先生がなぜ沖縄にお生まれになられたのかも頷《うなづ》けるような気がしてなりません。沖縄は先祖をとても大切にする慣習がたくさん残っているということでした。

四　古宇利島《こうりじま》へ

二十三日は小雨模様なので、目的の伊平屋島には行かず古宇利島へ行くことに致しました。船に乗ってから雨が降り始め、海上でもあるので少々肌寒さを感じました。二十分ほどで着き、島に住む人たちの荷物が一緒にたくさん下ろされていきます。雨模様なので、港の近くの拝所にてお祈りを済ませると、やがて雨も上がりました。港の近くでしたが大きな洞窟のような岩場があり、そこに座って先生は話し始めました。

「この島はね。天から人が一番先に降り立った地であるって聞いたことがあってね。とても良い伝説(民話)があるんですよ。天から下ろされた男と女は毎日、天から頂くお餅を感謝して頂いていたが、ある時『このお餅が天から降って来なくなったらどうしよう』と疑い始め、もし降らなくなった時のために、貯えておこうと思った。その翌日から、全く餅は降らなくなり、それからは貝を採って食べたり、苦労して働くことになった」というのです。

この話を聞いて、自分の生き方についてたいへん考えさせられました。私たちがいま直面している時代が混迷の世の中で、何を信じて良いのか分からないような時であるからこそ、自然の息づかいにもっと耳を傾け、自然の動きにもっと素直になる心が必要なのではないかと思うのです。素直になった時、自ずと自然に対する感謝の気持ちが湧き、自然を大切にしようと思う心が湧いてくるような気が致します。

このお話を終えた後、突然、座っていた先生が素早い動きで立ち上がり、ズボンの裾をサッと上げて海の中に入って行きました。そして水を叩いたと思いましたら、その手を握ったまま岩場に戻って来たのです。それはほんの五秒ほどだったように思います。そして、にこにこしながらすくい取ったカナブン（コガネムシ科の甲虫。青銅色で光沢に富み、体長約二、五センチ）を見せて下さいました。

「カナブンが溺れ死にそうだったからね」と、先生は、カナブンの住処《すみか》を求めて岩場から道に出、あちこちの木の葉に乗せてあげたり、木の幹につけたりしてみましたが、結果的には道の反対側にある木の幹の、少し段のある株のような所に乗せてあげると、やっと住処を得たかのように蠢《うごめ》き始めました。「助けてくれて有り難う」と言わんばかりに。私には気づくことのない、海面に浮かぶ小さな生命にまでも気配りのできる、何という細やかで深い心を持ったお方だろうかと驚きつつ、先生が木の葉の上にカナブンを乗せると、「あ……、先生、落ちちゃう。あ……、先生、ここもダメですね」などと言う私の目に涙がありました。先生の温かくやさしい目には、花も、木も、草も、鳥も、虫も、動物も……、みんな同じ重みを持って見えるのですね。

それから船に戻り、次に屋我地《やがち》（昔は島であった）という連絡橋で渡るところの神社に行きました。昔、先生がまだ事業家であった頃、ある霊能者に連れて来られたという産土《うぶすな》の神社でした。一昨日、その神社では祭りが行われたらしく、それらしい跡が残っていました。そして産土の神様が先生にお話を始めました。

「一昨日、火の輪の中に人の姿がありました。そしてその火の輪の上に光があるのです。その光は柱のように天にずうっと続く光でした。今日、貴方様を見ますと、驚くことに一昨日の火の輪の中の人は貴方様のお顔なのです。その時の光も、貴方様から出る光と同じ光でした。どうぞ、祈りの言葉を下さい。そして光の力を下さい……」と、先生に懇願《こんがん》なさるのでした。

先生は心を込めてお祈りをされました。そして最後に産土の神様に光が入る時、私にもその光が見えたのです。神様のお姿なのでしょうか、それにも似た楕円形の光が、四方八方へ散っていくのです。私も、先生が神様に差し上げる光を、これほどくっきりと見せられたのは初めてのことでした。

産土の神様は、

「よく見ると、貴方は人の姿をし、人である。私は神の姿をし、神である。しかし貴方は人であるけれど、私より光が強い。よく見ると、貴方の光は天の果てまで続いている。貴方が神で私が人か、私が神で貴方が人か、さっぱり分からない。貴方はどこから来られた方ですか。貴方が発する祈りの言葉に光が乗って参りました。本当に有り難うございました」と、丁寧に心を込めてお礼を述べていらっしゃいました。

神社を後にして、雨も上がり、夕陽がとてもきれいに海に映え、本当に感動の連続の一日でした。

五　八重岳へ

九月二十四日は四方八方が見渡せる八重岳に登りました。登ると言っても、車道《くるまみち》があり、途中から少し歩き、高さ十五メートル位の塔に登ったのです。周囲を見渡しながら、先生はいろいろなことを話して下さいました。

神岳の方に向かって、沖縄列島には身体的に見て七つのチャクラがあり、それは七獄《ななうたき》と言われる祈りの場として、沖縄の聖地になっていること。そして神岳というのは、七つのチャクラとはまた別の大きな聖地であること。宇宙には、目に見えない網が張られていて、これは地球から見るとマクロである。地球はと言えば、地上には道が張り巡らされていて、これはミクロとしてそれぞれ神々のネットワークを作っている。これはまさに宇宙法則を形作っている、というのです。そして沖縄は神のネットワークを作っている島で、昔からいまに至るまで、特別な宗教を持たない国、宇宙法則に則った祈りをしている国である。その心を世に表す意味で琉球王朝を、守礼の国ともいう（実際に守礼という門構えまであるのです。礼節を弁《わきま》えることを旨とする国らしい建物ですね）。琉球という島の名前も、本当は龍の玉という意味で、「龍球」という言霊で表す。神が動くときは光でなくて龍体にて動く場合がある。琉球という島は龍の島、言い換えれば神の島、神の国である。ブータンという国名も龍という意味であり、ブータンの人たちは、自分たちの先祖は龍であると言い、沖縄も同じように、龍（神）が先祖であり、龍の国であるという点で、両国共、二十一世紀に非常に注目されてくる国であると思う。……そのようなお話でした。

また先生がブータンに旅したとき、ガイドの方に、「貴国（ブータン）は山の龍、私の国（沖縄）は海の龍、仲良くしましょうね」と握手を交わし合ったそうです。このようなお話を先生から伺い、改めて世界を見渡してみますと、人間の作った宗教には宗教間の争いがあり、宗教内部には各々派閥争いがあり、とても心が痛みます。二十一世紀は宗教ではとても救えないのではないかと思わざるを得ない状態です。ですから古くからのものを大切にし、礼節を重んじるブータンや沖縄の島が、多くの人たちの目に止まる時代なのだと私は思うのです。

先生は続いて話されました。

「私は宇宙に向かって祈りをする時、神山というところに登るのですが（方向を指して下さる）、そこは琉球王朝時代から祈りをしていたところらしく、最後の地球を守る申し子に渡すために準備しているものだと、神様から教えられたことがあってね。その場所は私が台湾の玉山に登ると、何故か決まったように玉が出土して、それはしっかりとした模様を持っていて、一つは鯨の模様、一つは鳳凰の模様、いまは二つしか出ていないけれど、もう一つ龍の模様が隠されているのではないかと思うのですよ。昔から宇宙の神が下りる所は、金、銀、銅、ダイヤモンド等の宝物が出ると言われていてね。この地は昔、麓から銅が発掘されているというのですよ。沖縄という島は、神の歴史が刻まれている島であると同時に、歴史の中に流れる文化の心は、情とか、愛とかいうものを表すものが多く、歌にもそれが反映されて、人の心を歌ったものや、自然を歌ったものが昔から多くあり、いまもなお、歌い継がれていますよ」。

S先生の話を伺い、初めて沖縄を訪れた時のことを思い出しました。飛行機の窓から青い海や白い石の建物が見えたとき、私は自分のふる里の地に来たような気持ちになり、涙が止まらなかったのを覚えております。琉球の島・沖縄は、ブータンと共に神様の心のネットワーク……、そのネットワークを世界に広める役目を持った大切な国（島）ではないかと思えてなりませんでした。

周囲に緑が広がり、その先には青い美しい海が広がる沖縄の自然。そんな自然の素晴らしさを前にして、先生は地球のことを話し始めました。

「地球を造る時、それは〝エデンの園〟として既に造られていたのです。例えば、動物園を造っても動物がいなければつまらないでしょう。しかし、その動物が暴れたりして手がつけられないようになったらどうするでしょう？　動物の生まれた国でその動物を知り尽くしている人が飼育係や調教師であれば、暴れる前にくい止められるけど、その動物のことをよく分からない人では、調教も飼育もうまくいかないでしょう。人間の場合も同じではないですか。地球が造られ、次に人がそこに住まうようになり、人々の間に調和を保つために、やがて地球には天の父から数名の聖者と呼ばれる人たちが降ろされるのですが、その人たちが亡くなられた後、宗教という形で心の教えができてしまった。しかし、それらの宗教は、人を中心にものを見てしまうので、ひとつの観念のようなものができてしまい、建物ひとつにしてみても、聖地に自分のマンションを建てなさい、というようなもので、創造の親神様から見ると、とても枠の小さい考えでしかないと思うのです……」。

更に、先生が世界各地を巡られること等についても、とても分かり易くお話をして下さいました。

「まず、人間に譬《たと》えてみると分かり易いかも知れないですね。人間も幼稚園から小・中・高・大学生というように、一段一段と上がっていきますね。一段一段と積み重ねていかないと、しっかりと築き上げていかれないと思うのです。技術的には、中学から大学と、途中を抜いても可能かも知れないけど、心はやはり積み重ねなければね。そこで人間ばかりでなく、神様も同じで（これは先生のお供をさせて頂き、気づいたことですが、神様でさえも自らのレベルに応じて、小学校のことは分かるが、高校のことは分からないという神様が多いことに驚かされました）、一段一段とお話をし、その神様に相応しい祈りをしていくのです。お祈りする場所も、譬《たと》えて言えば、病んでいる人のツボを押して元気にしてあげるように、ツボのような意味のところに、また、そのような所は聖地とも言えるような個所も多く、地球自体のツボを押すようにしてゆき、これは実際には鎮《しず》める祈りをしていくのですが、地球を自分の身体、自分の庭と思う意識が必要ですね。そのような思いで、地球を治すのにはどうしたらよいか、地球を良くするのにポイントはどこか、地球のツボはどこかと常に考えていますね。祈りをすることによってそれを確かめたり、祈りをしながら探してね。そして、そのポイントというのは、地球を造る時のポイントでもあってね。肉体でないもう一つの私は、地球のことをよく知っているようなんです。でも最初は、弘法大師の弟子になれたと思って、それだけで嬉しいと思っていたのにね。……世界を歩いて困った時、言葉が分からないから逆にカンが磨けたのかも知れません。そして、ツボに当たるような個所を順々に回って、簡単に地球が壊れないように、親神様の導きのもとに地球を固めていくのですよ。沖縄の地元から先に、日本を始まりとして世界へ。まるで、パズルを組み合わせるように親神様（創造の神様）のもとへと、完成に近づけていくのですよ。特に日本列島は龍体ですから、龍体のチャクラを開いてゆき、次々にツボのような意味のところに祈りをしてゆくのですね。地球は肉体次元ですから、肉体を持って行って祈りをしなくては、祈りが通じない。霊体ではその次元の祈り、幽体ではその次元の祈りをしなくては通じていかないし。例えば、祈りの言葉を文字に書くことは誰でもできるけれど、祈るとき、神の心を祈ることは誰でもできることではないと思うのです。神の心を知り、神に通じる祈りをしなくてはなりませんからね。自らその次元にいかなくては祈ることは出来ないんです。世界を回ってみて、いろいろな神様がいらっしゃいますが、その神々様も本当に段階、段階のことしか祈れない、ということがよく分かりますよ」。

先生のお話を伺っておりますと、「光を下さい」と言われる……、その神様のお気持ちさえも分かる気が致しました。

八重岳の山道は、九月の末なのにまだ蝶々がいっぱいです。群をなしていろいろな色の蝶々が先生に「ありがとう、ありがとう」と言っているかのように、道すがら、ずうっとついて来るかのようでした。私は幼児のように蝶々と一緒に駆けて喜び飛び回りました。

人は自然に浸り、心の洗濯をすると、忘れていた人間としての本当のふるさとを思い出すことができるような気が致しました。

六章　神山を有する群馬県の地へ

一　ある町の神社にて

一九九八年の十二月初冬、日航機事故にて生命を落とされた方々をお救いするために、先生は沖縄の地から来て下さいました。途中、ある町の神社に立ち寄ってお祈りをして下さいました。
先生のお祈りが終わりますと、まるで、神様がいらっしゃいます、という合図のように太鼓の音がドンドンドンドンと鳴り響き、天照大御神様のお声が聞こえて参りました。

天照大御神様
「これから始まります神々の世界の大きな建て替えを前にして、本日お目にかかれましたことは、まことに有り難く思うております。神々の世界は、立て替えを前に、全ての神々が透明な魂のように全てを明らかにしなくてはならない時期に入って参りました。本日行かれます地は、清らかな空気と清らかな水を有し、神々のまことの心を育《はぐく》んだ地にございます。そしていま、神社の祈詞《のりと》が聞こえて参りますが、天には通じておりませぬ。どうか貴方様の掛け声を、日本から世界中に発して下さいますよう、お願い申し上げます」。

この時、私も神官の祈詞を聞いておりましたが、神には届いていないことをヴィジョンで見せられました。先生がおっしゃるように、魂からの、真心からの祈りでなくては、神（自然）を動かすことはできないという姿を見せられた思いでした。

既にこの頃から、S先生が神々様をお導きなさいますことが始まっておりました。どこへ参りましても、先生から発する光をとらえてお声をかけてくる神様や人々がいらっしゃいます。お人である場合は、表面意識で光を認識しなくとも、その方の魂が先生の光をキャッチしてお声をかけてこられるのでしょう。

近くに何の縁なのでしょうか、源義経公の塚のようなものがあり、ここでも先生は義経公の魂に語りかけました。

S先生

「この源ですけど、私の魂の源がどこから来たのか、あなた様の魂の源はどこなのか、源という言葉がどこから来たのか、大きな大きな源という言葉を知る必要があります。源氏とは、神様から頂いた名前であると思います。源氏とは、大きな大きな源を知り、平家とは平たいということで、広げる意味でございましょう。平家は源から来た教えを広げる役目を持たされ、源氏と平家という名を、神様から戴いたものであると思います。釈尊は遠いインドの国、ヒマラヤの地に生まれました。釈尊の教え＝仏教は、中国を渡って日本にやってきました。釈尊は天と地を指しております。天地とは、天と地を結ぶ意味でもありますが、天の源、地の源を知る意味でもあります。天の源の理を知る。理とは真理、地の源の理を知る。そして、釈尊が天地を指しながら出て来た五百年後にイエスは生まれますが、そのイエスは手を広げております。釈尊は、天と地を結ぶために、天の教えを地にならしめるために生まれてきたと思います。そしてイエスは、天と地の教えを広めるために生まれてきたと思っています。源（縦）と平家（横）、これも十字でありますが、たいへん深いものがあります。これも考え方の一つのポイントとなると思います。私たちはこれから、この日本の国の源を探しに行きます。正式には一九九九年の七月七日に辿り着こうとしています。その源とは、水一滴が出てくる場所でございます。水一滴の源流です。川の源です。その源から流れてくる川が、神の川と呼ばれております。私たちはその源の近くまで今日は参ります。その源の神に、源流の神に、今日お会いします。さて、この時にあなた様（源義経）と会うこと自体、不思議な縁ですね。そして貴方様にあらわれた自然の神様ですが、龍神様はまた自然神であり、地球の源、宇宙の源から来たお方であると思います。宇宙の神は、誰か源と名乗る人たちに、源とされるその場所を捜させようとしたのかも知れません。そこに行ったら、またいろいろなことがよく分かると思います。そして、私たちの琉球王朝は、源為朝の子孫の舜天という方が琉球第一代の王様になりました。さて、琉球にも神の源があります。それを捜すために、源為朝は沖縄に来ました。あなた様は全く逆の東北の方向に行きました。あなた様のおじさん為朝は、南西に行きました。とても面白いですね。また、生まれ変わった時には、大きな大きな働きをして下され。今回は一つのヒントにしかなりませんけれど、心当たりがあれば、どうぞ悟って下さい。あの世でいまはどういう場においでですか」。

源義経公
「大きなお体の、仙人のような姿をなさったお方が、磐山の祠《ほこら》にいっときいらっしゃいまして、私と同じような戦国の世を生きた武将や侍の人たちも詣で、話を聞くことがございます。普段には、山間部に庵があるような静かなところにおります」。

S先生
「よかったと思います。そういうところにおられて。どうぞまた、その仙人さんの力を借りて、もっと高い次元、菩薩、神の次元まで到達して下され」。

源義経公との会話を伺うにつけ、日本という国の言霊が導くものの中には、深い深い意味のあるものが多いことに気づかされました。

二、航空機墜落事故の人々の霊（魂）を救いに

一九八五年（昭和六十年）八月十二日、群馬県で、世界最大の航空機事故が起きました。そしてこの事故が、大きな大きな意味があって引き起こされたものであることを知ったのは、それから十年後のことでした。

私はこの年、初めての出産で、ふる里のお盆には帰れませんでした。そして娘が一才の誕生日を迎える頃、つまり、事故が起きた翌年のお盆に久しぶりに帰省したのです。

二階の神殿にてお祈りをしておりますと、なんと数え切れぬほど、事故で亡くなった人たちの霊が集まってきて、

「どうかお救い下さい。救って下さい」と救いを求めて来るではありませんか。信じられぬ光景でした。（龍神様（実家を守る金龍様）が教えて下さったのですが、私の家には屋根に光の柱が立っているそうです。その光によって集まってきたのではないかと思います。ある霊能者の方に、〝あなたの家は人救いの家ですよ〟と言われたこともありました。そしてこのことは、毎年、事故の当日またはすぐ近くのお盆になると繰り返されるのでした。私の祈りは、霊を慰めるだけの祈りでしかないのです。どうしても救ってあげることはできなかったのです。そして先生にお会いし、先生の光を見せられました時、「この方が救って下さる！」と、瞬間に思ったのです。（前述）先生に出会いましてから一年半、やっと待ち望んでいたその日がやって来たのです。

その日は既に陽が落ちようとしていましたが、先生と車を運転して下さった方と私とで、慰霊の園まで行きました。まず慰霊の碑に手を合わせました。そして聖観世音菩薩様に手を合わせますと、「この御方は光の御方。全てを救って下さる御方ですよ」と、逆に教えられてしまいました。

原爆よりも恐ろしい体験。原爆は恐ろしさを味わう間もなく一瞬にして焼かれてしまう。先生は、航空機事故の人々は、三十分ほどの迷走の時間があり、その間に味わった恐怖感は体験した人でなくては想像のつかない状態であると、感じられたのでしょうか。

まず、Ｓ先生が祈りの準備を始められますと、どこからともなく弱々しい、地獄の底から聞こえて

来るような、呻《うめ》き声ともつかぬ、事故の現場さながらの状況がそこに再現（霊視）されてきました。先生は、渾身の想いと力を寄せて語りかけました。まず、恐怖感を取って差し上げる祈りの言葉で始まりましたが、言葉のやさしさと、言葉と共に先生から発せられる光によって、痛む身体も、悔しい気持ちも、悔やむ気持ちも、全ての人々の想いが、安らかに落ち着いてきたのです。救われるとはこのようなことなのかと、涙がとまりませんでした。そしてどこからともなく八柱《はちはしら》の観音様が現れ、先生との光のリレーをするように、お一人お一人の魂を、天界へと導くようにお連れして下さるのです。

その時の先生の祈りの中に、

子供たちは親の元へ
子供を持つ親は子供の元へ
先祖の元に行きたき人は先祖の元へ
子年生まれの人よ　千手観音の元へ
丑年生まれの人よ　虚空菩薩の元へ
寅年生まれの人よ　虚空菩薩の元へ
卯年生まれの人よ　文珠菩薩の元へ
辰年生まれの人よ　普賢菩薩の元へ
巳年生まれの人よ　普賢菩薩の元へ

午年生まれの人よ　勢至菩薩の元へ
未生まれの人よ　大日如来の元へ
申年生まれの人よ　大日如来の元へ
酉年生まれの人よ　不動明王の元へ
戌年生まれの人よ　阿弥陀如来の元へ
亥年生まれの人よ　阿弥陀如来の元へ
そして最後は天使の元へ　神の元へ

というやさしい祈りの言葉。八柱の観音様のお姿は、これらのお守りをして下さるご本尊の姿であったのでしょうか。

私はこの原稿を書きます日（二〇〇二年四月二十二日）に、人々が救われていかれた時のことを書かせて頂くことの許しを頂きに、慰霊の園に参りました。改めて、さまざまな資料に目を通して参りましたが、驚くばかり……偶然ではなく、起こるべくして起きた事故であることを再認識させられました。

「ボーイング社のずさんな修理。驚くべき初歩的ミス。むなしさ増す五二〇人の死」
「想像を絶する恐怖の飛行。日航機墜落までの三十分間を解析。機長らの苦闘まざまざ。機体が棒立ち寸前」（一九八五年九月二日　上毛新聞）
「二人のパイロットの操縦振りはまさに神業ですね。信じられないほどです。解析を終えた教授の声

より）

は悲痛な感嘆だった」（上毛新聞より）

「高浜機長は七年前に家族と現場近くのぶどう峠越えのドライブをしたこともあり、その景観が気に入っていたという（思い出の地で不帰の人に）。乗員十五人中、最後に遺体が確認される」（上毛新聞より）

「日航の時刻表に遺書を書いた主婦がいらっしゃった。樹林に刻む怨念の叫び……のように、恐、恐、恐、助けて　死にたくない、気持ち悪い」（一九八五年八月二五日・上毛新聞の記事から）

S先生の救いは、全くこのような現状を踏まえてのものであり、まずは死者の霊が持っていた尋常でない恐怖感を全て取り去っていくという、まさに前代未聞の救いの業《わざ》でございました。

そして四月二十二日、慰霊の園の聖観世音菩薩様に、お礼と、お救い下さいました日のことを本に書かせて頂くご報告を申し上げますと、お言葉を下さったのです。

「あなたが導いて下さいましたS師とおっしゃいます方によって、多くの苦しむ魂が救われて参りました。まことにまことにありがとうございました。神山の麓にあのような悲惨な事故の形を留めおかなくては、天の神様は次の世代への、伝えおくべきことを伝えることができなかったのでございましょうか。余りにも悲惨な事故に、そのようなことを思い出すことも出来ず、ただただ茫然としておりましたが、事故から十年目でございましたか、あなたが神から教えられたこと、この事故のまことの由縁《神山という山は、宇宙からの大きな神を招来する山であり、そしてこの地がまた、古代の日本という国が形を成してきた頃に、初めて宇宙の神が地球への思いを寄せて天下っていらっしゃった地であるということ》このことをどのような形で示し、多くの人々にどのような形で伝えることができるのか、多くの人々が、人間として生きる道の、元を顧みる心を持つ必要があるいまの時代。やっとのことで神は、あなたを通して事故の真意をお伝えすることを決心なさった様子でございました。この場に、毎年毎年、事故に遭遇した人の魂が降り立つでしょうが、みな天使になり、そして救われて、それぞれ神様の元にお連れ頂いております。大きな大きな神の仕組みの中に、このような形にて最後を迎えた方々に、神は手を差し伸べて下さいました。ご苦労様でございました。あなたに心からの礼を申し上げます。あの光をお持ちになられた御方は、尊い光をお持ちになられた御方です。この地上にある全てをお救い下さる光をお持ちの御方でございました。神山に宇宙からの光を招来され、全てのこの航空機事故のカルマを取り払われた方でございます。地球のカルマをも取り払うことのできる御方ではないかと思われます。そのような御方が働き始める時に、大きな大きな浄化がやって参ります。ただただ、敬服しお礼を申し上げたく思います。どうぞ私の心からのお礼をお伝え下さいませ。有り難うございました。有り難うございました」。

私は観音様に「ここにお集まりになる方々に、神様のお心をお伝え下さいませ」とお願いをして参りました。そして帰ろうとしたときに「ちょっと待って下さい」と声をかける人がおりました。立ち止まっておりますと、墜落事故で亡くなった方の霊でした。

「亡くなる時、赤子でしたけれども、すぐに生まれ変わることを許されました。間もなく、とても良い所に生まれ変わることができそうです。光を下さった方にお礼を言います。有り難うございました。有り難うございました」。

「私は飛行機が落ちていく時に、少しメモを残していくことができて、ただそれだけでも良かったと思っておりましたが、あの日、観音様の手に乗せられて光の中に助けられた時には、ただただ有り難く、有り難く、有り難く、手を合わせつつ、観音様の光の中に行かせて頂きました。有り難うございました。出来うることなら、家族にその時の様子をお伝えしたく思いました。どんなに生きても人は百年と生きられない。あの観音様のもとに救われていった時の有り難さは、家族の者にどうしても伝えたいと思います。有り難うございました。有り難うございました。言葉があれば、あの光によって救われたことを、家族に伝えたいと思います。有り難うございました。有り難うございました」。

雨上がりの慰霊の園には、春の桃の花と八重桜の花が満開に咲き誇り、水仙の花が咲き、藤の花の蕾も膨らみはじめ、五二〇名の帰らぬ魂は、やわらかい鶯の声に想いを乗せて、春爛漫《らんまん》のこの世の春を愛《め》でているかのようでした。ここに先生がいらっしゃったら……、どんなにか喜んで下さったことでしょう。とても心やさしいお方ですから。

三、地球霊王様のことばをいただく

慰霊の園にて救霊をして頂いてから、宿に落ち着きひとときを過ごしました。宿の窓から川の流れが見え、とても落ち着いた部屋でS先生のお話を伺っておりますと、地球霊王様がS先生に挨拶にいらっしゃいました。

地球霊王様

「よくよくそこまで気が付いて下さいました。事故の現場の当地にやっとお目見えして下さいました。あなた様（S先生）がここに来ることを、神はなんと長きにわたってお待ちになりましたことでしょうか。この神立学（筆者のこと）という人は、貴方様をこの地に導くために、神によってこの地に降ろされた魂にございます。これから、この神山にどのような大きな意味がありますかということを申し上げたく思います。一九九八年、平成十年、今年が事故から十三年目を迎えた年に当たります。神山とは、神々の想いを深く心に流すことのできる地であります。

まことの宇宙の神がこの〝日の元つ国〟に、宇宙から神の魂の光を送りましたところが、神山と名の付いた〝日の元つ国〟のほぼ中央の地にございます。その大元の意味を忘れ、大元の存在を忘れては、これから神の動きの行方を辿《たど》ることはできません。

一九九九年、二〇〇〇年と二年間を、二十一世紀の準備の年と致します。そして準備を始めるにあたり、大きな宇宙からの大元の根っこの部分からの（＊筆者注＝創造の親神様から、ということでしょうか）光によって、神山の地を浄めなくてはなりません。浄めるとは、神の社《やしろ》を浄めるというような簡単なものではありません。そして二十一世紀は『神（自然）という存在に意識をおかなくては何事も前に進み行かない』ということを、多くの人々に気づかせるためには何をすべきか、神はよくよくお考えになられたようでございます。大きな爆弾を落とし、山を破壊する訳にもいかず、人々の意識の中に食い入るように知らしめていくためには、どのような仕組みを成すべきか……。

八月十二日の事故は、人々がたいへんな思いをしてたいへんな災難を受け、それはそれは神にとってもたいへんな思いでございました。しかしそれをせねば、神々の存在をも、いまの人類には伝えていくことができぬという、神々から見ました人々の心がそのような惨状にあったということなのです。神山の麓に落とされた航空機は、ただただ、多くの人々の魂が乗っている故に大きな惨事となりましたが、八月十二日という日の間近になって、あの替わりをなすものとして何を招来すべきかは、非常に難しいことであったようでございます。神山という山を上空からご覧になってみたならばよくお分かりになると思いますが、この山から神の気が流れていくことを心にお留め下さいませ。

この章を書き終えようとして、不思議な縁（符合）を感じたことがあります。S師と出会い、やがて師のお供をさせて頂くうちに神様から、
「地球は神のオアシスである」。
とのお示しを頂きました。また、前述のように、かつて私が警視庁の騎馬警官として勤務していた頃、神様がささやくように次のようなことを話して来られたのです。それは、地球の原初の頃、創造の神様は現在の日本の地であるところに神の魂を降ろされた、そして神様は日本で神産みをなさり、多くの神様を世界に派遣された、ということでした。

数年後、警視庁を去って結婚してから、夫が学生の時に、北茨城市の皇祖皇太神宮を訪れた折に買い求めた、「神代の万国史」（竹内義宮勤編）という本を読みました。驚くことにその本には、太古の日本の国名が、「天国」と書かれ、日本の国から神が動かれた、とあるのです。このことの真偽《しんぎ》はともかくとして、地球の歴史の源流を私なりに確認させて頂いたような気が致しました。

更に、明治天皇が崩御なさろうとする時に遺された「御臨末御書」には、「人間としてのあるべき姿、それを示す万国に秀でた妙法が古くから日本の国に伝えられてきている」と明記されています。

こうした記述を読者の方が読まれますと、中には、いかにも日本民族の独りよがりとか、国粋主義的な偏見であるかに受け取る方がおられるかも知れません。しかし、そのようなことからではなく、アーノルド・トインビー博士、あるいはアインシュタイン博士をはじめとして、世界の識者と言われる人々が日本という国の存在について、世界の国の中でも特筆すべき意義を有していると認めておられることなども照らし合わせます時、現代の日本人の多くが、日本の国に生まれたことへの誇りや、自分を生んでくれた両親、更にご先祖の方たちに対し、心からの感謝の気持ちを抱こうとはせずに、根無し草のような国民意識でいる有様を見ると、これからの地球の行く末を考えたときにあまりにも心許ない思いでなりません。

この夜、神山に登る日が、一九九九年七月七日に決まったのでございました。

七章　沖縄を歩く

一　一九九八年（平成十年）八月十五日の祈り

先生の誕生日は八月十五日。日本が終戦した日と重なります。これはたいへん意味の深い日であることを神様から伺いました。

宇宙の神様からの言葉で、

「我が友よ（＊筆者注＝S先生への呼びかけ）――。親神様（創造神）は、宇宙のエネルギーの最大の結集として地球という星を作られた。長い年月の間に、親神様を知るために何名かの導きの者を世に降ろしたが、親神様の御心を未だに世に伝えることができておりません。最後に、親神様の心を持った魂を、直接、全く普通の人として降ろしました。しかし、地球の人たちの心が受け止め切れません。地球を造った目的の一つは、親神様の心を知るために造ったものであり、人は自然を造ることはできません。しかし、地球の全てを見て、親神様の心を知ることは出来るのです」。

私は、ああ、S先生のことだな……と、すぐ分かりました。

この話を聞き、S先生は、

「自分でも不思議に思うのですが、私は人間の誕生前からの地球のことを考えてしまう。普通、宗教家のような方は、人の幸せを考えるのではないかと思うのだけれど」。

先生はご自分が何者なのか分からないというようなところから、このような話をなさったのではないかと思うのですが、私は宇宙の神様の話を伺い、先生が世界中を巡っていらっしゃることが何のためなのか理解できるような気が致しました。先生はこんな風にも言われたことがありました。

「自分で考えてしようと思ってできることでないことばかりを経験してきました。即ち、これは導かれて導かれてできることなのだと思うより他にないのです」。

平成十年頃は、まだまだ先生につきましては、どのような方でいらっしゃるのか分からないことばかりでしたので、失礼なこともあり、先生から見ましたならば、私は幼稚園児みたいなものであったと思います。しかし、そのような私でも、先生は本当に根気よく、いろいろなお話をして下さいました。

ある日、山原《やんばる》の緑豊かな森を案内して下さいました。湧き水の出る所も何カ所かあり、水を取りに来る人も何人かいらっしゃいました。周りの緑を見ながら、先生は歌を歌い始めました。「我は海の子」のメロディーにご自分の詩を付けて歌うのです。とてもとても感動的な詩でした。

一、我らは神の子、光の子
　緑したたるこの地球
　守るために遣（つか）わされ

われ（ら）は今日も　神と共
二、天の光　地の光
自然（水）の光を受けて立つ
今日も行く行く神と共
神よ、地球を頼みます
三、今日は東へ　明日西へ
神と共の祈り旅
地球の平和を願わんと
神と共の祈り旅

本当に素朴で純粋……。誰に認めて欲しいということもなく、ただただ地球のために、神と共にお働き下さっている先生のお姿がイメージされてくる歌でした。この詩を歌い終わると、時計は丁度午後四時を指し、今日一日の終わりにとばかりに、雷（花火と先生は言うのですが）が凄い勢いで鳴り始めたのです。思わず私は「ピッタリのタイミング！」と拍手をしてしまいました。

「目覚め」の本を読み終えた後、本全体に黄金のオーラを見せられた時のことを思い出しました。その黄金のオーラの謎が解ける日が来たのです。先生は、山原《やんばる》の林道を車で走りながら、淡々と語って下さいました。「目覚め」の原稿が出来上がってきたとき、水の神殿（注1）にて原稿を一枚一枚めくりながら、一枚一枚に祈ったそうです。「目覚め」の作者が、原稿をめくるS先生の手をご覧になって

「まるで赤ちゃんを産ますような柔らかくやさしい手に見えた」と言われたそうです。そして、読み終えた原稿を水の神殿の神様に捧げられ、幾度もお祈りをされたということでした。さらに本が出来上がったときも、水の神殿の前で同様のことをなさったということでした。ですから、「目覚め」の本に黄金のオーラを見せられたことは、当たり前のことであったと、今更ながら思うのです。私は「目覚め」の本に神を見せられたのだと思います。そして「目覚め」の本では、人間S先生の大きさにも気づかされることがありました。この本の著者が「原稿を一枚一枚めくる先生の手が、とてもとてもやさしく見えた」と言っておられますが、先生はやさしさについて、こんな話をして下さったことがありました。

「やさしさとはね。どんなに強いもの（たとえば原爆のようなもの）よりも強いものですね。とんでもないエネルギーを持っているからね。例えば母の日に、小学生だったらカーネーションを持っていくくらいのやさしさでよいけれど、大人になったらもっと大きなやさしさが欲しいよね」。

〝やさしさ〟の質とその大きさを改めて考えさせられる思いでした。そして日航機の墜落事故の人たちを救って下さった時の先生の姿が思い出されました。本当に、やさしさいっぱいの祈りでした。思い出すといまでも涙が溢れます。他にも先生のやさしさで思い出す話はたくさんありますが、まず、先生のご家族に接して、やさしさを感じない方はきっといらっしゃらないでしょう。先生が世界を巡り、日本を巡り、家を空けることの多い日々ですが、お子たちは皆、人にばかりでなくあらゆる生き物に対して深い思いやりを持っています。先生の背中をしっかり見て育っていらっしゃるのです。そして、こんなことも……。先生がまだ小・中学校を巡って本を配っている時、服装も土木工事用の作業服で学校を訪れていたそうです。そんな姿でもS先生のことを最初に〝先生〟と呼んだのは、ある学校の校長先生だったそうです。先生の大きなやさしさにきっと気づかれたのではないかと思うのです。本当のやさしさは、大きな力を持っているということを教えられました。

先生はいつでしたか、こんなことを話して下さいました。

「神……、その存在が光の存在になった時、全てに通じるものができるのだと思うよ」。そう言えば、日航機墜落事故で全ての方の魂が救われていったのも、先生の光の存在によってでした。私は先生の光によって救われていく様子を、この目でしっかりと見せて頂きました。長年の間、どのような方が供養しても救われることのなかった方々が、墜落直前に味わった喩《たと》えようのない恐怖感から、そして苦しみから救われましたのは、先生の光の存在があったからだと思います。そして、一九九六年に「目覚め」が発売されてから八年目になりますが、ゆっくりとゆっくりとではございますが、二十一世紀を前に、確実に〝真心〟を持つ人々に浸透《しんとう》しております。目には見えぬ光ですが、すばらしい神の想いと、先生の本当のやさしさと、光を載せた本の力なのではないかと思うのです。

（注1）世界中を歩かれる時、ここの湧き水をお持ちになって世界を繋《つな》いでこられました。大きな龍神様がお守りになる場でもあり、大きな自然神をお祀りしているところです。

二、伊平屋島にて

私は、神とは絶対なるものと思っておりましたので、先生のもとで、神様の真実の姿を次々と見せられるうちに、時には戸惑うこともありました。

沖縄にて車で移動中、先生から「神様の政権交代があるのでは……」というようなことを伺い、えっ！　どういうことなの……、と質問しようと思ったのですが、いや人間世界の政権とは違うだろうしと、的確な言葉が見つからず、そのままになっておりました。しかし、伊平屋島に到着してから、天照大御神様からの驚くようなお話があったのです。

まず、先生は伊平屋島に行く途中、たいへんな秘密を明かして下さいました。

ある一人の神様が二十一世紀に誕生するというのです。九州の福岡に小さな社があり、豊玉姫様をお祀りしてあるとされておりました。しかし、その場を通った時、神様は、

「愛が深ければ立ち止まるだろう。愛が薄ければ通り過ぎるだろう」。

と、霊能に優れた同行の方に言われたそうです。このメッセージを聞かれた先生は、このお社は、実は豊玉姫様が、他の神様から隠してお守りしていたヒルコの社である、と瞬間分かったそうです。

ヒルコは、この世に神として出ることのなかった魂だそうです。先生は、この魂を男の神としてお育て申し上げようと思われました。神の成長は、人間の成長とは異なるそうです。名前は、海の文字を頭《かしら》に海玉伊志命《みたまいしのみこと》。〝玉〟は、お守りをして下さった豊玉姫の命様から頂きました。〝伊〟は、実の父母でいらっしゃる伊邪那岐神、伊邪那美神の伊から。〝志〟は、その社の名からとった文字でした。

海玉伊志命様の誕生のお話でした。

天照大御神様がお言葉を下さいました。

「私は宇宙法則を真素直《ますなお》に世に伝えることが、どれほどたいへんであるか、人々にとって、天の法則に基づいた生き方、行いが、どんなに大切なことであるかを人々に伝えることの難しさを、いまほど考えさせられたことはございません。このような世になってしまったことに申し訳なく、臍《ほぞ》を噛む思いでございます。神のまことの姿を、神（神様であっても親神様を知らぬ神様もいらっしゃるのです）と共に人も知る時代がやってきたのではないかと、常々考えるところでございます。人々は、神の世界を天上人《てんじょうびと》の世界としてしまい、神々の深い深い想いも分からず、また分かろうともせず、人々の心の赴《おもむ》くままに弄《もてあそ》んでいるところが多く、人々の世は、神の力にてはいかようにも動かし難いところまできてしまいました。どうぞ、宇宙の神々様よ、これ以後の世をいかように導いて参りますか、どうぞご指導下さいませ。人々が遭遇したことのない二十一世紀の世に、かつて地球に七度もございました天地の揺るがし、八度目の大きな浄化が必要かとも思います。そのお示しを待ちとう存じます。伊勢の地に私を許された太陽の神様（天の御中主様）、我の心の乱れし時も、黙して何も咎めなしに、我が心の中に一縷《いちる》の光こそあれ。乱れし我の心に、天の神様（天の御中主様）は何をお望みであられましょうか。宇宙の神々様、我をどのような思いでこの世に降ろして下さったのか。その気持ちをお教え下さいませ。我は、日の元つ国において、我が思いにて神々を指導して参りましたが、S殿、あなた様の生き方を拝見致しますと胸が痛みます。真《まこと》なる愛の想いを受けさせて頂きたく、我が胸の思いをお伝えしたく、この日をお待ちしておりました。どうぞ、お導き下さいませ。天の父よ、天の母よ、S殿よ。我が身の足りなさをお許し下さい。伊勢の森に我が魂はあらず……。伊勢の森に、我が魂はあらず。天の父母《ちちはは》の下《もと》に、天の父母の下に……、天の神よ、我をもう一度ご指導下さいませ」。

先生は本当にやさしいお気持ちで、天照大御神様へお答え致しました。

「ただお一人地球に降ろされ、相談する神もなく、どのように天上界で立派に教育され、立派に修行なさっても、地上に降ろされますと心迷うこともあるでしょう。神というものは、どのようなものにも動じぬ心が大切です。人間の絡みの中で、怒り、妬《ねた》み、喜怒哀楽を共にせねば、人の心に神の心が通じぬこともあります。新しい神仕組みが用意されていると思いますが、日本の神々様と共に、新しい宇宙からの光と共に、伊邪那岐《いざなぎ》、伊邪那美《いざなみ》の御子、海玉伊志命《みたまいしのみこと》様と共に、あなた様が日本の国を見守った長い経験の中で導きながら、二人で助け合いながら、日の元つ国から新しい世へと発進して下さいませ。海玉伊志命様と天照大御神様と、陰陽の力を合わせ、そこに宇宙の神の力を合わせ、国造りをなさって下さいませ。日の元つ国に天照大御神様のお名を知らぬ者はおりません。良きパートナーを持って、日本国を建て直すことを望みます」。

先生は、天照大御神様と海玉伊志命様が手を取り合うよう祈られました。

天照大御神様、海玉伊志命様
陰陽結ばれし
天地結ばれし

光と水が結ばれし
光と水できれいな空気をつくれ
その空気を地球の隅々まで満たせよ
清らかな空気を地球の隅々まで満たせよ
その空気を全ての生き物へいき渡らせよ
人類の全ての身体の中へいき渡らせよ
体の中より　地へ入れよ
地の中より　体へ及ぼせよ
きれいな空気をもって　肉体を生まれ変わらせよ
神の御心に添う人類の造り直し　ただいまここにあり
天の神の光と　清らかな水とで　生命が生まれ
神の光と清らかな水によって　清らかな肉体ができ
清らかな空気で潤いの心が出来
神の愛が心に入り
清らかな空気で　神の息吹《いぶき》が伝わり
生まれ変われよ人類よ
生まれ変われよ人類よ
創造なる親神よ

再び地球に　創造の親神の光を降ろさん

先生は真剣に真剣に、真心を込めてお祈り下さいました。

先生のお祈りの後、天照大御神様は再びお声をかけてこられました。

「暗闇の中におりましたような私の心の中に、一筋の光から、燦々《さんさん》と降り注ぐ光に変わり、宇宙から新たなる光と共に、温もりのある光を賜《たまわ》ることができました。天の父母は常に忘るることなく光を注いで下さっていたものと思われますが、我が心が余りにも荒《すさ》んでしまい、どうにも調和のとれない状態になっておりました。今日のこの日を迎えさせて頂き、真に有り難うございました。日の元つ国に、貴方様のような、宇宙からの大いなる光を呼び入れる力をお持ちになる御方がいらっしゃることに、たいへん嬉しく思います。今日のこの日を私の再びの誕生として、有り難くお受けさせて頂きます。有り難う存じます」。

空を見上げると、雲ひとつない伊平屋の空、まるで天照大御神様の心を表しているようでした。

八章　神岳の祈り

日本列島が龍の形をしているとしたら、沖縄の島は日本列島の雛形と言われております。神岳は古くから「天の父」と呼ぶ天の御中主様がご降臨され、地球の、日本の、沖縄の、お払いをする場として使われて来た所でございます。この神岳での祈りは、先生はいつもお一人でいらっしゃったとのこと。しかし今日は、数人がお祈りに参加させて頂くことになりました。

先生の祈りの言葉をご紹介させて頂きます。まず、神様へのご挨拶です。

「大きな節目の時を迎えました。まさに始めでございまする。いまこの混沌とした霧の中にいて、いまにも雨が降り出しそうな、それでいて何とか持ち堪《こた》え、霧で周囲が見えぬ中からの始まりでございまする。まさに宇宙創造の時と同じでございましょうか。今日の大事な時を迎えて、元気にこの地へまた立つことが出来ましたことも、無事にこの地へ今年も登れたこと、神々様、宇宙の神々様よ、感謝申し上げます。有り難うございまする。昨年の四月八日から今年にかけて、日本国や海外をまわってどれほど祈ったことでございましょう。特に今年は一九九九年で、一月はキューバから始まり、プエルトリコ、ドミニカ、コスタリカ。二月にはマダガスカル。そして、三月はトルコに参りまして、トロイの遺跡では神々様が争った戦争の場所。そこも天地を結び、聖地にして参りました。そして白龍様の在《おわ》す所では、まさにお祈りした時間に、天から陰陽結ぶ大きな黒い雲が現れ、黒い雲と山を結ぶ稲光が轟《とどろ》き、素晴らしい陰陽のつなぎがございました。まことにありがとうございました。マダガスカルに行った時には、一つの山を呑み込むようなビジョンでしたが、最近の津波のビジョンは、人が逃げられるような、ある意味では神々様が地球の浄化のしかたを変えたかのように思えるビジョンを見せて戴きました。四月にはサウジアラビアに行って参りました。前々から神様が、サウジアラビアに行きますと大きな変化があるよ、ということでございましたが、まさに砂漠の地、アッラーのラー神の一番強く働く地でありまして、太陽が燦々《さんさん》と輝き、砂漠に水の潤いを出す祈りをして参りました」。

そしてS先生は、祈りの最初に、今年の祓《はら》い清めの儀式を、東、西、南、北に大きく大きくなさいました。

「天の神よ、親神様よ。とうとうやって参りました。一九九九年の世紀末でございます。私がこの山に登り始めて、もう十何年かになると思います。最初は道もなく、本を配っている頃でございました。伊是名島《いぜなしま》、伊平屋島《いへやしま》からの帰りに、ここにまっすぐ神に導かれて来ましたけれど、あれから十二、三年経ったでございましょうか。その後、私も沖縄中の島々を回り、本土の地へ、そしてタイの国はじめ韓国、台湾、中国、北は北極点まで、南は南極大陸、そしてユーラシア大陸、オーストラリア、そして世界の隅々まで、ほとんど回って参りました。まもなく、五月末から東欧に行って参ります。ここは地球の一番の大きな警報が打ち鳴らされている所、まさに一触即発の危険性を孕《はら》んでいる所でございまする。ポーランド、チェコスロバキア、ルーマニア、ブルガリア、東ドイツ、諸々の地を回り、これで一つの大きな世界の祈りの締めくくりとして、一九九九年の七の月を待つことに致しました。そして日本の国内は、今年は卯年ですので、北海道の最東端、日本の私たちが行ける範囲の一番東でございます納沙布岬《のさっぷみさき》の地へ行きまして、東の卯年の祈りをし、そして北方領土の祈りもし、北は北海道の宗谷岬、南は八重山諸島の石垣島、波照間島、そして西は同じく八重山諸島の与那国島、そして東は納沙布岬。このようにして北の北海道に最北、最東あり、南の沖縄に最南、最西があること自体、鬼門の北東の方向から南西の方向、丑寅の方向へ流れる、日本列島の在り方をまざまざと見る思いでございまする。今回は西と東を結ぶ祈り、その通りすがりに襟裳岬《えりもみさき》も、南の方も回っていきたいと思います。かつてオリンピックの年には、襟裳岬と宗谷岬、北と南を結びました（＊筆者注……北海道の西から東は、一日に車で何百キロ走り抜けてのたいへんな旅だったようです）。その後はヨーロッパに行き、そしてその後、国内の九つのポイント、北は北海道の大雪山、北鎮岳を祈りました。そして南は沖縄の、私がいつもお祈りしている地に祈りまして、また本土に戻り、西は白山、東は富士山。白山と富士山を一直線に結んだ線上の丁度中間にあります中央アルプス、……これがまた日本の中心でございます……そしてその山の中間中間に、水の谷と水の祈りがございました。北の方は立山の下の方にございます称名の滝。そして西の方は琵琶湖と、このようにお祈りして参りました。

そして今回は日本アルプスの中から南と東の滝を二つ探し、またこれも六月に祈ってきます。その後仕上げとして、日本の地理的な中心、中央アルプスへ軸を立てに参りまする。これで、ひとつの日本列島の東西南北四方八方の祈りが、陰陽の祈りが、柱が立って終わりとなりまする。立て終わったものをもって宇宙に上げるために、神山へ参りまする。地理的には、少し日本の中心からずれてはいますけれど……。神山は宇宙の神と、地球の神との交流する場所でございまする。この神岳も、私は琉球の神山ではないかと思っております。、そして宇宙の神が、地球の神がこよなく愛した、太陽系の水の惑星、宇宙のエデンの園のこの地球を、残してゆきたいと思っておりまする。宇宙の神様も親神様の気持ちも、一緒でございましょう。しかしそこに住む、最後にこの地球を司るために降ろされた人々が、余りにも心を亡くしてしまい、余りにも物質世界の、間違った方向に心を持っていき、この地球は破壊されて参り、そして地球の人々の心は、随分と神から離れてしまい、神の光も届かない人々になり下がってしまったのが現実でございましょう。この地球の人々がもし、このままでしたら、人類がこの地球を滅ぼしてしまいましょう。そうしたら、神はこの人類をある意味では、心を入れ替えさせるか、ある意味では淘汰せねば、畑に野菜を作ってそこに害虫がはびこって、この野菜をみな食べてしまうのと全く同じ形になってしまいましょう。一匹、二匹の虫では害を及ぼすこともありませんが、地球にはもう六十億という人々がいます。そのうちの目覚めた人と言いましょうか、心ある人は本当に一握りでございましょう。

私も地球に降りてきて、丁度五十年経ちました。大きな人生の節目に来ておりまする。三十五歳から一生懸命、神に仕えて、四方八方、東西南北、人のため世のため、神のため、大自然のためにと思い祈りつつ、身体に無理をさせながらも頑張って来たつもりでございます。やはり無理は身体を突き崩し、いまは本当に普通の身体ではなくて、もうどうしようもない身体になってしまいました。二、三年前まで、山を飛び跳ねておりましたが……。それでも身体にむち打って、身体が動く限り、命がある限り、まだまだ仕事はせねばと思います。いま一番自分が心配しているのは、東欧から帰ってきて山を二つ登りますが、無事に山を登り通せるか、そこまで歩けるかどうかです。

どうぞ神々様、この地球を永遠に残してあげてください。願わくば人類も共々でございまする。私たち人類は、地球の資源もほとんど取り尽くしてしまいました。自然も砂漠化させてしまい、そして海も随分壊してしまいました。それればかりならまだいいのですが、最近の報道でお分かりのように、子供たちが銃を学校に持ち込み、乱射して、無差別に人を殺すような時代にもなってしまいました。ボスニアではいま、難民たちが赤子を抱きながら、砲弾の中を逃げ回っています。私たち人類は何千年の歴史を持ちながら、モーゼの時代、エジプトの時代から変わらず、いまでもところによっては戦いに明け暮れて、その戦の後には酷いことしか残らないことを知っても、まだ戦い続けております。そして戦いの結果がカルマを生み、そのカルマが地球を覆《おお》い、いまも戦いの最中にありまする。

宇宙の神にしてみたら、地球のカルマを一挙に取るためにも、地球を淘汰して作り変えたいたいことでございましょう。しかし、ここまできた人類の文明と科学でございます。人々が目覚めて、良き正しき心にて、宇宙の真理に則って生きていくならば、何でもないことでございますが。

神様、もう私からは余りたくさんはお願い出来ません。覚悟はしております。どうぞ、宇宙から見て、宇宙の神々様が良しとするような方向で、地球を、人類をお導き下さい。ただ願わくば、この地球に人間もいなくては、こんな寂しいことはございませんので、どうぞ、出来る限り沢山の人がこの地球と共に、神と共に二十一世紀を迎えて、新しい世を開くことを望むものでございます。今日は神の心の中にある、本当の気持ちを話して頂けたら幸いと思います。宜しくお願い致します」。

神岳では、親神様のお使いの、宇宙の神様からお言葉をいただきました。

「悠久の神岳において、真心からの祈り、まことに嬉しく承りました。

空と海が一つになれるような自然の中に存在する琉球の島に、最後の地球の望みを託して、地球を救うためにSという方を宇宙から降ろしました。

心と魂は神の国の貴方様ですから、自然と一体になることは簡単なことですが、肉体をお持ちになって使命を果たすは、たいへんなご苦労がございましょう。今日までまことにご苦労様にございました。

宇宙の神様

さて、二十一世紀というように、人は歴史の流れを数字で刻みますが、これは人の造りましたる観念でございます。宇宙には数字もなければ、言葉もなければ、ただ一つ、宇宙のすべてに意識を繋《つな》ぐ大元がございます。出始《いではじ》まる大元とは、創造神とか、光の源とか、さまざまな言葉で言い表されておりますが、光もなければ姿形もなく、ただただ想いあるのみ。そこから発する大きな力とでも申しましょうか。そのうねりが形を変えて、この宇宙に大きく広がっていくのでございます。宇宙の調和を保つために発せられた想いは、非常に波長の細かなエネルギーでございます。それは二十一世紀を迎えるための愛の波動とも言い、また、神々を目覚めさせるだけの力をも持つ、あらゆる生命体に影響を与える、特に人に対しては心という文字で置き換えられる波動でございます。宇宙の中心から発せられる想いは、いままでは波長を変えなくては受けることの出来ない異質なもののように思えたものでした。しかし、これから二十一世紀の世は、宇宙からの大いなる波を直接普通の生活の中に、難なく受け入れることの出来る自然界を造っていかなくてはなりません。科学という名のもとに自然を破壊し、宇宙からの想いの波を閉め出してしまうような、人々の浅はかな心にて作られたものを一部分破壊しなくては、宇宙からの想いを地球に届けることは出来ません。ですから、地球の人々の言葉では破壊ということになりますが、まさに親神様から見ますと、自然の姿に戻すということに他なりません。人々は自らの力で作ったものを壊すがために、破壊という言葉を用いますが、神の目からは自然に戻す……、そのことに他ならないのです。美しい調和の取れた地球を残すために、大きな大きな変革があって当然のことと思われます。貴方様（S先生）が、地球を救うために十数年の間祈り続けてこられたことは、宇宙の神は承知しております。

今日は日本という国の存在について、新たにお話を致します。

日本の地は、地球という星にとって母親のような、乳母のような役目をしております。琉球と本土の二つに、乳房の役目をする山がございます。そしてその二つの山から出る宇宙からのエネルギー。それはとてもとても柔和なやさしいエネルギーですが、反面、強さも持っております。人を育てる山のエネルギーでもあります。神をお育てする山でもございます。その中心が、この神岳と思って下さい。そして本土においてのお乳を出す中心は、あの悲惨な飛行機事故の起きた、神山でございます。お乳を出すということは、宇宙のエネルギーを入れることもできる場なのです。

この、お乳を出すところから宇宙の神々の多くの力が、想いが発せられます。そしてもう一つ。霊峰富士と仰がれた富士の山は、日本の国でヘソの役目をする山でございます。ヘソの役目とはたいへんな役目でございます。地球の神々を浄化する山にございます。神々を浄化する山と申しますといくつかございますが、最も中心の山にございます。ある時には、富士のお山から全てのものを排出せねばなりません。地球上の全ての生きとし生けるものの邪念、邪悪なものを吐き出す意味において、大きな大きな噴き出し口であると思って下さい。世界各国に火山と名の付く物質的な噴き出し口としての山はございますが、富士のお山のような働きをする山は、世界に一つでございます。日本という国は、入る所もあれば、出るところもきちんと与えられた地にございます。このことからも、非常に調和の取れた国でございます。

しかし、神岳、神山、富士山、共に霊的に非常に清らかな場所でなくては、入れることも噴き出すことも、お乳を出すことも出来ないはずにございます。

神山に生じたあの大きな飛行機事故は、地球を創り出した宇宙の神々の下《もと》へ集結する時が始まるよ、という大きな警告でございました。二十一世紀への最後の警鐘《けいしょう》でもあり、また始まりの予告であった筈にございます。一九九九年七月七日の日の神山での祈りを待ちとう存じます」。

普通の人の中から、世を救う方が出る。神岳、神山なぞと聞いても、何ら人に知られていた山ではなかったこと。真に二十一世紀という時代は、神という存在と直接深い縁をいただく人や場が、世に示されてくる時なのでしょうか。

九章　中央アルプス・空木岳《うつきだけ》の祈り――一九九九年六月二十九日　正午

二〇〇〇年を迎えるための日本国内における総仕上げの、神山に繋《つな》ぐ最後のステップでしょうか。中央アルプスの空木岳の登山が六月二十七日〜二十九日と決まりました。山をよく知っている知人に話を聞くと、中央アルプスは六月は雨も多く、山登りには最も危険な時期であるとのこと。山を知っている人であれば、六月の梅雨時期には絶対アルプスには登らない、とまで言われました。そのことを先生にお伝えしましたが、先生は、予定通り実行するということでした。

メンバーは最終的に、先生と、沖縄から四十代の女性の方と、私との三名になりました。二十七日は千畳敷まで登り、山のホテルに一泊して朝早く登る予定でしたが、案の定、二十七日は風雨共に激しく、麓《ふもと》の川は土色に濁《にご》りゴーゴーと音を立てて流れ、ロープウェイはストップしてしまいました。予定変更で麓の宿に泊まり、翌日朝一番のロープウェイに乗り、一気に空木岳を目指して登ることにしました。先生は両手に杖を突いての登山ですので、私ともう一人の女性の方とで荷物を分け、登り始めました。登り始めて一時間ほどしたとき、先生は時計を見ずに「いま何時頃？」と問いながらも、御自分でピタリと時刻を言い当てるのです。それからも何度か時間を計りながら進むのですが、いずれも五分と差がなく当ててしまわれます。本当に、先生は自然の中に溶け込んでしまっているのです。腕時計などない時代は、人は自然の動きを身体で感じ取っていたのでしょう。先生の時刻を当ててしまう感性一つをみても、本当にご自身が大自然と一体になっていらっしゃるとしか言いようがなく、だからこそ、地球の全てに祈りが通じ、宇宙にまでも思いが通じてしまうのでしょう。

時間の経過と共に、先生の足取りがとても痛々しいのと、私たちの肩に掛かる荷物も重いので、三十分位歩いては五分ほど休み、というリズムで登りました。途中、高い山の稜線《りょうせん》を目の前にしますと、やはり神の存在を感じないではいられない厳《おごそ》かな気持ちになって参ります。

幾つも幾つも峰を越えて進む中、時に下りのコースが少し織り込まれるのが束の間の安楽。岩場も多く、ところによっては幅三十センチほどの獣道《けものみち》もありました。一つ踏み外したら真っ逆さまで、命を保証されないような箇所も頻繁に現れます。両手の杖を頼りに岩場を進む先生は、本当に〝命がけで〟という状況そのものでした。

二十八日は先日と打って変わり、晴れ。しかし、登山者の姿は他になく、祈りの目的では絶好の時期であったかもしれません。人気のない山々のたたずまいは、荘厳な空気で漲《みなぎ》っていました。雲に、岩の姿、山の姿に、高山に咲く可憐な花に……、神を感じるすばらしい自然の姿でした。

先生は休憩の場で、

「神を知るためには、その人のタイミングがあるんだよ。タイミングが合ったその時に、人は初めて神を知ることができるんだと思うよ。自然のあらゆるものの動きを見てさまざま気づくのも、タイミングなのですよ」とおっしゃいました。

予定の時間より少し遅れているので、昼食も休憩時間に簡単に済ませ、歩き続けました。その日の宿は、空木岳の山頂手前にある木曽殿山荘がもし開いていればそこにする、もし開いていなければ、空木岳の山頂からわずかに下ったところにあるはずの、小さな小屋に泊まろうという計画でした。もし、後者であれば夜通し歩くことになり、先生の足の疲労がとても気になるところでした。

もう午前十時から歩き始めて九時間。午後七時近くになって、木曽殿小屋が見えてきました。七月一日から開業、と山の案内本にありましたので、準備のため開いていれば……と思いつつ行ってみると……、いました！　人がいました！　どっと来る安堵で胸を撫で下ろしながら挨拶をし、泊めて頂けるか伺いますと「よろしいですよ」とのこと。小屋のご主人は「いつもは二十九日に開けるのですが、今日晴れましたので。そしてヘリも今日OKということで、今朝決めて開けたのです」ということでした。思わず「ああ、神様だ！」と、口から出てしまいました。S先生が動かれる時には、必ず奇跡的なことが起こるのです。ご主人も、「ほんとに良かったですね。いつもでしたら明日（二十九日）でないと開けない日ですよ。夜は味噌汁くらいですけど、明日の朝は食事を作りますよ」と、とても快く泊めて下さいました。小屋には、若い男性の先客が一人いらっしゃって、二階の同じフロアに寝ることになりました。

その夜、十一時頃からです。ミシミシとか、ドンドンとかいう、なにやら屋根を歩くような音がするのです。最初は何となく気味悪さを感じていましたが、途中から何の音だろうと耳を澄ませました。一人の足音でなく、何人かやって来ているような……。やがて分かりました。神様の声が聞こえるのです。神様が先生のもとにいらっしゃったのです。そうこうして気を取られている間に明け方近くになり、私も寝てしまいました。

二十九日の朝六時に起床。山深い谷に建つ小屋には小鳥が囀《さえず》り、こんな山奥なのに山鳩の姿もありました。水場は小屋を少し下ったところでした。とても冷たい清水です。そして朝の話題は昨夜の屋根の音……。若い男性が、

「昨夜の音はすごかったですね！　あんな音、初めてですよ」。

山小屋のご主人と奥様は、

「下まで聞こえました。この山小屋を始めてから、あんな音は初めてですよ」。

先生は同行の女性と私には「神様が来た音だよ」って、教えて下さいました。「こんなことはよくありますよ」と、平然とお話なさるのですが、私もあのようにたくさんの神様が屋根の上に集まって来られたのは初めての体験でした。とにかく驚きでした。

その日は、正午からお祈りの予定でしたので、頂上までは三時間半のつもりで八時に出発としました。天気は曇り。昨日はほんとに梅雨期の中のひと時の晴れを頂いた一日でした。食事を終え、身支度を整え、いざ出発です。目の前にそびえ立つ山が空木岳。とても急で岩場ばかりの登山道。〃たいへん〃を絵に描いたような山です。一時間ほど登り、小屋を遥か下に見下ろす所まで来ました。更に二つの尾根を越え、ようやくにして予定通り十一時三十分、目指す頂上に到着。着いてみましたら、驚いたことに、まるで先生の祈りのためにと言わんばかりに、平らで大きな岩がありました。

急いで十二時からの祈りの準備を致しました。ここに至るまでの一日半、誰にも会わずに来れたことも、後で登山家の方に聞きますと奇跡的なことだったようです。やがて準備が整い、S先生のお祈

りが始まりました。そして驚いたことには、私たちと共に大勢の神様がそこに座していらっしゃるのです。天の父（天の御中主神様）までも座していらっしゃるのには驚きました。

空木岳におけるS先生の祈りは、人々に対しての言葉ではなく、全て神様に向けての言葉ですので、たいへん厳しさを滲ませた内容でありました。

S先生の祈り

「宇宙なる神よ。創造なる神よ。親神様よ。こちら銀河系、その中の太陽系、第三惑星、水の惑星地球、アジア大陸の東の突端にありまする、日出ずる国、日の元の国・日本国。そして、中央アルプスの空木岳の頂上に立っておりまする。〝S〟と地球での名前を頂いておりまする者でございます。どうぞ、宇宙の親神様よ、地球の神々様、そして、日本国の神々様はじめ、地球の神様、自然の神様、今日は皆様お集まりでございまする。

地球の歴史・四十六億年の中でも、ある意味で、大きな節目を迎えたこの地球号でございまする。

宇宙の親神様がこの地球を造ってから、火の玉から地の玉へ、地の玉から水の玉へ、水の玉からこのように木々草花の生い茂る、真に素晴らしき、緑と水の美しきエデンの園に造り上げたこの水の惑星地球号。そこに幾多の生き物を造り、水の中から、地を這《は》うもの、空を飛ぶもの、簡単な単細胞の動物から複雑な人間まで、いろんな動物を、植物も造り上げて、そして最後に最も神の形に似せて、ものを作り出すのにも不自由しない形で人類を造り上げて下さいました。頭脳も他の動物とはかけ離れて大きく、素晴らしき神の顕《あら》われとしてお造り下さいました。陰だけ、あるいは陽だけではものが生まれないために、全ては陰と陽との組み合わせで成り立つ宇宙の法則を、人の世にも動物の世にも当てはめて作り、この地球に人を降ろして参りました。

やがて、先祖としての始まりの人たちは、後の世の人々に、子孫に、神として崇《あが》められるようになり、いまでもアダムとイヴは、西洋、旧約聖書の地では神であり、その子孫のノアもアブラハムもしかり、神として崇められ、また、この国・日本国でも、伊邪那岐・伊邪那美様を神として崇められ、その後、日本の国を統一してこられた天照大御神様も神として君臨し、そして、その後に続くニニギの尊様はじめたくさんの皇祖神、天忍穂耳尊《あめのおしほみみのみこと》、ニニギの尊、山幸彦・海幸彦はじめ、そして、日本の国を最初に造って、政治をもたらし統一をなされた神倭《かむやまと》イワレヒコの尊、すなわち神武天皇から日本の国の形は造られていき、そしてその子孫が天と地を結ぶ神の意を受けて人の世を作るために、神国日本という形をもって統一して参りました。統一のためには、相争うことも致し方なかったと思います。

長き歴史、世界各地でいろんな歴史をもって国造りが行われて参りました。その中でも、ムー大陸、アトランティスと、幾度となくこの地球で素晴らしき文明が出来ては滅び、出来ては滅びの繰り返し。この地球の大陸さえも、沈んでは浮き、浮いては沈み、人も死んでは生まれ変わり、神が良しとする方向を作らんがために、このような形で何度もこの地上で形が作られ壊されして参りました。

そしていままさに、この地球時間で二十世紀という時が終わり、二十一世紀へ進むという時に、人類はとんでもない方向に歩み出してしまい、地球も大きな転換期を迎えております。

アダムとイヴ、また、伊邪那岐神・伊邪那美神の頃、天照大御神様の頃、神武天皇、そしてその後に続く天皇の時代は、神と人とを結ぶお役目の方々がおられて統一され、勿論相争う時もありましたが、素晴らしい国造りが進んで参りました。そして、最近では、百数十年前にヨーロッパで起こった産業革命を皮切りに、たいへんな勢いで変化し始め、わずかこの百年で、見る影もなく、人の心はどんどん神から離れて、とうとう、親神様が造られたこの地球の形さえも変えるかの原子爆弾、水素爆弾はじめ、とんでもない物を作ってしまった結果がいまの地球の状態でございまする。

そして最近の地球は、人と人とが相争う戦争に明け暮れた歴史が続き、致し方ないのかも知れませんが、親神様が、アダムとイヴに、伊邪那岐神・伊邪那美神に託した願いが、かけ離れた方向へどんどん進んで来たかのように見えまする。

この美しき地球について、まずは創造の親神様へ、自然の神様へ、全ての人類に代わり深く深くお詫びを申し上げまする。まことにもって申し訳ない地球にしてしまったこと、どうぞ親神様、許してください。どうぞ、許してください。罪深き人類を許して下さい。

かつてイエス様が十字架に架かり、二千年前にお詫びに来られましたが、さて、その二千年後に、イエス様の時代よりも大きな罪を作った人類は、いかようにして許して頂けるやら。この地球に神として、尊として、巫女《みこ》として降ろした人さえも、人間という煩悩、カルマにどっぷりと浸かってしまい、己の務めさえも忘れて、ただ人間としての、如何に楽しく生きるか、如何に幸せに生きるかの、そんな人々が余りに多すぎます。

何のために神の使いで下りたのか、分からない人間が余りにも多すぎ、いまのような世を迎えてしまいました。神と深い縁を持った人たちが神の名を使って、宗教を作ってはとんでもない教えをし、その生き方を見せております。そして、神と神とを争わせての宗教戦争を起こし、また、宗教宗派の言い争いに明け暮れている有様です。神とは何か。それさえも分からない、とんでもない人々が神の名を口にして、我こそは、とやっているこうした人々。そんな人たちが人の頂点に立っては、本当に分かった振りをして教えていく様を見ると、神はどのような気持ちでおられるか？　私も人間として生きていますれば、本当に何と言われても致し方ありませんが。人間というのはどうしてこのように名誉欲、自我欲が強くて、人を蹴落としてでも自分が偉くなろうとするのでしょうか。そして、ちょっとものが分かってくると、自分をエライと思いこむような人も多くおります。世を救い、人を救う神の御女《みこ》、尊《みこと》たちが、とんでもない方向へ進んでしまい、日本、神国日本も神々様が嘆く日本になったことは、神々様が一番よく知っている通りでございまする。

嘘をつき、人を騙《だま》し、金を集めて、物が豊かで振る舞える人を、偉いといいます。謙虚で、そして日陰にて、そしてあまり金儲けもできないような人たちを、馬鹿正直という呼び方をする世の中でもあります。

真理に基づいた人たちが馬鹿を見てきた世の中が、長い間続いて参りました。このような形では、人類は間違いなく地球から消えてゆくしかないでしょう。地球の神々が許しても、宇宙の神々が許すことはないでしょう。そんなに甘いものではありませんでしょう。この宇宙の中で幾度となく、生まれては消え、滅んでは出来ていく星がある如く、地球もまた大宇宙のひとつの星であります。しかし、たくさんの他の星と、随分違うところを持った地球でありまする。

こんなに美しい星は、どこにでもあるものではありません。創造神も、この宇宙のたくさんの星の中で地球をたいへん気にかけ、そして大事なポイントとして置き、大きな大きな期待をかけている星でもあります。今回も、親神様の心の中では、この地球を救うという心を持っておりまする。しかし、救うというからには、いまのままではいけないことは当然でありましょう。人類がいまのままですと、百年足らずで地球を駄目にしてしまいましょう。

ここにお集まりの全ての神々様。もう一度、よく考えてみましょう。人類がこの地上から滅びても、当初の目的に到達することは出来ません。ならばこの人類をそのまま生かし続けて、親神様の意に適《かな》った方向へ持っていかねばなりません。そして、神と人がこの緑の惑星、水の惑星にいてこそ、全ての生き物がいてこそ、花を飛び交う蝶々、そして小さな昆虫たちもいてこそ、素晴らしき地球でございましょう。

自然の神々様が創られるこの自然を、人間がどんどん壊していきます。ある程度の壊し方は、人間が衣食住をするために、田畑を作るためには致し方ないと思いまする。しかし、度を越した破壊は、止めなければいけないと思いまする。創造神が作られた地球の資源も、五百年で使うのを百年で使うような有り様で人間が使い始めておりますれば、やがていまある石油の文明も終わりになりましょう。さて、やがて来る二十一世紀。何とかして人々をこの地球上から消すことなく、また元のアダムとイヴの時代に、裸の人間に戻すことなく、このままの状態で生き残らせ、進めていきたいと思います。

どうぞ今日ここに集いし神々様、力を合わせて手を取り、力を合わせて、この地球という国造りを始めましょう。「我が国」ではなくて、地球という国造りを始めましょう。人間の世界では国境がありましょうけど、神々の世界にて今日から国境を取り払って下さい。そして、自然の神々様とひとつになり、世界の神々様がお働きになり、この一九九九年を節目に、地球を永遠に続かせる作業に取りかかりましょう。宇宙の神々様に適うような地球を造ってみましょう。まだ間に合います。

先だっては、この地球に二十二個の大きな大きな隕石が向かっておりましたが、地球のためにそれらを体当たりで庇《かば》って下さいました木星様、有り難うございました。金星よ、火星よ、水星よ、土星よ、みな有り難うございました。太陽の神様よ、有り難うございました。地球の神様よ、有り難うございました。始めましょう。また日本の神々様も皆で力を合わせて、天つ神、国つ神、皆で力を合わせて一つになり、日本国の世直しを願いまする。やってみましょう。

神の光よ　この地へ　顕《あら》わさん
神の真心　この地へ　顕わさん

今日ここまで登って来るのに、たくさんの神々様のお力を、お導きを戴いてきました。宇宙の神よ。地球の神よ。自然の神よ。そして日本の神々よ。世界の神々よ。有り難うございます。去年から始まりました、日本国の国造り。世界に先駆けて、この日本の国にひな型を作りましょう。真《まこと》のひな形を作りましょう。

北は大雪山。南は沖縄。そして東は富士山。西は白山。そしてその間に称名《しょうみょう》の滝。琵琶湖。そして先だって行きました滝々。丸神の滝。そして各地に、水の柱、地の柱を立てて参りました。最後に白山と富士山そして中心の空木岳に、日本国の中心の柱を立てさせて下さいませ」。

高き山にS先生の祈る言葉が木霊《こだま》して、神々様は息を呑むように、涙を流しながら聞いていらっしゃいました。

S先生のお祈りの後、神様の言葉を頂きました。イエス様が〝天の父〟とお呼びになった、太陽系の最も中心になる神様です。

天の御中主神様

「今日のこの日を、一日千秋の思いで待っておりました。天の御中主にございます。本日はたいへんな岩山に、この雨の寒さの中を、よくぞお祈りに到達して下さいました。我ら神々のために大きな勇気を顕して下さり、真に有り難うございました。また、この下の座に控えております神々一同、まさに二十一世紀へ向けての地球という箱船を如何にどのように動かしていくか、そなた様の大きな悩みの中にあるお考えを、聞かせて頂いておりました。

本日は、光の柱をお立て頂き、真に感謝の気持ちでいっぱいにございます。

宇宙の法則のもとに動かされているこの地球は、いま、まさに沈もうとしております。人々の目には、何もかもがうまくいっているように見えると思いますが、とても大きな圧力を宇宙から受けております。この圧力は、人々が先へ先へと科学の粋を集めて、宇宙の数々の星へ、人間の知恵の結晶とも言うべき衛星を打ち上げること、それ自体が地球を日々弱くしていく大きな圧力となっております。それが人々にはお分かりにならぬようです。どうかS殿、一日も早く、このようなことは止めさせせねばなりません。この緑と空の素晴らしい色を永遠に残すことが、全てを映し出す海や川の清き水の流れを、また、地球全体を包み循環する気の流れ、これら全てを滔々《とうとう》と休むことなく流れさせることが、この水の惑星・地球を生かす大きな力になっていることを人々に理解して頂きたく思います。人間の科学の力などは、宇宙の法則から比べればまるで蟻のごとくに小さきもの。人間は自然と共に生きることこそが、最高の神から与えられた知恵であることを知って下さい。どんなに便利な世の中が来ようとも、人々は自然と共に生きなければ、それは一歩一歩破滅への道であること、地球の破滅であることを知ってください。木星という星から与えられる力が、また、地球を守る宇宙の星々から与えられる力が、衛星が一基打ち上げられる度毎に失われていくことを、未だ人類は誰一人として気づいておりません……。

人を生かすためのエネルギーと思っている石油、ガスという形で知られている物質は、実は地球という星を生かす物質であったことを、未だ誰もご存じない。それは地中に埋めておき、地中から動かさぬままにしておくことが、地球を守る一つの大きな力となっているのです。人類のための資源ではないのです。この地球を生かすために、埋もれたままにしておくべきなのです。地上に生える木を燃やし、そして燃やした後に出来る木炭が、人々を生かす燃料として与えられた物であることを忘れないで頂きたいものです。それ以上のものは、採掘することは許されてはいないのです。

人々は何故にこのような荒ぶれた心に育ってしまったのか。これは神々の失策であると思えます。その神々が、遅ればせながら、いま頭《こうべ》を垂れ、そなた様に願いを請《こ》うております。神々も成長を致します。神々に欲があればこそ、人々に欲が投影される。それが、いまの世の中でございましょう。

以上本日は、人々の心に最も浸透させて頂きたいことを申し述べると共に、心からのお礼を申し上げ、終わりとさせて頂きます」。

S先生に対する神様の言葉を伺い、その真《まこと》に謙虚なる心に驚きました。常々先生は、素晴らしい神ほど謙虚ですよ、と話されましたが、太陽系を司《つかさど》る天の父なる神がS先生に詫びるとは……、先生とはどのような存在なのでしょうか。このあたりから、先生の存在が余りにも大き過ぎ、理解に苦しむことが度々生じて参ります。先生が肉体をお持ちになるが故に、私は理解に苦しむのです。次は大国主命様からのお言葉です。

大国主命様

「大国主命とは（＊筆者注＝一般的には出雲大社の神様と考えられます）日本という国の力をどう支えようかと考える神にございます。国造りの神と呼ばれておりました。国造りは、ひとことで申し上げて、大きくこの国を繁栄させるための国土の神。またその国土にさまざまな、人々の生きる糧を、そこに植え育てる力。またはそこから経済を生み出す力。さまざまな国を繁栄させるための力がございますが、それはまさに、この地球という星があってのことでなければ考えられぬものにございます。

本日は、このお祈りに参加をお許し頂きまして、地球という星のこれからの道に、我々神が考えても及ばぬような所に大きな落とし穴があることを悟らせて頂きました。また、日本の国に集う神々の怠慢《たいまん》さを目の当たりにいたしました。

たとえ仮に神と名前を戴いておりましても、ここに集い給いし数々の神、また、各地にさまざまなその専門分野を担当する神々も、いま、世界中に生かされている人々の姿と同じ様であることをはっきりと知らされました。自らを清らかに、直き心にと、元帰りせねばと思います。この太陽系の星をお守りする天の御中主様の、まことに険しきお姿を、険しき眼《まなこ》を拝見するにつけ、神自身がいかにいままで頂いた力を発揮せずに怠っていたかと、なんとお詫びを申し上げてよいか分かりません。

これからは、多くの神々と共に、日の元つ国・日本が光り輝かんとするその日のために、また、希望に満ちあふれた神々の姿を再現するために、怠りなく精進申し上げます。

この険しき山を、至らぬ私どものために御足《おみあし》をお運び頂き真に有り難く、S殿のお気持ちを受けさせて頂きます。神々の姿が何故ここまで堕《お》ちてしまったか。我も振り返ってみますれば、国造りの神などと、あの大きな社《やしろ》の中に、多くの人々の欲の塊《かたま》りである社を造ったその日から神の怠慢が始まったようです。

傲《おご》り高ぶりの元はあの大きな神社にあり、とは神の申すべき言葉ではないことも分かっております。何があろうとも、形にどのようなものを顕《あら》わそうとも、日本の神も、宇宙の、そして地球の神々様に、意《こころ》を一つに合わせましたなら、己も含めてこのような怠慢な姿にはならなかったものと、ただただお詫びの心のみにございます。今日から、人々の心が自然と共に、共存という形で歩んでいけるよう、心して気を発していくように致します。本日はまことに有り難うございます」。

神の世界では、日本を代表する神様ともなると宇宙にまで考えが及んでいくのですから、二十一世紀を迎える私たちは生きている間に、自分のことだけではなく、せめて地球にまで感謝できるよう、学んでいく感性を身につけたいと思うのでした。S先生の、十本の指のお話の大切さに、改めて気づかされたのでした。

先生は本当に誰でもができる、誰でもが理解することのできるお話をして下さるし、また、神様の心までも入れ替えるほどのお心をお持ちのようです。

次に先生は、大国主命様にお声をかけられました。

S先生

「私がまだまだ、神も何も分からぬ時に目を覚まさせて頂き、ここまで育てて下さいました。本当にお力添えを頂きまして、まことに感謝申し上げます。私より肉体を持ってない神様の方がよく分かると思うのですが。激しいことを申し上げますけど、果たして人類が勝手放題に生きていて、地球のありとあらゆるものを使い切って、汚して、食べた空き缶を山の中に捨てるのと一緒で、石油を使いガスを排出させて、山を壊して家を作り、そして最後は埋め立て……。こんなに贅沢放題にして世の中続く訳ないことは、私よりも神々様の方がよくご存じだと思いまする。しかし、大国主の大神様も自ら語っておられましたが、何故これを止《と》めようとはなさらないのか。私もそう思いました。

そのうちいろいろな宗教が出来、宗教戦争が起きてしまう訳ですけど、ただ一つ、親神様から預かったこの地球をどのようにして続かせていくか、それが、神々が考えるただ一つの目的です。天の御中主様にしてみましたら、地球だけじゃなくて、太陽系の金星、木星、土星、水星、火星、天王星、冥王星、海王星とたくさんある。この星々を、バランスを取りながら保っていく、大きな責任を課せられておりまする。地球の神々におきましては、神国日本と言いながら、日本の政治は、日本の国は、とんでもない方向に奔《はし》っていることも、実際あなた様方が一番よく知ってる通りでございましょう。もう、私は言いますまい。天の御中主様の大きな言葉がございましたから。

ただ一日も早く、神様ご自身から目を覚まさないといけません。どんな風にしたらよいか。太く短くか、細く長くか。そして、地球が滅んだら、人類が滅んだら、誰もあなた方にお供えする者もいないことも分かってください。社も朽ち果て、何もなくなります。人類を滅ぼさないように導いて下さい。そして人類も、また地球の神々も、堕落に走った時には、宇宙のひとつの流れ星、彗星ひとつぶつかれば、地球などは吹っ飛んで、粉々になります。そうすることは宇宙では簡単です。宇宙の神々の意に適わない時には地球を跡形もなく粉々にすることは簡単です。

原爆、水爆、こんなのはまだ虫けらみたいなものです。それも分かって下さい。いかに宇宙の神の力、いや、宇宙の法則というのが大事か。そうしたら、自分たちが贅沢することの是非が見えてくるでしょうし、結果的に間違った道にいくことが出来なくなると思います。

人間も一緒です。贅沢するために、サラリーローンとか銀行などから金を借り……。企業も同じです。返しきれないほどのお金を集めて。最後は銀行までがバブルでパンク。いま惨めな姿をさらけ出していますが、こういったことについては、すべて平等に、そういうシステムを改めないといけません。紙切れだけで何でも自由自在に動けるような世の中。どうぞ神々様が一つになって、力を合わせて、一度は反省をなさって下さい。自分たちが神として何をする存在か、神とは何かということをもう一度改めて、心して世直しにかかって下さい。今日は有り難うございました。

エデンの園としての地球が、宇宙の大神様の目に適う、宇宙の神の意に適う方向で進みいくことを願いつつ、今日の祈りの締めくくりにしたいと思います。遠いところからお集まりになられた神様もおられましょう。ありがとうございました。

親神様よ。この地球に祝福あれ。光あれ。愛あれ。神の情けあれ。神様……。また元の座へお帰りになられ、お働き下さいませ。私たちも、この山を下りていきたいと思いまする。どうぞこの光と共に、元の場所にお帰り下さいませ。そして、新たな気持ちで、お戻りになられる場所でお働き下さいませ」。

先生は真剣に、真剣に祈って下さいました。神々に光を送って下さいました。祈りが全て終了するまで、山の静けさが破られることはありませんでした。祈りが終わると同時に雨は本降りとなり、急いで帰る仕度を整えているところへ、五人ほどの高校生が頂上に登って来るところでした。

五十メートルほど下がった所に休憩小屋がありますので、取り敢えずそこまで急ぎました。今日のお祈りの終了まで数日間、S先生のお身体にとって、とてもたいへんなお仕事でございました。

このことは、一九九九年、神山での祈りをするため、世界の神々様、日本の神々様の心に、創造の神様のお心をお伝えし、心の準備をして頂くお仕事でもあったように思われたのです。祈りの場に驚くほどたくさんの神々が集まって来られました。本当に命をかけての、真剣な先生のお祈りでした。

小屋でひと休みしたとはいえ、この雨では下山の道のりの方が気にかかりました。食事も早々にして、山を下り始めました。雨は止む様子もなく強く降り、道には川のように水が流れ、両手に杖を突く先生は足場が滑らないように気を配りながらの下山で、相当お疲れの様子でした。後ろ姿を拝見致しますと痛々しく見えます。地球の現状（その本質的な姿）を世界をまわって知り尽くし、神の心を知り尽くし、人としての一番の基本である家庭をも大切にしつつここまで行動なさるは、この地球の再生・建て直しという大きな御役を仰せつかった魂の御方でなくして何でありましょうか。滝のような強い雨の滴《しずく》と感動の涙で私の顔はくしゃくしゃでした。重い荷物のことなどは忘れておりました。下山途中にあった沢も一挙に増水し、麓にたどり着くまで、それはそれはたいへんな道のりでした。下山に要する時間が、予定より二時間ほど余分にかかってしまいましたので、宿への連絡のため、先に私だけ早足で下りました。車を止めておいた場所までようやくたどり着き、車中に残しておいた携帯電話で宿の手配はできましたが、既に夜の八時頃で辺りは真っ暗です。

そのまま私がお二人を待っておれば問題は生じなかったのです。後から来るお二人を心配の余り、車に鍵をかけ、お二人の姿を探しに出たのです。お二人が下りてくるだろう道は二通りありました。本道と近道です。どしゃぶりの天候を考えて、私は本道から下りてこられると判断し迎えにいったのですが、案に相違してお二人には会えません。三十分ほどで引き返すと、お二人が雨の中、車の脇でずぶ濡れになりながら心配そうにたたずんでおられたのです。先生は、もしや私がこの雨の中で遭難でもしたのでは……、と本当にご心配下さっていたのでした。私は先生に思い切り叱られました。真剣に叱って下さったという方が正しいでしょう。私の浅はかな判断力と、人を思いやるとはどういうことかを、深く考えさせられた時でした。また、先生の思いやりの深さにも心打たれました。

宿に着きましたのは午後九時頃で、宿の女将さんは温かいお風呂を用意して下さっており、びしょ濡れの私たちを温かく迎えて下さいました。

その夜、神武天皇からのお言葉を頂きました。

「他人《ひと》を心から思うことは、お守りして下さる神の力を頂くことになる」と。私は自分勝手な判断から、間違いの連鎖を作ったことに気づかされました。

「真心から他人《ひと》を思ったとき、人間の力ではなく神によってその他人《ひと》が守られる」。神武天皇のS先生へのお詫びのお言葉から、とても大切なことを学ばせて頂きました。

十章　神山の祈り（一九九九年七月七日）

一、神山にて

巷の予言書などに、一九九九年七月の日に、天から大魔王が降ってくるとか、世紀末には何か天変地異のような、大きな自然現象が起こるのではないかとか、さまざまに憶測《おくそく》が飛び交っておりました。

しかし私は、先生にお会いしてからは何故か、これらの予言は変わって来ているのではないかと思うようになったのです。そして一九九九年七月の神山の祈りは、巷で囁《ささや》かれている予言を大逆転させるものでありました。二十世紀のうちに日本全国を巡り、世界を巡り、祈りによって二十一世紀に地球をつなぐための、大きな大きなお祈りでございました。

神山という山はとても不思議な山でございます。

私は一九九九年四月、神山への道を調べるために訪れた役場の職員から、驚くべき事実を明かされたのです。

「昭和六十年の日航機墜落の現場からは相当離れていたところらしいけど、身元不明の方の数だけ、石仏があったそうよ。もう朽ち果てて、形が崩れているものが多かったらしいけど……」と、たいへん気にかかる話でした。私はその時、この事故はやはり、単なる事故では終わらない深い意味があるものだったのだと確信したのです。私の家に十年間ずーっと救いを求めて来た、あの魂の方々の姿を見せられたのは何の意味だったのか。

神山へ向かう途中のあるところでは、山の頂上付近を採石のために切り取られ、無惨《むざん》な姿に変わってしまった石炭岩の山が二つありました。二つとも、山そのものが御神体といわれている神の山でした。とても不思議なのですが、私はいままで、それこそ二十年余り、毎年通過するその度に無惨な思いで見てきた山ですが、霊的な意味では一度も特に感じたことがなかったのです。それが先生と共に通過したその時には、ピリピリとしたものが感じられるではありませんか。最初の山を目の前にして通過しようとした時、

「神様が姿をお見せです」と私が言うのと同時に、先生も神の気を感じられ、

「神が来られた！」とおっしゃったのです。全く同時ですから、このことには本当に驚きました。そして神様は次のように先生にお願いしてくるのです。

「山を守り、人々の暮らしを守り、自然の巡りを司る神でありましたが、人の思いの力によって山をもぎ取られてしまい、力を失いました。どうかお力を下さい」。

先生は初めて来られた場所にも拘わらず、まるで以前来たことがあるかのように、静かに祈りのできる場所を探し当ててしまうのです。「神様は、（神の）気持ちを表すのにいろいろなものを使われる」と、先生はおっしゃいます。お祈りを終えて帰ろうとした時、祈りの場から百メートル位離れていたでしょうか、ある会社の事務所の硝子の向こうから、全く見ず知らずの事務員さんが、先生の方を見

て深々と頭を下げているのです。本当に不思議な気持ちでした。

この後に次いで、もうひとつの山でも、山を守ってこられた神様が同様なメッセージを持って出てこられました。

七月七日神山登頂の朝は五時起床。後から合流してきた人たちも含めた総勢五名で、六時には車で四十分ほどの滝まで行き、全員滝の水で身を清めて出発です。七月とはいえ、山の早朝は寒いほどでした。

道なき道を、勘を頼りに進むしかありません。時に道らしいものにもぶつかるのですがそれもすぐに消え、またも道なき道です。奥深い山なのですが、熊笹に触れますと煤《すす》に触ったように衣類は黒くなってしまい、その熊笹の中を分け入るのがとてもたいへんでした。

やっとのことで頂上らしきところに着きました。しかし先生は「イヤ、違うかもしれない。神様ってね、大切なところは最後の最後まで隠しておくからね」と言うが早いか、もう歩き始めていらっしゃるのです。なんという勘の鋭さでしょうか。

何度も上り下りを繰り返し、やっと一帯が開けた所に出ることができました。そこがお祈りに相応しい場所でした。休む暇もなく準備にとりかかり、沖縄からの神様への供え物、先生が世界を結ばれた、水の神殿から持参した水を供えさせて頂き、すぐにお祈りが始まるのかな、と思っておりましたら、この日は違いました。大きな祈りなのだな……という印象でした。

先生は神様に、

「頂上に着いたばかりでございますから、すぐに儀式ではなく、神様との交流を図りたいと思います」。

最初に声をかけて来られたのは、神武天皇でした。

神武天皇様

「神武天皇でございます。皇尊《すめらみこと》を代表致しまして、お言葉をかけさせて頂きます。本日は道なき道をという言葉の通り、この雨季のたいへんな時期に、こぞって心を一つにし、私共の日本の民を代表し、また、本日の神々様のお顔を拝して見ますれば、地球の星を代表しての参加と申しますように、世界の神様がお集まり下さっております。肉身を持つ人々の足でここまでお登りになることに、心からお礼を申し上げさせて頂きます。どうぞこれから、数多き神様方の中からご挨拶がありますが、まずは日本の国を代表致しまして、皇尊《すめらみこと》の私共に教えを頂きました天照大御神様に、お言葉を一言お願い申し上げます」。

天照大御神様

「先だっての中央アルプス・空木岳でのたいへん大きなお祈りを頂き、また本日、太陽のお顔を拝しながらの、良き祈りの日とさせて頂きました。ここまでの運びの段、まことにご苦労様にございました。伏してお礼を申し上げます。

本日、日本国がこれから歩む道を、天からお示しを頂きとう存じます。どうぞ、私共神々と共に、ここにおられます五人の皆様の、お身体と心と魂の気を通じて、まことなるかな、二〇〇一年から始まりまする神の国、まことのひ（日、陽、霊、火）の、愛の国を作らんと心を砕き、ご指導を頂きとう存じます。まことに有り難う存じました。また、日本の国のために身を投じて、多くの人々をお導き下さいました数知れぬ僧侶の皆様方、どうぞ、これからも日本国のために多くの人々をお導き下さいますよう、私どもと共に、天からの教えを頂いて下さいませ。ここにお集まりの神様方、まことに有り難く、心からお礼を申し上げさせて頂きます。また、S殿におかれましては、お身体の不自由なところ、ここまでご指導なさりつつ登頂されたことに、万感の意をもってお礼を申し上げさせて頂きます。どうぞ、宇宙からの大きな教えと光の力とを、この地球上に余す所なく頂くことが出来ますようご指導を賜りたく、お願いを申し上げます。有り難う存じました」。

S先生は、天照大御神様の言葉が終わりますと、

「やっぱりいつもと変わるでしょう。一つの儀式でしょ。綺麗にね。神武天皇様が仕切って、天照様《あまてるさま》が来賓で、すぐに宇宙の神様を降ろしたらたいへんなことになるのが分かりますか」と、丁寧に私たちにお話し下さいました。そしてなぜ、日本アルプスの空木岳の祈りが必要であったのか、はっきりと見えてきたのでした。

神山には、次元の高い魂でなくては参加を許されなかったのです。このように地球に初めて降ろされる光を日本の国に迎えるためには、日本国の神々様の心の準備（神様としての次元を上げる、とでも言いましょうか）が必要であり、空木岳にて神様の浄め払いをし、大和の国の地を祓い清め、空木岳の祈りは七月七日のために、どうしても欠くことが出来なかったのでございます。ここに至るまでのS先生の胸から湧き出る綿密な計画には、驚くばかりでした。

そして次に、先生のお言葉です。

S先生（神々様へのご挨拶）

「五十数年前、一九四五年でしょうか、太平洋戦争で日本の本土に爆撃が始まった頃、この地球上でかつてなかった大きな大きな大異変が起こり、この大異変の波動は宇宙にも届きました。

宇宙の親神様が、数ある宇宙の星々の中で手塩に掛けて、稀に見る美しい星として四十数億年掛けて造り上げたこの星、宇宙のエデンの園。神々のオアシスといいましょうか。安らぐ場所といいましょうか。素晴らしい水の玉、地球を造り上げました。そして、人間的に分かり易い言葉で言いますと、そこを「任せた」という言い方をする方もいますが、ある意味では、この地球を管理するとでもいいましょうか、三次元的に人が存在し、そして神と共に住まわせて、素晴らしい神の国、エデンの園、そういう地球を作ろうとしました。けれど、何度となく失敗に失敗を重ねたのは、神々様がご存じの通りでございまする。レムリア大陸、アトランティス、ムー大陸はじめ、幾多の浮き沈み。幾多の人類の破滅。そうしながらも最後の仕上げにと掛かったのが、結果としていまの地球での人々の有り様。しかし、大きな節目を迎えて、一九四〇年代、とうとう人類は、やっては良くない、触っては良くないことに手をつけてしまいました。原爆です。

この日本の国に、大きな「火」が落とされました。それも二つです。この波動は、宇宙まで、創造神の元へも届きました。このままでは、地球は人の手によって滅ぼされる。そういう懸念が起こりました。

これまで、人の手によって地球が壊されることがないよう、太陽系の神々によって、たくさんの神の化身が、神人《かみびと》が、この地上に降ろされて人々を導いて参りました。日本にもたくさんの尊《みこと》、御女《みこ》、そして、僧侶の方々、たくさんの、人々を導く魂が降ろされました。その中で神の道を悟り、宇宙の真理を悟り、人々が幸せになるための法を、幾度となく、次から次に宇宙から来た魂、または、輪廻転生しながら出た魂が説いて参りました。

しかし、ここ百年、百五十年でしょうか、二百年でしょうか。西洋の地で産業革命から始まった地球の動きは、公害をはじめとして、人々が地球に大きな悪い影響を生み出し与えてきた歴史となりました。

さて、一九四八年にこの原爆の響きを見て、宇宙の彼方から地球へ肉体を持って降ろされましたけれど自分が誰であるかさえなかなか分かるわけがございません。まったく同じような環境の中で、同じような教育を受け、同じようなものを食べ、同じようにして肉体を作っていく時に、持つ夢も地球の平和のためじゃなく、地球の安泰のためじゃなく、人々のためじゃなく、己がために、己の幸せのためにというのが、ほとんどの人が持つ目標、夢になってしまっております。

その中でも、今日ここにお集まりの方々は、僧侶様、神々様、初めは皆、世のため、人のためと思いつつ、ある方は僧侶になり、ある方は神官になり、ある方は道を究めて菩薩の境地に辿り着き、また神として生まれて、多くの神々と共に歩んで来た方々でございます。しかしこれは皆々様がよくご存じの通り、本当に氷山の一角でございましょう。まさに微々たる数でございましょう。

また更にその中から、道を求め、心を求めて、神を求めて、仏を求めて、世のため人のために始まった道でありましょうが、途中でずいぶん歪《ゆが》んで走った方々が、今日現在でも、この日本はじめ世界にたくさんいることは、皆様が見ての通りでございます。神という名を使い、心の時代といいながら、神らしくしながら、やることは普通の人間以下のこと、浅ましいばかりのことをして、人々を奴隷化して、心さえも取り上げて、物質を取り上げる。そして、大義名分は神という名を使い、まことにもってそういう人たちのために神の名も落ちていき、仏の名も落ちていき、二十世紀後半のいまの世は、神・仏を敬い、そして信じる人たちは、本当に数少なくなってしまいました。

神を信じたとしても、まことの神を分かる人々がどれほどいましょうか。霊視によって神を見る者でさえ、神の言葉を直接聞ける者でさえ、なかなか、神の本当の道には近づけない昨今でございます。さて、そんな中、国の政治も、人々の生活の裕福、ある意味では、言葉はきれいな言葉、幸せになるためにきれいな言葉で繕《つくろ》っていますが、見方によっては、贅沢三昧。やりたい放題やっていることが幸せと思う人々があまりに多すぎます。自由のはき違え、平等のはき違え、そして、幸せのはき違え、神のはき違え、心のはき違え……。都合のいいような教えをやる人々が余りにまで多すぎまする。

原爆を作り化学兵器を作ること、これも神の教え、神の導きでしょうか。自分の都合で神を使い、本当の神が分からない人々が世を導いていく様。このようにしていきますと、やがて間違いなく私たちのこの地球は、皆々様がよく知っている通り、滅びの方向へ向かっていることでございましょう。公害にしても、経済、政治にしてみても、ありとあらゆるもの、一つひとつ取り上げてみても、皆そうでございましょう。今日初めて登りました神山ですが、この山でさえ、来る途中に幾つか空き缶が捨てられてありました。それよりもなによりも、せめてこういう神の山だけは、自然に生えた木を切り倒し、自分たちに都合のよい木を植える。そういうことをして欲しくなかったと思います。植えられた木には申し訳ないですが、それは自分で生えた木ではありません。自然に生えているのが自分で生えた木でございまする。この木も、人間に使われるために、ある意味では人の金儲けのために、苦しい思いをしていることでございましょう。実際、今日初めて登られた方々がいると思いますが、このような神の山の頂上まで植林がされている様は、伐採したまま何も植えないよりはいいかも知れませんが、自然のままにしておいて欲しかったものです。

　自然とは何か。そこに行き着きまする。全てのものは、人類も含めて、自然に生かされていることでございます。さて、このような話は、ここにおいでの神々様、また僧侶の方々が、私よりも詳しく勉強しておいでalong でございましょうから、私に出来るのは、宇宙の創造神様のご降臨を願ってその御意志をお受けし、光を媒体として皆々様にお届けする、また地球に広げることだと思います。

　不思議なことです。私は一度も宗教というものに入ったことがありません。ですから、神は尊び敬い、僧侶の方々もとっても尊敬しておりますが、その教えの中にどっぷりと浸《つ》かることが出来なかったのです。如何なる宗教にも……。如何なる教えも、みないい教えでありますが、どうしても、そこにどっぷりと入っていくことが出来ずにいままで来ました。ですから、専門分野の知識は私にはございません。今日はここで、専門分野の神の教えなどは私には出来ませんので、宇宙の神の気を降ろして皆々様にお届けし、また、日本国に光を広げ、そして世界の地へ、この神山から光を広げていきたいと思いまする。出来るかどうかも分かりませんけど、頑張ってみたいと思いまする。

この十五年間、人知れず、ただ人知れず……、最初は、子供たちを救いたい一心で始まった行ではございましたが、いつの間にか、日本中を巡る祈りに変わり、そして世界を巡る祈りになり、いまでは自分でも訳の分からないような、とんでもない祈りをしたりもしておりますれば、無礼がございましたらお許し下さい。ただ、ある時に思い出した自分の意識の中で、どの惑星にもおらず、宇宙をずーっと飛び回っていたことは覚えておりまする。そしてある日、この、青い綺麗な地球に目が止まり、そしてまた、この地球で原爆が使われ、一大事ということが目に止まり、親神様から遣わされたのか、自分の意志で来たのかはよく分かりませんが、地球に降りてきて、一生懸命やっているつもりですが、何しろ皆々様がご存じのように、この肉体を持ちますと、食事も摂《と》らなくてはならず、宇宙のエネルギーだけで生きてもいけませんので働いて、そしてまた人間とはどういうものなのかを知るために家庭を持ちました。結婚し、子供も作りました。そして、人の勉強もし、また、人の愛も、情も、心も、少しは分かったつもりです。人の世界は、神の世界とはまだまだずいぶん差はあると思います。でも、人間が愛《いとお》しいです。人類をこの地球から消したくありません。何とかして、この地球の人類を、ずーっといまの人類を、肉体を持ったまま生かしたいというのが、私個人の意見です。

されど時々は、もうこのような地球は、人類は、滅ぼした方がいいかと、心からそう思うようなことも何度かありました。世の中の出来事を見るたびに、このような人たち、これが人間なのか。動物よりも、野獣や野生の動物よりも劣る者もいるんじゃないか。言葉では、全ての動物の上に人を作ったという教えを持ちながら、動物以下のことがありまする。先だっても、私は二十三日から本土に来てお祈りをしています。その間にも、家庭の主婦がパチンコをするために、生まれてまだ六ヶ月の女の子を車の中に、太陽の熱の下に閉じこめて、自分の欲望を満たさんがために、それも、よいことではない賭け事をして、……それが母。それが女性。動物の世界では、鹿がライオンから子供を守るために自分が立ち向かう様、本当に動物から学ぶべきと思われる人間たちが、余りにも多すぎまする。アフリカの地にも、パプアニューギニアの地にも、世界中回ってみましたが、字さえ書けない人たちが大勢おりまする。本さえ読めない人たちがたくさんおりまする。でも、そういう人々は、子供をとても大事に育てておりまする。皆とても和気藹々《わきあいあい》としてやっております。日本の高等教育を受けた人々が、どうしてこんなにまで愛がないのか。心がないのか。どういうことを教育したのか。勿論日本だけではありません。世界も全部一緒です。先だってのユーゴスラビア、コソボの戦争。六つ、四つ、三つになる子供に、鉄砲の弾を撃ち込む人の様。これが人間なのか……、よく分かりません。でも現実です。こういうことはみな、宇宙の親神様の元へは届いておりまする。人間のいまの状態。自然破壊。人間の心の破壊。そういうことも含めて、みな届いておりまする。

昨日、今日と、高速道路の折れる筈がない鉄のパイプが折れること、新幹線のトンネルの、壊れる筈がないコンクリートの中にヒビが入ること、これは人の心に、恐ろしいほどのヒビが入っていることを象徴するものでございましょう。

そして、この地球も恐ろしいほどのヒビが入っておりましょう。私たち人類には、地球を再生する力はございません。これ以上傷《いた》めつけない。これ以上地球を汚さない。こうしたことは人類にはできますけど、地球を再生することは、また、地球に力をつけていくことはできません。そして、地球の神々様も一緒でございましょう。神の力でさえも、この地球を元に戻すことはできません。この地球を永続させるのは、もう、私たちや地球の神々のいまの力では出来ないと思いまする。それならば、いかようにしてこの地球を続かせ、いかようにして、地球にまた新しい大きな力をつけ、地球を守り、元気づけ、そして全ての生き物を残し、人類も残していくのには、全て、宇宙を創造される親神様の意志にかかっておりましょう。

それならば、自分たちに何が出来ることでございましょう。私たちに出来ることは『祈り』しかございません。宇宙の親神様への『祈り』という言葉を借りた嘆願です。願いです。人類は、地球の神々に祈り、嘆願し、地球の神々はまた、宇宙の神々へ祈り、嘆願し、そしてこの地球さえも、宇宙さえも造り上げた偉大なるエネルギーの元、元神様、その神様の意志を動かさなければいけません。

勿論、滅多に会えることもない、滅多に届くこともないこの〝意志〟（創造の親神様）へ、これから神々様よ、僧侶の方々よ、それから人を代表してのSも含めてのここの五名。神と共に、僧侶と共に、世界の人類と共に、これから宇宙の神様への嘆願のお祈りをしていきたいと思います。

宇宙の神様をお迎えする前に、大きな光、大きな大きなエネルギーでございますれば、ここにおられる僧侶の方にも、神様にも、神様によっては初めてのエネルギー、光かも知れません。どうぞ、これから前段階として、皆様方を、人と共に、また、この地域の全ての生き物、自然と共に、宇宙のエネルギーを降ろすためのお祓いと申しましょうか、お清めと申しましょうか。本当は、お祓い、お清めよりも、実は皆様の次元を一ランク二ランク上げねばいけないことなのです。しかしいまは時間がございませんので、お祓いという形式をもってさせて下さいませ」。

S先生の宇宙神へのご挨拶と皆様への祓い清めが終わりますと、地球の御霊でいらっしゃる地球霊王様が声を発せられました。

地球霊王様

「この度は、太陽系の惑星を巻き込んでの大きな祈りとなり、まことに大きな節目の祈りに立ち会わせて頂くことが出来、有り難う存じます。今世紀最大の難所とでも申しましょうか。節目に当たっております御年。宇宙の惑星のそれぞれの位置が、ほんの僅《わず》かずつズレて参りました。そして地球という星も僅かずつ、いま現に、ズレを生じ始めております。このような時期に貴方様を通し、宇宙からの多大なる力を頂くということは、まさに節目をどう乗り越えていくかというたいへんな時期に、有り難いことでございます。またこの神山という山は、周囲の山々と比べてみましてもさして特徴もなく、登頂致しますのにも道なき道を登るというたいへんな山にございました。しかし、この山は天から選ばれた山にございます。地球が形を整えた後、宇宙から初めて神を戴いた地にございます。この地から、世界に神々が派遣されたということでございます。創造の神様から、地球再生のためにこの時期を選んで肉体を持たされ、地球に降ろされた神でいらっしゃる貴方様（S先生）は、肉体を持つが故のたいへんなご苦労を乗り越えて、今日の日を迎えて下さいました。

創造の神様から見ましたなら、地球は我が子でありましょう。しかし、親でありますす創造の神様の存在を忘れてしまった地球の人々にとって、今日のこの日は、親神様の存在に気づかねばならない大きな計らいの日でございました。人は大きく心を入れ替えねばなりません。本日から直接天界の力を頂き、かつて体験したことのない大きな力をこの地球に頂けることを知らされる日でございます。有り難く心からお受けさせて頂きます。地球を代表してお礼を申し上げると共に、いつまでも青く澄みわたった地球であることを望まない訳には参りません。ご指導下さいますよう、宜しくお願いを申し上げます」。

地球霊王様は、生命体としての地球の魂でいらっしゃる訳ですから、地球全てを代表して、心苦しいほどの挨拶をなさいますお姿を拝見しますと、人類は二十一世紀に入ったなら、本当に互いに目覚める努力をしなくてはならないと、強く思うのでした。地球霊王様の後、S先生が更にご挨拶をなさいました。

S先生のご挨拶

「宇宙の神よ。創造なる親神様よ。いま、人間の一人として嘆願致します。

思えば長きもの。また、思えば短きもの。目覚めてからようやく十五年経ちましたでしょうか。そしてもう、私も五十になりました。人間の肉体年齢で五十になって、やっと少しは人間らしくなったかなあ、という思いでございまする。されど、まだまだ至らぬ限りでございまする。私も五十年にわたり人間をやってきました。肉体を纏《まと》うと、昔から人々の中にあった全てのカルマも、また一緒に寄りかかってきますれば、このカルマを背負いながら、神の道をさせて頂くことのたいへんさは、言うに言われぬものでございました。しかし親神様、一九九九年七月の七日の今日、やっと人に担がれずに自分の足で、杖を頼りにこの頂上まで登らせて頂いたこと、本当に有り難うございます。また、今日ここに集いし僧侶の方々、また神々様、日本の神々様はじめ多くの神々様、私が幼き時からの五十年間、この日本の国で生活し、そしてここまで私をお導き下さいまして、本当に有り難うございました。皆々様方の導きがなければ、私は今日ここには立っていなかったでございましょう。

私は、自分が本当にそうであるかどうかは分かりません。しかし、自分の天命の大きさに打ちひしがれんばかりのことを、神々様は時々言われます。それでも神様を信じ、ただひたすらにここまでやって参りました。地図も持たず、言葉も通じず、時計も持たず、お金も、微々たる額を手にして、日本中、または世界を駆けずり回り、百姓の倅《せがれ》で生まれながら、五人の子供を養いながら、本当にこんな片端の男がここまでやり遂げられたのは、全て、地球の神々様よ、仏様よ、そして私に力を貸して下さった全ての人々よ、皆々様のお陰でございます。何度、生命を落としそうになったか知れません。いつも神様に助けられてここまで来ました。今日という日のために、どうしても生き延びなければいけなかったと思います。

また、今日という日に間に合うまで、何とか足も歩けてやって参りました。今日この山に登頂して、降りたらどのようになってもいいと思いますが、本当に無事にこの場へ肉体を運べたことを、皆々様へお礼申し上げます。有り難うございました。

宇宙の親神様よ。思えば、私が子供たちを思い、本と花の種を配り始めた時から始まりました。沖縄の神々様、アマミキヨ様、シネリキヨ様はじめ、沖縄の神々様に多大なお世話になって、沖縄の島々を巡り終えました。そして空海和尚との出会いがありました。本当に、空海和尚にはずいぶんお世話になりました。有り難うございまする。たくさんの日本の神々様を紹介して頂きました。天照大御神様も紹介して頂き、伊邪那岐神様・伊邪那美神様、そして、須佐之男命様、月読尊《つきよみのみこと》様、また、日本の神々様、大国主御神様、邇邇芸命《ニニギノミコト》様をはじめに、たくさんの神々様、神武様まで……、そして、数え切れないほどの神社・仏閣を巡って参りました。やがて祈りは、自然の祈りへと変わっていきました。

日本列島を、いまはもう、隅から隅までほとんど回っております。やっと今回、回り終えました。日本の地の神々様に、そして、世界を回る前には天の御中主様に……、本当に、貴方様から世界を回るように言われた時には、とんでもない、ある意味では人違いではないか、ある意味ではお門違いではないか、というような言葉まで返していきました。あれがまるで昨日、一昨日のようですね。幾度となく神岳に呼ばれては『世界を祈りして回るように……』と言われても、自分がそんなこと出来る訳がないと、何回お断りしたことでございましょう。ずいぶんなご苦労をさせてしまいました。

あの時には、本当にただ一つ、人間として清くありたい。少しでも世の中の、人の役に立つ、花も配っていけたらこれに勝ることはないという気持ちで、日本中を花園にしようという気持ちでありましたので、世界中を回れということには、私にはお門違いだという気持ちでございました。あれから、何年経ったことでございましょう。十二年経ったでございましょうか。とうとう、世界を回ってしまいました。南極大陸も行きました。北極点にも立たせて頂きました。本当に、天の御中主様に世界を回るように言われた時のこと、終わったいま、こう思い出しますと、まるで夢の如くでございました。こんな風にしながら、自分も成長してきました。本当に天の御中主様、天なる父よ、有り難うございました。

お釈迦様、キリスト様、モーゼ様、インドのシバ神、いろんな神々様、ギリシャのゼウス様、アポロンの神様、ポセイドン、いろいろな神々様、アンデスのインカの神様、マヤの神様、ホピの神様、モンゴルの大きな大きな神様、北極点の大きな神様、南極大陸の神様、地球を一通り祈って参りましたが、地球の神々様のお陰でございました。本当に有り難うございました。

苦しい時には、いつも『天なる父よ、天なる父よ……』って……。外国で殺されそうになった時も助けて頂いたりしながら、いまがあります。本当に有り難うございます。

宇宙の親神様、地球四十億年に、一度、二度しかないほどのことでございますれば、長々とこのような祈りを聞いて頂き、本当に申し訳ございませんが、充分に時間を割いて下さいますよう、親神様にはお願い申し上げます。

どうぞ、宇宙の根っこなる親神様の愛の光を、再びこの太陽系へ、また銀河系へ、そしてこの地球へ注いで下さいますよう、切に切に願いまする。地球の人々が少しでも多く生き残れる手立てを、宇宙の会議で取り纏《まと》めて下さいませ。そして宇宙の神々様。まだまだ幼い地球、そして人類ですが、宜しくお導き下さり、大宇宙の仲間入りを果たさせて下され。よろしく、よろしく、お願い致しまする。

宇宙の神よ。宇宙の光をこの地球へ、願わくば太陽系へ、降ろさせて下さい」。

先生のご挨拶を、私たちも涙なしには聞くことができませんでした。先生は十何年間、無私の心で、この地球のために、人類のために、本当に真剣に歩いて来られたのです。

いよいよ、宇宙の光を戴く祈りが始まります。

S先生の祈り

「親神様の愛を受けて、私たち地球の神、仏、また人類は、親神様へ愛の念を返しましょう。これしかありません。この光の柱から世界中へ、いま、光を広げて、投げかけてみましょう。天と地を結ぶ神の光、御柱《おんはしら》。この光を、全ての地へ、いま、注がん。神様、ありがとうございました。一九九四年の六月に、木星の神様が地球を庇《かば》ってくれました。兄弟星たちも、何とかして、地球に一人前に、人類に一人前になって欲しいと思っています。どうぞ、この親神様が与えて下さった時を、大事にしましょう。二十一世紀は、親神様の意に適《かな》う時代にしましょう。神々様、仏様、全ての生き物よ。生きとし生けるものよ。よろしく、御願い致しまする。自然の神様、汚してしまった海も、出来る限り綺麗にしましょう。汚してしまった空気も、出来る限り綺麗にしましょう。汚してしまった大地も、水も、大事にしましょう。全ての生き物たちに、最初に地球が出来た時の親の愛がまた再び注がれることを、そして、今日のこの、七月七日の天の川。天のこの日に、どうぞただいまから、地球の世直しを始めて下され。そして、今年は一九九九年。来年は、二〇〇〇年。そして二〇〇一年。二十一世紀には、本当に地球を残しておいて良かったということを親神様へ報告ができますよう、がんばりましょう。地球の神々様。ありがとうございました。よろしく御願いします」。

S先生が光の御柱を宇宙から戴く時、私たちはS先生から少し離れました。S先生の言霊《ことだま》の通り、何という光でしょうか。黄金に輝く光の柱が、神山に、ズドーン！　とばかりに降ろされ、私は一瞬飛ばされるかと思うくらいの、凄まじい輝きの光でした。

光が降りてきた瞬間、強く思いましたのは、二十一世紀は「天から大魔王が降って来る」のではなく、宇宙の大元から光が降りてきて、それが宇宙文明の始まりなのだ！　ということでした。宇宙文明の始まりなのです。ですから、生きとし生けるものの意識の次元が、更に成長し上がっていかなくては、地球は生きていけないのです。中でも、人間の意識の平均値がより高く成長しないことには、地球全体の意識をもまた上げることができないのです。地球に対して感謝が湧いてくる心がなくては、また、自然をもっともっと大切にできなくては、地球を守ることなどできません。この章の冒頭に書いた「予言を大逆転させる」とは、この光の柱の意味だったのです。二十一世紀は、更に更に高く成長した意識による宇宙文明の幕開けです。宇宙文明とは、自然の法則に従って、自然と共に生きる文明なのです。

先生が祈りを終えますと、天の御中主様がお言葉を下さいました。

天の御中主神様

「天の御中主にございます。日本アルプスの山にて言葉を伝えさせて頂きましたが、それからまだ間がないこの日に、まことに有り難く、ただいま、親神様の思いを大きな光の柱に変え、それを日の当たりに見せて頂き、これからのこの太陽系の惑星を運行しますのに、力強く思う次第にございます。

このような光の柱を、地球全土に、また太陽系の他の惑星までも及ぶような力強い宇宙の親神様の思いを光によって見させて頂き、ただただ、あなた様の縁《えにし》をこの地球上に頂いたことに感謝を申し上げます。まことに有り難う存じます。

この神山という山の頂上に、天からの船を頂きました。この船の中には、未だお目にかかることのない、たいへん大きな光の御柱を五本頂きました。まず、宇宙からの神々様の、直接の到来を頂いたものと存じます。（＊筆者注＝この五本の光の柱を世界に配る旅が再び始まることになるのです）

これから乗り出していくこの宇宙からの御船《みふね》は、太陽系の惑星を隈なく回られることと存じます。そして、ほんのわずか前までの状況では、少しずつ、少しずつながら、惑星の間に歪みを生じておりましたが、まさに、奇跡的なことでございましょう。この、御船の中に五本の柱を戴いたと同時に、ピタリとその進行が止まった様子にございます。まったく、この様な力をこの太陽系に戴くということは、未だかつてなきこと。まさに、宇宙への仲間入りをする地球という星にとっては、何にも勝る、親神様からの贈り物と思います。

ここまで来られるまでの貴方様のお体の尽くしようは、たいへんなものであったと思います。心から感謝を申し上げ、これからのたいへんな時代を乗り切る先頭に立たれるその時は、あなた様の周りに育つ人々が少しでもお役に立つことができるように、私もまた、神々の心を通して尽くさせて頂きます。本日は、神々の心を代表しお礼を述べさせて頂きます。まことにありがとう存じました」。

天の御中主様がおっしゃられた天の御船は、神のお言葉によって示されただけで私には見ることができませんでした。

この船は、まさにノアの箱船のような、神様にとっての箱船なのでしょうか。天の御中主様が、S先生に感謝のお言葉を述べておられましたが、先生の本当のお姿は、創造の神様に近い、根元的な神の存在なのでしょうか。いつでしたか、山梨県富士吉田市にあります浅間神社《せんげんじんじゃ》の一の宮にお参り致しました時のことでした。夫と共にお参りして帰ろうとしましたら、「お待ち下さい」と声をかけてこられた方がございました。どなたかと振り返って見ましたら、何と人ではなく、木花之佐久夜毘売《このはなのさくやひめ》様でした。そしてこの方が教えて下さいましたことには、先生は「光《ひかり》の大根元神《おおねもとのかみ》」であるとのことでした。

宇宙の無限に広い中、このような存在の先生が、この時期（二十〜二十一世紀）、地球に降り立たれるということの意味。そして、そのようないま、私たちがこの地球に住まわせて頂いていることの巡り合わせ（縁）が意味するものを、それぞれの立場で考えなくてはならない、大きな節目に来ているような気がしてなりません。

天の御中主様のお言葉が終わりますと、空海様が先生の前に、涙を流していらっしゃいました。

空海様
「よくここまで来られた。よくここまで来られた。はじめは、私の言葉も届かぬような時もありました。いまは宇宙の大親神様の下にお帰りになられると思われるような大きな存在になられ、この仕事を遂行なさる姿を拝見致しますと、まさに、この地球という星では出会ったことのない、多難な行を成し終えた姿でございますね。まことにうれしく思います。と同時に、これから日本の先頭に立つ素晴らしいお方が、こうして誕生したことを嬉しく思いまする。
わが身を徹して、数日の間祈念申し上げておりましたが、難なくこの山を登ることが出来たその姿を目の当たりにし、ただただ、頭の下がる思いにございます。おめでとうございます。ありがとう存じました」。

空海様は、先生の魂が宇宙の神でいらっしゃるということはご承知の上で、人間Ｓ先生とご家族のことをいつもいつも気遣ってくださり、とても心温かく見守っていて下さるようでした。肉体Ｓ先生の一番の理解者かも知れません。いつでございましたか空海様は、「肉体を持ってＳ氏を助けたい」とさえ言ってこられたことがございました。
ここで先生も、空海様にお答えなさいました。

Ｓ先生
「有り難うございます。本当に、有り難うございました。ただ、毎日毎日の、一つひとつの仕事を、先を考えずに、命をかけてやって参りました。でもまだ、命は残っております。まだ歩けます。明後日は、家族の許《もと》へ歩いて帰ります。有り難うございます。人間っていいです、やっぱり。人間っていいです。たいへんキツイですけど……。でも、この二十三日から出て来た旅、一日も休みなく、本当に、フラフラするようでしたが、足も最後までもつかと思いましたが、一時間、一日、また一日と、乗り切って参りました。しかし、空木岳《うつぎだけ》へは一人で行っておりましたら、また、ここへも一人で来ておりましたら、恐らく、私は既に肉体はなくしていたかも知れません。空海殿には、生きている間もいまも、たくさんのお弟子がおられますが、私は何の組織も持たずに十五年間、ずーっと働きながらやって参りましたので、きつうございました。

まずは地球が、二十一世紀へ生き残れる仕事をやることが、私の大きな任務と思っておりましたが、この柱がつながりましたので、しばらくは沖縄に帰り、体を休めて、出来たら杖つかずに二本の足で歩けるところまで回復して、人並みの人間になりたいと思います。どうぞ、神々様も、仏様も、皆様、がんばって下さい。

皆様は立派な方々です。立派に人生を乗り切った方々です。また、神の世界も乗り切った方々です。私はまだまだ、しばらく人間やっておりまする。どうぞ、日本の国から世界へ、この、親神様から直接つながった柱をお使い下さいまして、世界へ光を広げて下さい。地球広しと言えども、簡単に立てられる柱ではないと思いまする。有り難うございました」。

空海様は、最後にS先生へのご挨拶として、

「また、帰りの道すがら、念じてお供をさせて頂きます。もう、私など出る幕がないほどに成長して、また、親神様の下《もと》にお帰りになられるまことの魂としてご活躍なさって下さいまするよう、祈念申し上げると同時にお願いを申し上げます。最後に、ご家族の皆様に、我は終生お見守りを致しますと、お伝え下さいませ」と申されました。先生は空海様に、

「ありがとうございます。力強いです。いつも、残してくる家族のことが心配で……。いつもいつも

遠く離れていますれば、何の手助けも出来ないのが心配でした。有り難うございます。肉体を持っているゆえ、すぐにも家族の許に行けないのが、いつも心配でした。本当に力強いお言葉、有り難うございます」と、最後にお礼を述べておられました。この時先生は、跪《ひざまず》き、涙を流し、声を震わせておられました。

明くる日は、伊勢神宮にて天照大御神様にご挨拶、とのことですので、急いで山を下り、中央高速に出て、伊那の辺りで宿を取ることに致しました。先生は、六月二十三日からずうーっとお祈りをなさり、とてもお疲れのはずです。宿の温泉に浸り、食事を済ませた後、何と、天照大御神様の付き添いの女官である方が出ておいでになり、お声をかけてこられました。

「まことに、今日一日、朝早くから滝に行かれ、そして、心と体を浄められ、神山に向かわれ、まことにご苦労様にございました。ありがとうございました。本日、神山に参加致しました皆様のお話し合いの結果を、神武天皇様にご披露願いたいと思いまして、ここにお招きを致しております」。

神武天皇

「本日の、神山における一つひとつの神様のお言葉、また、宇宙の親神様からの光と共に、たいへんなお叱りの言葉を、まことに有り難う存じました。心から、これまでのご苦労の歳月に対し奉り、お礼を申し上げます。

本日の神山では、地球全土からの神々様、または、我々のように肉体を持ち、古《いにしえ》の過去の良き時代に多くの業績をこの世に残し、いまは、聖者となられた方々のご来場。または、日本の各地に高僧としてお祀りをされておりまする僧侶の皆様方。または、尼僧の方々。そして、各島からの神々様。日本国以外の方々は、あの場にてお戻りになられましたが、まずは、天照大御神様を先頭に、日本国の行く末について討議を致しました。長い時間をかけてのお話にございました。日本の歴史上初めてということにございましょうが、神仏一致の方向へお話が進みましたことを、まずはご報告申し上げます。この地上に宇宙からの光を頂き、その光は生物を生かし、人を育て、全てを育てる根本の力であります。その宇宙の親神様の思いの光を本日頂くことによって、全ての元帰りを成せということであろうと思われます。ひとことで、元帰りとは申しますが、非常に長い歴史をかけて現在の世の中が存在する訳でございますから、それはそれはたいへんな改革が行われていかねばなりません。その一つひとつの改革の矛先の先頭に立つのが、目に見えぬ世界で皆様方の信仰の対象となっております仏であり、神である訳です。または、神と共に、仏と共に、肉体を持って存在している多くの人々であるということになりましょう。宇宙根本の親神様の力によって地球本来の持つ力、神の力や仏の力や、地殻の持つ力、全てが相乗《そうじょう》してこの世を作っておりますが、いま、世の中を動かして先頭に立つ、経済界または政界における人々の中に、私たちのような目に見えない世界の神仏を信じ、それを形に顕わしていくという指導者は、たいへん少なく思います。本日のS殿の祈りによって、一艘《いっそう》の天の御船を頂き、そこには、五本の光の柱を建てさせて頂きました。その五本の光の柱は、五大陸に一つひとつ、天の御船によって運ばれることと存じます。

日本という国が、神仏一致となって動き始める時、世界の多くの人々に、また多くの政界、財界の人たちの間にも、必ず大きな影響を与えることと存じます。

明日、どうぞ、伊勢神宮にお参りをして下さいませ。天照大御神様直々に、お礼の言葉を述べられることと存じます。よろしくお願いを申します。ご報告をさせて頂きました」。

神武天皇に対して、S先生はお話をされました。

S先生

「ありがとうございました。親神様が、この日が来るのをどれほど待ちわびたことでございましょうか。神国・日本。神の国・日本。そこに生まれた方々は、僧侶でありましても、尊であることには違いありません。職業がただ違うだけで、お寺、神社と分かれ、また、国津神《くにつかみ》、天津神《あまつかみ》と分かれ、長い日本の歴史の中で分担されながら、いろいろ、その持ち場持ち場を使ってのお働き、長い間ご苦労様でございました。これからは皆が一つになり、皆が一つの日本の神々様として、仏様として、一致団結してお働きになり、迷える日本の子供たちを、皆様が力を一つにしてお導き下さることになったこと、昨日、一部の報告を頂きましたが、それを伺い、本当に喜んでおりまする。

明日、沖縄へ帰りますが、天の親神様へそのことをご報告させて頂きまして、益々、日本の国に親神様の光が注がれ、そしてこの地球・水の惑星で、唯一、本当の神を、まことの神を知る国として誕生させ、そして、その有様が、経済界、教育、政治、全ての所に及び、まことの神の意に適ったひな型が、この日本の国で成就され、その光が世界へ広がっていくことを願います。ありがとうございます。

七月七日が終わり、七から八へとゆく、八の時に、世は入りました。まさに今日が、その日でございまする。八の日でございまする。完成されたものが、永遠に繋《つな》がっていく時代を迎え、また、大きく大きく、新しい国造りのやり直しの時を迎えまして、神々様、仏様、さまざまな方々におきましてこれからいろいろ行われると思いますが、どうぞ皆様が、大きな和をとり、一致団結して、日本の国をお導き下さることを念願して、挨拶に代えさせて頂きます」。

七月七日の長い一日が終わりました。二十一世紀は、地球に生かされている生き物すべてが手を取り合って、素晴らしい地球に生まれ変わることができますよう、祈る一日でした。

二、伊勢神宮にて（一九九九年七月八日）

神山の祈りは、四十数億年の歴史を持つ地球にとって大きな節目であり、いまこそ日本の国が日の本つ国としてまことの働きをする時であることを、先生は伊勢神宮にてご報告なさっていらっしゃいました。

天照大御神のご挨拶がございました。

天照大御神様
「昨日は、たいへん失礼を致しました。あの場にて、心からお礼の言葉を申し上げたいことがたくさんございました。しかしどうしても、心の中が整理し切れぬまま、それすら叶えられずにおりました。それはそれは多くの方々があの光を見た時はまことに驚かれたことと思います。何と申し上げましょうか、声にもならぬ声にて、ひれ伏してしまう様でございました。また、集まってくる皆々様が、いかなる目的にてこの神山の場所にお集まりになられましたのか、それさえも分かりかねるほど多くの、日本の国の神様と呼ばれる存在の方々、または、僧侶の皆々様方、仏界、神界、また、現人神《あらひとがみ》でいらっしゃった昭和天皇のお姿までもが、お見受けされたようでございます。この地球という星を救うための大きな節目の年を迎えるに当たり、天の父の神様でしょうか、銀河系をお守りする神様からの大きな指令が発せられたのではないかと思うほどの、多くの神々、また人々（＊筆者注＝人から神になられた魂）のお集まりにございました。

また、龍神様のお姿も、数え切れないほどに見られまして、これはただごとではない、この地球をお守りする多くの方々のお集まりのように感じました。そして私といえば、神国と言われ続けて参りました日本という国がたいへん荒ぶれて参っておりますが、世に如何なる力を発揮せねばならぬかということに大きな悩みを持っておりました。しかし昨日、S殿の温かき手と温かき心を頂き、まずは立ち上がらねばならぬという気概をもつ……ということに気づかせて頂きました。あの天の御船を見せられた時に、これからこの御船と一緒に、まことの神の国づくりをせねばという、新たな想いが湧いてきました。あの神山に一本、堂々と立てられた光を、全世界に向けて配るという気持ちで、この元座に戻らせて頂きました。そして昨晩のこと、多くの仏界の方々《かたがた》、また、龍神様のお使いの皆様方、そして、日本の神界の神々、宇宙の神様にお仕えする自然の神様、北は寒き北海道の地から、南は沖縄の神々様まで、多数の方々をお迎えしての、大きなお話し合いにございました。日本という国が、仏と神の世界に二分されたままの時代が数百年続いて参りました。このことについて、しっかりと元を正さねばならぬということに相なり、そのことはこれからの世に多大な影響を与えると思います。どうか、各界において、それぞれ代表の方たちも、S氏にお目通りが叶う日が訪れることと存じます。その折には、その道その道のお方を、神の国へとお導き下さいますよう、心からお願いを申し上げます。

この伊勢の宮は、たいへん大きな宮として発展をして参りましたが、形だけは立派なれども、わが胸の内は、氷に閉ざされたような日々でございました。しかしながら、宇宙からの、親神様の光を頂き、凍りついた心が溶けると同時に、輝かしき多くの人々をお迎えする心を持たせて頂けるようになりました。まことにありがとう存じました。世界の多くの人々を導くには、こうしてただ人をお迎えするだけでは、なかなか人は育ちません。どうぞS殿。訪れて来る多くの人々をまことの日本の心に育てて頂けますよう、心からお願いを申し上げまする。ありがとうございました」。

この天照大御神様のお言葉を頂き、これからの世に人々がどう生きるべきか、分かるような気が致しました。

沖縄からは、アマミキヨの神様がいらっしゃり、先生にお礼を述べられ、七月に、神々様を沖縄の神岳に集め、祈りをお願いしたい、と話しておられました。

三、長野県・伊那の宿にて

神山の祈りは、世紀の変わり目としての節目に、何年も前から、私たちには考えも及ばない次元で計画されていたもののようにございます。さまざまな神様からのお言葉を戴いてきましたが、中でもこの御方の言葉は、私たちも知る御方だけに、とても驚きました。昭和天皇です。伊那の宿におりました時に、お声をかけてこられました。

お話の調子も、私たちの記憶にある昭和天皇そのもので、本当に驚きました。

かつて先生は、病に倒れていらっしゃる昭和天皇が、第二次大戦における沖縄戦のことをとても気になさっていると知り、昭和天皇にお手紙を書かれたということです。天皇の魂には、先生のお心が届いていたようでございました。

昭和天皇

「本日は、車中でございました故、心が落ち着かずに話を致しましたので、もう一度夜分ではございますが、お待ち申しておりました。お話をさせて頂きとう存じます。まずは、あの高い山に登らせて頂きました折には、まことに、私が生きている間にはお目にかかることのない神々様のお姿を目の当たりに致しまして、何と申し上げてよいやら、まるで、祖父明治天皇の時代から、よく聞かされておりました神々様のお姿によく似ていらっしゃいまして、なにゆえこのような所に出席のお許しを頂いたかと、それが不思議でございました。しかし、お呼び下さった御方が、何と、遠き御先祖であられる神武様である故、これは何事かと思い足を運ばせて頂きました。天照大御神様とは、生きている間はお目にかかったこともなく、また、国津神とお呼び申し上げます大国主命様などはなおさらのことに、あのウサギで有名な鳥取の砂丘でございましょうか、たいへんな神々様のお姿に胸を詰まらせ、そして何事が起こるのかと、昭和の時代に生きた私には何も分からない様でございました。しかし、昨日のお話の中に、沖縄からの青年（筆者注＝先生のこと）の便りの言葉、声をお掛け下さった方が、本日の、この祈りの主であられること。それを知りました時には、何と稀なるご縁を頂いたことかと、感謝に堪えず、まず、神々様にお礼を申し上げました。

私の生涯を閉じる時、奇しくも心の安らぎを与えて下さった、何よりもやさしいお言葉でございました。これから世界の時代がやって来ると思っておりましたが、日本のこのような山の頂上に船が浮かび、また、その船には、思いも寄らぬ、想像も出来ぬような光の柱が並びました。また、それをお受けになられる神々様の中には、外国から来られた数々の神々様がいらっしゃり、日本という国にこのように世界からお集まりになられるということは、何と大きな使命を持つ日本国であることを、改めて知らせられたような思いでございました。いま、多くの人たちが『自然と共に』というような言葉を叫び、なんとも統制の取れない状態が、あちらこちらに起こっております。そんな中に、神々様の世界におかれて、まるで地球の軸ではないかと思われるような、光の大きな柱と申しましょうか、目も眩《くら》むばかりに四方八方を照らし、光の柱というよりは、まるで光の大木のような状態でございました。まことに、神国日本と呼ばれるような輝かしい光を拝見させて頂きました。

あの悲惨な戦争をこの体と心で実感し、残酷な原子爆弾を受け、世の中に、二度と同じ思いをさせてはならぬと誓いました。世界の国々に、原爆の悲惨な思いをお伝えしなくてはなりませぬ。地球の芯まで焼き焦がしてしまうようなものであったかも知れませぬ。人の心は立ち直ったかのように見えまするが、まったくの焼き焦げを真新《まっさら》な布のように取り戻すことは、この上ない難儀にございます。日本と言わず、世界の人々の間に、二度と繰り返してはならぬこととお伝えしなければなりませぬ。いまの人々の心は、この地球の星までも滅ぼしていくに違いございません。七月七日、あの光の柱を日本国に頂けたということは、すべてのことが、また日本から始まっていくように思われます。

沖縄の地に幸あれ、日本国の全土に幸あれと、こちらの世界から、心からお祈りを申し上げます。まことにまことに、ありがとう存じました」。

天の御中主様のおっしゃることには、七月七日の神事は、日本国の最後の砦と申しましても過言でない、神山の大きな神の仕組みの神事であったということです。それを思いますと、昭和天皇がお言葉を下さいましたのも、頷《うなず》ける様な気が致します。昭和天皇こそ、無私の心で、日本という国が戦争を放棄し、平和な国として第一歩を国民と共に歩み始めようとした方ではないかと思うからです。

四　神山の祈りの結び――沖縄にて（一九九九年七月十四日）

早朝から、S先生の祈りの山（神山）にて、宇宙の神様からお言葉がございました。

宇宙の神様（宇宙の神様から先生へのお言葉）

「宇宙最奥《さいおう》の扉を開ける。我が心、貴方様に全権を託す。（＊筆者注＝親神様の言葉を、代理の宇宙の

神様が示して言われました）

神の姿にも似た人々をこの星に天降らせてから、何年の歳月が過ぎたでありましょう。地球が大きな節目に差しかかったいま、神の心とは相沿わぬ方向へと流れ始めた人の心を、大元の流れへと引き戻してゆく大転換期に、宇宙最奥の心を直接伝うるは、人間として地球という星に生まれ、神の心と人の心と二つの心を持ち、宇宙の数ある星の心もすべてを把握なさる貴方様の魂以外になしと見まする。

神の意志によって生じましたこの地球のもろもろの姿を、消すわけには参りませぬ。

七月七日には宇宙の扉が開かれ、未だ降臨を許されぬ光ではございましたが、この時に至って、他の銀河系におかれても降ろされたことのなき光を天降らせました。また、そなた以外にこの光の意義の何たるかを知る者がありましょうや。

地球の海、山、全て神々の息吹を受け、繁栄するかに見えておりますが、地球内部のエネルギーは、地上の生きとし生けるものを生かすには、もはや限界に近づいております。このたび天降らせた光によって、地球を生かすも殺すも、貴方様の胸の内にあります。

このたびの神山での祈りにより、親神様は貴方様に地球を委ねるお気持ちにございます。

宇宙最奥の扉は開かれております故、どうかその力を存分にお使いになられて下さりませ。いまこの前に、太陽系の惑星の神々、宇宙からの数え切れぬほどの神々と、地球を代表しての神様は、宇宙最奥からの声を心に止めておられます。この七月の月から、あらゆる人々の手によって作られし科学文明の世は、もろくも崩れ去ることを神はお示しになられます。

この地球という星に住む人々の心の中に、あなた様の持つ、神への、宇宙への、自然への忠誠心、それが最も大切であること。それが、この降ろされた大きな光によって、多くの人々の前に示されることでしょう。

貴方様のこれからの役目は、まず、神々が貴方様の存在を知ったこと。それによって大きくこの地球という星は変わって参ります。これまでは、宇宙の神はあなた様の存在を、他の神々には隠しておりました。

何故にいま、あなた様を表に出されたかと申しますと、地球という星が、いかに他の星と異なるか。地球に、宇宙最奥から下された魂が存在することに気づいた時に、宇宙の法則を乱すような、そのような動きをする神がないとは言えません。銀河系の数多くの星の中で、宇宙の親神様から直接想いを戴くような星は、他に類を見ないのでございます。

地球が造られし頃、それは創造神の力によって計画され、そしてオアシスとして造られて参りました故に、他の星との必要なき係わり合いは持たせたくなかったからにございます。

しかし、神の心を心として受け止めぬような人々が多くなり、間違った方向へと進んでしまっている現在、宇宙最奥からの親神様の力を全て放つことにより、必ずや地球創成の頃の清らかな、神の心にも似た素晴らしい地球へと変わっていくことでございましょう。各界の指導力を持つ方々にお伝え下さい。一つひとつ、傍観することなく愛の手を差し伸べて、導きの師として方向をお示しになられますようお見守り申し上げます。私は創造なる親神様のお側にお手伝いする神にございます。創造の親神様は、いまこの言葉を下さる時、貴方様に思いを込めてお見守り下さっております。本日のこの時から、地球が貴方様の心の中に託されていることを、温かな心でお受け頂きたく、宜しくお願いを申し上げます」。

先生は宇宙の神様からの言葉を受けて次のように話されました。

S先生

「たいへんなお仕事、お役目ではございますが、肉体を持っている故どうしていいか分からないところもあります。どうぞお導き下さい。自分に何が出来ますかどうか、分かりません。でも少し分かりますのは、宇宙の奥の奥の、親神様のお気持ちかどうかは分かりませんが、ただ、全てのものを生かす、そんな気持ちが、何か伝わってくるような感じでございまする。生きとし生ける全てのものを生かす。自然に発生した全てのものを生かす。そんな感じが致しまする。

地球は、このままでは人類の手によって潰され、壊されていきまする。どうにかしてこの地球を救い、再生させねばなりません。勿論、そこに住む人類も、出来るだけ多く、救わせていただかねばなりません。また、地球の八百万の神々様も、共に一緒に進化せねばなりません。どうぞ、地球に三次元的に生きている人々、精霊の方々、仏の方々、神々様、共に力を合わせ頑張っていきましょう。このSに、本当に、親神様のおっしゃるような役目があるのでございましたら、三次元的に形として表わし、また、神々様、全ての神々様、仏様、精霊の方々の、また、全ての人間の力をお借りしたいと思います。どうぞ神々様、全ての生きとし生けるものよ、このSに、これからも力をお貸し下さい。

お導き下さい」。

それから、地球霊王様が、神山にてＳ先生のお姿をご覧になり、次のように話してこられました。

「あなたのお姿を、あの神山（大和の神山）にて、光と共に、光の中に融合するのを見ました。どうか、この地球をお救い頂きたく、お願い致します」。

そして、天の御中主様が、（大和の）神山の先生のお姿をご覧になり申されるには、地球を導くために、人々の心の学びのために、後世に聖者と称されることになった方々を天降《あも》らせたけれども、その心は創造の親神様の御心を充分に受け止めてはおりませんでしたと、お詫びをなさったのですから、お言葉を通訳させて頂く私には、あまりに高次元の内容で理解に苦しむところでした。

先生は、天の御中主様の、このお言葉に対しましても、

「肉体を持つ私には、そのような大それたものはよく分かりません。自分には感じ取ることができません。これからも、いつもお父さんとして、どうぞお導き下さい」と言っておられました。天の父については、先生はいつも「お父さん、お父さん……」とお呼びになられ、お導きを戴いていたようでした。

五　神岳の祈り

神岳は、大和の神山と共に日本では乳房の役目をする山として、沖縄の高天原とでも言いましたら

よろしいのでしょうか。

Ｓ先生は、たくさんの神様を前になさり、今日はまた、太平洋に沈んだムー大陸の神様をも、お救い下さる思いでいらっしゃる様でした。先生のお言葉に耳を傾けたいと思います。

Ｓ先生の、神様へのご挨拶と、神岳に宇宙の光を降ろす祈り

「ムー大陸はかつて、この太平洋上に大きく文明の花を開かせていながら、いまも、太平洋の奥底深く眠らねばならぬ大陸なのでしょうか。私たちも一つ間違えば、また、このムーの如しでございましょう。この日本の島々も海の底に消え、琉球も幾多の時、海の底から消えては這い上がりして参りましたが、一万二千年に一回の周期で行われるこの大きな変革期。この時を迎えて、再びこの地上に花開いた、人類の謳歌した歴史を消すことは出来ません。ラ・ムーよ、あなた様は本当に素晴らしいムーの国を造り、神様とも交信し、神の意に適った素晴らしき文明を持ちながら、海の底に突然消えていく様は忍びないものがあります。どれほどの大きな苦しみをお持ちであったかと思いまする。

さて、ムーの国から、島々から、幾多の魂がこの琉球の地に生まれ変わって参りました。また、肉体を持って逃げ延びて、周囲の島々へ上がった人々も、東南アジアへ上がった人々、この琉球の地へ上がった人々もおられましょう。ムーの過去にあった、一万二千年前の歴史を、再びこの地球で繰り返させる訳には参りません。

緑と美しい海の楽園。地球の本当に素晴らしき楽園。人々が仕事をせずして暮らせるように親神様が作られた島々。綺麗な海、緑滴《したた》る地。椰子の実あり。パンの実あり。日々、何の苦労をしなくても、

食を得るだけのものは、親神様は与えて下さいました。その中で生き延びていて、やがて、人に知恵がつくことによって、大きな大きな変革を迎える訳でございます。実は、この琉球の地にも、ここからはちょっと目に入りませんが、古宇利島《こうりしま》という島がございます。この古宇利島の地の話を致しましょう。この古宇利島の話にこそ、真にいまの人類が辿っている様の全てが納まっておりまする。

昔々、餅の形をした島（＊筆者注＝この島はいまでもあります）が、この琉球の東シナ海すぐ近くにございます。古い宇宙の「理」を「利」と書いて、「こうり」と呼ぶ島でございます。この名もまた、神から頂いた名でございましょう。そこに、男の神、女の神と申しましょうか、男の人と女の人がおりました。これはまさしく、旧約聖書の中に出て来るアダムとイヴの如しでございます。その古宇利島に、男と女の二柱の神様と申しましょうか、二人の人間が降ろされました。この二人は、天の神に生かされ、天から毎日降ってくる餅を食して、楽しく楽園を作り、そこで暮らしておりました。

しかし、この二柱の神が、いつのまにかどんどん、人間の言葉で言う『知恵』を持つことによって、天を疑うことが始まりました。『もし、この餅が天から落ちて来なくなったら、自分たちはどうなるだろう』。そのことを、ふっと思うようになりました。そして、まさにいまの人と一緒でございます。『明日からは落ちて来る餅は半分食べて、半分は蓄えに掛かろう』。

そして、翌日を迎えました。その日から餅は落ちて来なくなりました。ここに、大きな宇宙の理《ことわり》を見ることができます。人の心が神を疑った時、そして、自然を疑った時、人間の知恵になった時に、初めて人々は自ら働き、そして『神に生かされる』というよりは、自分たちで生きようという意識が出てきたのです。自分たちで生きるためのスタートは、田・畑から始まりましたけれど……。やがて人々はこの自然を破壊していき、また長い年月の間には、人々は神を忘れ始め、最近では恐らく、本当の神を信じる人はほんのわずかでございましょう。

そして、この何千年かの地球の歴史の中では、たくさんの宗教が生まれてきました。しかし、大地への感謝、海への感謝、自然への感謝もどんどんと薄れていき、人々の世界は、地球に住む人間としての道から逸れてしまったかのようです。また、神に仕える宗教家の方々でさえも、いつのまにか我欲に走り、旧約聖書の中に描かれているバベルの塔のようなことが始まり、そしてまさに、いまこの地球では、人々が宇宙へ人工衛星を打ち上げることにより、人々は宇宙さえも汚すような所まで来てしまいました。そして迎えた七月七日。見るに見兼ねた宇宙の親神様は、何とかしてこの地球を救わねばならぬということで、かつてこの地球を造る時に降ろされた大きなエネルギーを、再びこの地上へ注いで下さいました。

いま、目には見えませんが、親神様の大きなエネルギーが降りていることは、もう既に何名かの方がご存じの所でございます（＊筆者注＝先生の七月七日の〝祈り〟を知るはずのない方々が、この日、地球に大きなエネルギーが降ろされていることを、日本の各地でキャッチしていたそうです）。勿論、神々様は皆ご存じかと思いますが、人間世界では、まだ少しの方々が知るのみでございます。

地球の再生でございまする。新しい宇宙のエネルギーが入りまして、これから地球が生まれた時のあの地球の元気を取り戻す作業が始まります。

宇宙の親神様はどうしても、この地球を何とか救わねばならぬという気持ちをお持ちになられ、今日、またここに、東南アジアの方向に向けて、またこの琉球の地に、一つの宇宙の光を降ろして頂けることになっております。

どうぞ神々様、再びこの地球の大陸が、島々が、海の底に没することなく、宇宙の神様の怒りに触れることなく、この大宇宙から消されることのないよう、神々様の、皆々様のご協力なくしては、人類の意識改革は出来ません。皆々様がご承知の通りでございます。

人は皆、自我もありますが、自我と共に、守護神、守護霊の方々が存在し、導いておられるはずでございます。しかし、自我が強くて、守護神、守護霊の導きさえはねのける人が多くなりました。最近は、親の教えを素直に聞く子供たちが少なくなりました。自分の自我で、自分の好きなことばっかりしようとする人が多くなったのが、まさに、親と子の関係、神と人との関係でございましょう。

長々と話して参りましたが、かつての大きな、いまの文明よりも素晴らしき文明を持ったムーの国が何故滅びたのかも含めて、どれだけの人々がいま、この人類が滅びることはないと思っているのか分かりません。ラ・ムー様、願わくばいまのこの人たちに、過去のあなた方の経験を踏まえて、教えて頂きたいとも思います。

それでは、この琉球の地へ宇宙の神様をお迎えさせて頂きます。いままでは沖縄も、太陽系の神様の元でここまでスクスクと成長して参りましたが、しかし、この成長の状態をそのまま続けていきますと、地球自身が滅びの方向へ走ります。宇宙の大元の、根元のエネルギーを、光を、この琉球の地へも頂きたいと思います。

この光をもちて、この琉球の地の、いままでの全ての悪い過去は消し去って下され。近くは太平洋戦争で亡くなられた方々、この光によって天界へ救い上げて下さい。そしてわずか五十年前には、太平洋戦争でたくさんの人々が、貴い御魂《みたま》が亡くなられ、大地も、姿を変えんばかりの大砲を打ち込まれました。どうぞこの琉球から、このカルマを光によって消し去って下さい。

そして、この琉球の地には、もう一つ忘れてはならないことがございます。琉球の王国の苦しみでございまする。武器を持たぬ故、幾多の侵略を受けながら苦しい思いをしてきた、うら哀しい沖縄の王様でございまする。

この王朝の苦しみも全て消し去り、大和の地と和を取らせて、中国の地とも和を取らせて、朝鮮の地とも和を取らせて下さい。

永きにわたり持っていたこの琉球のカルマを、この光でもって琉球王朝の苦しみを消し去って下さい。そして、琉球の国が日本国として、共に陰陽の立場でこれからも仲良く、大きな和、大和の和として、沖縄の大きな輪として和を広げ、世界への大きな光の発信地として、いえ、和の発信地とさせて下さい。

まことの島よ。うるまの島よ。琉球の龍の玉と当てられし、宝珠と当てられし、
この島の天命を、いま果たさん。未来へ開く、光り道。
ムー帝国の過去のカルマも、宇宙の親元の光よ、消し去って下され。
海の底に藻屑《もくず》と消えてしまったムーの御魂を、すべて天上界へ、太陽系の親神様の御許へ返して下され。

二度とこの太平洋地区に、悪しきカルマよ、生まれるなかれ。
光よ。すべての悪しきものを、消し去っておくれ。
放《はな》てよ、平和の光を。この、琉球の地より。
今日は、旧暦の六月三日、
そして、七月の十五日。
陰暦、陽暦、共にこの良き日に、この琉球の光の柱よ、発進せよ。
来年にはこの琉球の地に、人間界にも、世界を救う、
素晴らしき、大きな和の式典があります。
この琉球の地で、地球を救う大きな人の和が出来ることを望みまする。

この琉球の地から、この地でこの場所で、Sは、天の父＝親神様に世界を回るように言われ十数年、世界百二十カ国近くまわり、そして、再びまたこの地で、大きな、宇宙の神様との祈りに立ち合うことができ、まことに有り難きものでございまする。肉体を持って世界を回る時に、何度か命を落としそうなこともありました。しかし神々様のご加護ありて、いまもこのようにして元気で、この日を迎えることが出来ました。
肉体的にはたいへん無理した故、弱ってしまいました。でも、今日のこの素晴らしき、大きな節目の日に、八名の仲間たちと一緒におります。ここに集いし全ての神々様、ありがとうございました」。

先生のご挨拶の後、海中深く没しているムー帝国の神様をお救いし、海からお引き揚げになりました。海から神様をお救いになる時の祈りのエネルギーは、想像を絶するほどの凄まじいものでございました。その後、お救い頂いたムー帝国の神様のご挨拶がございました。

ムー帝国の神様

「ムー帝国の神にございまする。懐かしき魂に出会い、まことに本日は大きな力によって、再びこの地上に羽を広げることになり、感謝を申し上げます。ムー帝国の神々に仕えた神子《みこ》の魂に会うことができました。わが身が没するときに、神へ詫びつつ涙を呑んでこの地上に残した魂にございます。懐かしく、懐かしく、またこのように、世を救うための魂として残られ、成長している姿を嬉しく思います。

この、沖縄という島は、没することを運命として持ち合わせた島にございました。しかし、本日のこの偉大な宇宙の光を頂き、この世に光に満ち満ちた島として、没することなく長く存在することを知りました。わがムー帝国は、偉大なる神から与えられた〝神の力〟の文明でした。皆々様の目には見ることの出来ない、大きな文明でございました。

まさに、神と共にありの時代でございました。しかし、たった一部の、神を疑う、神の存在を抹殺しようとする人の考えは、やがて、心の伴わない科学の世界を作り始めたのですが、ムー帝国と申します国は、宇宙の神々から発せられて（産み出されて）から、間もない大陸でございました。

しかし、宇宙の神はたいへん厳しく、これを良しとされず、全て海中に没することになってしまいました。ムー帝国の全ての神々は抵抗することなく、全てを親神様に委ねました。そして、二度と浮上することはなしと、すなわち我ら神々の怠りとして肝に銘じ、全ての大地と多くの魂と共に没してしまったのです。

ムーの国に繁栄した、あのわずかな、小さな科学の芽。いままさに、世界人類は、ムー帝国の二の舞を演じようとしております。しかし、宇宙の大神様は、ムー帝国と同様には致しませんでした。大きな光を再びお与え下さっております。

どうかここに集いし皆様方、神のこの偉大なる、偉大なる温かな愛の心、どうか、一人でも多くの方々にお伝え下さることを願います。

この、緑滴《したた》る、清き水に囲まれた琉球の地が沈むことなく、本当によかったと思います。日本国よ、永遠であれ。琉球国よ、永遠であれ。宇宙の親神様よ。大きな光をお与え戴き、我ら罪多き神さえも、また再びこの地上に羽ばたくことをお許し頂き、まことに有り難う存じました。先ほどから救いの手を与えて頂きました〝S〟と名を名乗られる御方。かたじけなく存じます。有り難うございました。二度と神として浮上することは考えてもおりませんでした。まことに有り難う存じます」。

ムー帝国の神様に対して先生は「お手伝いをお願いいたします」と話されると共に、

「ムーの神様は、とても大きな体験を積まれた神様でございます。二度とこの地球上で大陸が沈むことがなきよう、島が沈むことがなきよう、どうぞ地球の神々様、日本の天照大御神様、沖縄のアマミキヨ様はじめ、多くの神々様にご指導下さいませ」とお願いしておられました。

大和の神山の神事から今日までのことについて、先生はさまざまに神様からのお言葉を頂きましたが、

「肉体を持っている故、私には分かりません。ただ、一生懸命、いままで通り生きていくだけでございます。世の中を変える一番良い方法がありましたら、神様から現象を見せて頂き、ご指導いただき、また導きに対しては逃げることなくそのことに応じて、人々の中に飛び込んでいき、一人でも大きな魂を掘り起こして世を変えていければと、思っております」と、話していらっしゃいました。

神岳での祈りを終えられ、宇宙の神様としてのお務めを立派に果たされた先生ですが、ふと、人のお姿としての先生を拝見致しますと、六月二十三日から七月十五日まで、一日たりとも休むことなく、祈りと神様とのお話で時を過ごされていたのでした。加えて、お家を離れての生活。私たちには想像もつかないほどお疲れの筈でございます。それでもお休みになれない先生……。私たちは、ただただ、お詫びと共に感謝の気持ちで一杯でした。

十二章　二〇〇〇年の祈り

一　立春の祈り（二月四日）

一年の内、一月一日の新暦の正月、二月四日の立春、八月十五日＝S先生が地球に誕生した日などには、宇宙の神様は大切な言葉を下ろして下さいます。今日は二〇〇〇年という節目の年の立春の日、まずは建速須佐之男命《たけはやすさのおのみこと》様のお言葉です。

須佐之男命様

「立春とは、木の芽の中に春を迎える、力強い小さな命のあることを教えてくれる時のことを言います。人も神も、立春の日を命の蠢《うごめ》く日であり、新しくことを始める日と致します。

天照大御神様は大和の神として、真実からのものを多くの方にお伝えしたく思っております。しかし、S殿の姿と祈りの言葉を目の当たりにし、「神とはこうあるべきものよ」と、たいへんお心に響くものがありまして、これから御自分がどうあるべきかも含めて、よくお考えになっていらっしゃいます。人の世が常ならぬように、神の世界もまた常ならず、天照大御神様におかれましては、本日は休息をなさっておりまして、代わって私がご挨拶をさせて頂きます。

神国・日本と言われて参りましたが、それさえも分からず、まことの神のお心を知る人は少なきものにございます。日本の天皇におかれましては、たいへん大きな役割を担われております。まさに日本の天皇は、世界の天皇と位置づけられております。

日本国に明治天皇という人格者を戴き、その明治天皇から二十一世紀の世にも通ずる素晴らしいお言葉（教育勅語など）を戴きながらも、日本国の民族においては忘れ去られておりますこと、これがまず日本の国が乱れ、地球が乱れる大元でございます。地球に影響を及ぼすほどに、日本国は天から大切なものを戴いた国でございます。世界に窓を開いた明治天皇の心を世界に示すことが、日本国の役割でございました。

天の御中主様から、国常立大神様から、伊邪那岐・伊邪那美の神様から、日本国の神々に戴いております、大宇宙を貫く理法、未来永劫に続きゆく神の道、これは眼には見えませぬが人の道に繋がるものでございます。

本来、日本民族が持つべき力（心のありかた）を、宇宙からS氏によって投げかけて頂き、明治天皇以来の日本民族への心の指標を頂きました。そして、S氏によって世界に立てられた宇宙の光の柱は、日本に立てられた光の柱が中心になり、それぞれ光の緒が繋がれて参ります。日本の国から発信する神の言霊は、S氏の祈る言霊に乗って参ります。人々を慈《いつく》しみ、自然を慈しみ、そして宇宙の大元の力を受け入れる人々を育てんがために、S氏の祈りと光の柱は、たいへん重要な働きをして参ります。須佐之男は、貴方様から出雲の山にて大きな教えを頂きました。有り難う存じました」。

更に地球の魂でいらっしゃる地球霊王様は、S先生が世界に立てられた光の柱は、「地球を守る神々にとっては最大の手の役を果たす」として、S先生にお礼を申されると共に、失われつつある地球の美しさを取り戻すために、宇宙の神々様の想いを素直に受けられることを、先生に告げていらっしゃいました。

地球霊王様のこの想いを伺い、私は「神と共に」という言葉の意味を深く味わいなさいよ、と言われているような気がしてなりませんでした。神の想いを汲み取り、それに沿って人間が形に表す。地球再生の道を歩もうとする時、神の想いと人の想いとは車の両輪なのだと思ったのでした。

二　沖縄の神山にての祈り（平成十二年二月五日）

先生の祈りから始まります。

S先生

「神と共に、光と共に、自然と共に。

地球の神々様よ、地球の精霊の方々よ、地球の霊体の方々よ、地球の人々よ。未だ救われずにおられる幽界にて迷える霊の人々よ、よく聞いて下され。私たちは、この地球で肉体を持ち、地球の恩恵、宇宙の恩恵を受けて生きております。

私たちは、この地球で肉体を持てるということが、命を持てるということが、いかにこの世的にいう奇跡でありましょうか。数億に一つの確率で命を与えられ、この地上に誕生するのです。かつてこの地上に生まれて、肉体を持った神々様も、仏様も、霊界の人々も、また、いま、肉体を持ちし人も、誰一人とし、地球の恩恵を受けぬものはおりません。地球の神といえども、地球に、また、親神様にお世話にならなかった神はおりませんでしょう。また、地球の土に、水に、木に、草に、風に、空気に、地球の自然にお世話にならずして、どなたも生きてはゆかれません。

これほど、水の惑星・地球は、私たちの母でございまする。この世に命を授かるときに、母の胎内を通らずしてこの地上に出た方がおりましょうか。生き物によっては別かもしれませんが、私たち人間は全て、母の胎内、子宮、その羊水の中で十月十日、基本的には母の肉体に守られ、そして母から栄養をもらいこの地上に生まれてくる如く、また、私たちは、生きて命を持ち続けるときにも、この地球の中に、母の子宮の中と一緒のように空気も与えられ、水も与えられ、食物も与えられて生きております。されど、私たちはこの地球に対しての感謝を、どれほどまでに持ったことがあるでしょうか。

生まれたときから、親がお金を稼いで来て、そのお金が自分を養ってくれた……、そう錯覚させられる世の中になってしまいました。自分たちを生かしているのはお金、物だけ、と思うようになってしまいました。毎日食べているこの米が、どのような形で地球の恩恵を受けて出来ているかさえ知らず、学校で、毎日給食で貰うパンでさえも、工場で出来ているとしか思っておりません。大地からの恵みということを忘れた人が、余りにも多くなって来ました。水も然りでございます。水も、自然から頂くものではなくて、工場で作られてくる水。そして、水道局からお金を出して買う水。そのような思いで、自然の恩恵を忘れてしまったようでございます。特に、先進国といわれるところはそうでございましょう。言うなれば、頭がいいほど、文明が進むほど、自然への感謝が薄くなるということでございます。こんなことは私が言わずとも、ここにいる神々様の方が、もっともっと詳しくご承知でございましょう。されど私が申したいのは、母である地球、母である自然に、深い深い感謝が出来ますれば、我《われ》が世を治める、我《われ》が人の上に立ち、という「我《われ》こそは」という心がなくなるはずでございます。そういうものが、宇宙の理法を深く分かればなくなるはずでございます。

日本の政治家、教育家、道を求めている人にしてみても、中途半端故に頭でいくら分かったつもりでいても、本質は少しも分かっていないので、ついつい間違った教えをしてしまいます。偉大な人ほど謙虚になり、分かった人ほど謙虚にならないといけません。しかし、分かるほどに威張り、分かった振りをして人を虐げ、慢心の心を持つ人が余りにも多すぎ、そしてそのような心を神の世界にまでも持ち帰った、そのような神々もおりましょう。

そういう気持ちを持っていては、この地球は救われません。この大宇宙の銀河の星々には、色んな星がございまする。しかし、こんなに素晴らしい、水の美しい惑星というのは、他にはございません。ほんとに奇跡でございまする。地球におられる神々様、別の星まで行ったことのない神々様もおられるでしょう。この地球がどれほど素晴らしい星でありますことか。肉体をなくして地球の神となったいまでさえも、この地球の素晴らしさをお分かりでない神々様もたくさんいらっしゃることでしょう。

こんなに素晴らしい地球に肉体を持って居られることだけでも幸せなことなのです。まして、地球の神として存在していることがどれほど幸せなことかを、お考えになっていただきたいものです。人間の世界を、争い合う世界にしてしまって、それぞれが生き残るためにいろいろな心を作ってしまい、神から頂いた心を壊し、地球を壊してしまいました。私たちは改めて、この地球に対して深く感謝をしようではありませんか。そして、宇宙の神々様への感謝をしようではありませんか。そして、数億に一つの確率でこの地球に命を持ったことへの感謝をしようではありませんか。

親神様よ、この、地球を創って下さり、誠に、ありがとうございまする。

そして、いまも、生かして下さり、誠に、誠に、ありがとうございまする。

今日、この地球があることを、感謝致しまする。

地球の神々様、仏様、霊界の、そして肉体ある人々を代表して、

いま、言葉をもちて、親神様へ感謝申し上げまする。

まことなる天の父よ、いや、天の意識よ、天の心よ、全てのものをこの宇宙へ、地上へ与え続けている、宇宙の大元の神よ、ありがとうございまする。

Sもまた、五十一になりましたが、残された肉体のある限り働かせて下さい。

そしてまた、肉体を持っているゆえ、何も知らないまま人間の世界におりまする。

これからも間違いなきよう、お導き下さい。

神の光が、親神様の愛が、この地上へ再び満ち溢れんことを願い、

もう一度、親神様へお願い申します。真《まこと》の宇宙の親神様の愛の心を、

この地上へ降り注いで下され。

ありがとう、ありがとう、宇宙の神よ、天なる親神様よ、ありがとう。

われらは行かん、地球の元帰りのために、いざ立たん。
全ての人に、神の愛の光、いま注がん。
全ての神へ、真の御魂を、親神様の御魂を、いま渡さん。
花開けよ、ななゆう（七世）から、やゆう（八世）へ、真の神の世へ、花開かん。
真の人の世へ、花咲かさん。
人とはこうあるべき生き方が、この二十一世紀に花咲かん。

神と共に、人と共に、光と共に。
宇宙と共に、地球と共に、自然と共に。
偉大とは宇宙なり。宇宙とは真理なり、真理とは神なり。
神とは無なり、空なり、真なり、愛なり、慈悲なり、光なり、
天地、龍宮、龍頭なり、大自然なり、そして、己の真心なり」

S先生の祈りの言葉……地球を元に戻すために、私たちが日常忘れてしまっている心がどれだけ大切であるかを、心の底から思い起こさせて下さるお祈りでした。
先生の祈りの後、天照大御神様のお言葉です。

天照大御神様

「天照神にございます。この度は、混迷の神々の世界に、勇敢な心をもって前に進むことの出来る光を賜り、まことにありがとう存じました。

神山にて数ヶ月の間、宇宙から漏れてくる光を頂いておりました。昨年の七月七日、太い黄金の柱を戴きながらも、その意味を尋ねて参りますと、何千年続き来たりしこの大和の地に、わが心、如何にありやと自らに問わざるを得ない神々の荒れたる有様、まことに穴があるならば、地の底までも身を沈めて、二度とこの世に出て来られないほどに、わが身を情けなく思うておりました。

しかし、他に責任を転嫁して嘆く時でなきことを悟らせて頂きました。神であるからと、胡坐《あぐら》をかくことは許されぬ時でございます。神自らが、親神様のお心を示していかねばならぬ時、神荒れたる有様と同じものが、人間界の有様にも投影されていることを、初めて悟ることができました。全ては宇宙の意志によりて動き、全てが最奥の親神様の意志の下《もと》にあるのです。多くの神々様、また、ここに集まりし人の祖先の魂の方々、悔いる心を持つことは、もう昨年にて終了でございます。新しい時が始まります」。

この時、宇宙の神様から、忘れられない言葉がございました。

「二〇〇一年から、新しい時代のスタートにございます。これからの時代は、地球が体験したことのないエネルギーの中に入って参ります。かつて地球上に繁栄した産業、経済、人々が進んでゆく基盤を作りました地球上のシステムが、改革を余儀なくされて参ります。かつてS氏によって世界に立てられた光の五柱は、宇宙の神の御心を地にならしめるため、また、その地を浄め、新しい時代へのスタートを待つ準備でありました。そしてこれから立てる光の柱は、世界の神の想念転換を促すためであり、親神様の想いを受けることのできる神を、その地に残すためでもあり、光の柱が降ろされし時、まことなる地球の夜明けの始まりであり、地球の新しい歴史の幕開けなのです」。

地球霊王様はS先生の祈りの後に、地球の魂として熱い想いを語って下さいました。

「地球の表面ではなく、地球の芯から美しく染め直して頂けるかのような、新しい年の光を戴きました。地球の星の周囲に戴いたベール、宇宙の神々様の優しさのこもったベール・オゾン層は、いま、地球に住む人間の手によって大きな穴が開いてしまいました。その薄い膜を再生することを、そして、これ以上傷つけぬことを最も優先しなくてはならぬ、これは地球に住む人間の役割にございます。そのためには、人々が自然の中に、自然の力を再認識し、昔の多くの人々が与えられていた自然の豊かさを謙虚な心で受け入れることです。科学万能と考えている人々の心を急転回で改心させ、地球と共にある神学《かがく》へ移行することは、不可能なことではございません。S殿の祈りの力と共に、地球の神々も大きな方向転換への意志を奮い立たせていきとう存じます。どうぞご指導下さいませ」。

地球霊王様に対して先生がお話しなさいました。

「科学万能の時代から、宇宙の真理の時代へと移行する時です。人間のために、人間の知能で造り上げた科学から、地球に、宇宙にとって良き、真理の科学へ移行しなくてはなりません。

全ての神々よ、まことの世直しでございましょう。宇宙の真理という存在、神という存在を実感する年のスタートでございまする。

私が自分の息子たちにと買ってきた絵本一冊が、広がっていく様、一点のものがどんどんその心をもって広がっていき、そこに自らの天命を覚《さと》っていきます。誰に教えられた訳でもなく、また、神に言われた訳でもなく、自分の心をただ見つめ、自分の心から思うがままに進み、たまにはしくじりかけたときもありました。それでも、己の心を見つめ、自分の魂を見つめ、魂が膨れる如く、魂が成長する如く、この心も成長しつつ、その動く行動範囲も、沖縄本島から離島へ、離島から各県へ、やがて、この日本の国造りの地、高千穂、宮崎へと進み、ここから神の使いがやっと始まります。

そこまで持っていくには、自らその境地に達したものでなくては、神は使えないものと承知しております。神の命令でただ動くようではロボットに過ぎず、人間に非ず、機械でございまする。その、自ら動き出す、自ら作り出す、これを与えられたのは、唯一、地球の生き物では、人間でございましょう。自ら火を使い、道具を使い、知恵を使って、自ら文化を創っていく、その、偉大なる神と同じような、偉大なる魂を持つ人間が、ただ、先人たちが作った生活の中に埋もれ、そこにただ楽しさばかりを求めて、いつの間にか、自分が何であったかも忘れて、日々、動物と同じ、何の進展もない、ただただ今日の日を生き、今日の楽しみのために生きているのが、いまのほとんどの人々でございましょう。

さて、人の魂とは、自《みずか》ら変えていくもの。自然とは、「自ら表す」の意で「自然」。人々は、自然とは、海、山、川、そういう草木を始め、そのような姿を自然と思うのでしょうが、真の自然とは、「自らを表すこと」、それが自然だということを知る人は、余りに少のうございますする。

自然の神の力とは、一瞬にして沖縄を乗り越えるような津波をも起こすことができ、日本列島を一夜のうちに沈めることも可能な大きな力であるそうです。しかし、それでも大自然の中に生かされていることの事実は、何を意味するのか考えて頂きたいと思います。人間がどれだけ肉体を健康にしようとも、神の意に適わぬ心があれば、一瞬で藻屑と消えることを忘れて、心を磨くことを忘れ、神の意に適うことを忘れて、ただただ、健康、健康と……。健康とは何なのか、肉体の健康よりも、健全なる魂の健康がほんとの健康なのに……。肉体が健康で動きやすく、遊びやすく、仕事し易いような体に仕上げることを健康であるとたいへんな勘違いをして、それを広げていくことが、いかにもこの世の真理の如く思っている人々が、たくさんおりますする。

人々を健康に導くという仕事は、神の心を人々の心に分からすように目覚めさせることをまず先になさいますのが本来の仕事でございましょう。

このようにして、人間が肉体を持ちますと、まったく自我や目先のことに囚われて、なかなかその目先のことから飛び出す勇気がございません。私も、ほんとにこの世の中に、人々が無欲で生きられるのか、私は、まず、やってみようということで、崖っぷちから飛び込む思いで、安定していた仕事を捨てて、日雇い人夫に始まり、そしてある時は、食べるものもロクに食べず、飲むものも飲まず、着るものも粗末な間に合わせのもので済ませ、お金を貯めては子供たちへ本を配り、花の種を配って行ったのが、ほんとにこの十何年で、世界を回り行くような奇跡の連続でございました。

人々におきましては、恐らく生計を安定させて、お金をある程度安定させてから、神のお手伝いをしようと思う心もあるかと思いまする。地球がなくなってから神のお手伝いしようと思っても、肉体もないし、地球もないし、何のためでございましょう。

人間が生まれ変わろうとする時、周囲には邪魔をするものがたくさんあります。自分にとって邪魔をするものが何であるのか、見つめていくことも必要でしょう。多くの人々が魂の意識を引き上げて神の意に適うようなところまでいって欲しいと思います」。

人も、自らを目覚めさせ、天命を知り、天命を生きることが、人間にとっての「自然な生き方」なのだと思います。

世界へ、血の滲み出るような祈りの行脚をしていらっしゃる、先生の二月立春の祈りは、とても心引き締まるものでした。

十二章　沖縄サミット参加国を巡る旅

一　旅の前に神山にての祈り（二〇〇〇年三月二十日）

沖縄の地に世界主要国の頭首が集まるということは、琉球王朝以来初めてのことであり、また、二〇〇〇年の節目の年に、沖縄の地が国際会議の場に選ばれることは、神の世界に於いてたいへん大きな意味がありました。

三次元世界の人間界で物事が生じる前に、神の世界がまず先に動き、続いて人間界にことが生じて参ります。先生は、これらのこともご承知の上にて、沖縄サミットが無事行われ、地球環境が危機に晒されている今日、地球にとってこのサミットが意義あるものとなるよう、参加各国の神々様にご挨拶に行かなくてはならない、とお考えになっていました。そして更に重要なことは、人間界のサミットに先んじて、世界の神々様が集まるサミットを開催なさるため、世界の神々様へご招待の挨拶に、各国を巡る必要があったのです。するとどうでしょう。旅行会社にお願いしたわけでもないのに、沖縄の旅行社がサミット参加国巡りのツアーを企画していたのでした。先生のお考えになることが、現実となって動き出したのです。このようなことを「神業《かみわざ》」と言うのでしょうか。私たちにしてみれば夢の世界のようですが、先生の歩んできた十数年間は、ことあるごとにこのようであったとおっしゃいます。思ったり、考えたりしていると、その国の資料や、行く必要があればツアーのパンフレットがすぐに送られて来るのだそうです。私も先生のお供をさせて頂くようになって、はや五年ほどの歳月が過ぎましたが、先生の念《おも》いが現実化するのを幾度となく見て参りました。どんなに不思議なことであっても、どうにも疑いようがないのです。今回の沖縄サミット開催につきましても、先生は、まず参加国の神様をご招待するために、礼儀としてわざわざその国までいらっしゃるのです。人間の世界ではビザ（入国査証）を発給してもらうことで入国を許可されますが、それに代わるものとして、各国の神様に対してお祈りをなさいました。次に、そのお祈りをご紹介させて頂きます。

S先生の祈り

「人は宇宙のエネルギーを直接受け取ることが出来ず、全ての生命《いのち》に支えられて肉体を維持しております。地球の生き物は互いにバランスをとりながら、それぞれの関係を保ちながら、命と命の分かち合いで生かされているものでございます。しかし、人間はやっかいなことに、自分だけ良ければいいという、とんでもない心も持ち合わせております。そんな人間の心によって、きれいな海、川……、素晴らしい自然を持つ地球が、いまたいへんな危機に直面しております。

沖縄でのサミットは、地球の運命をかけて成功させねばなりません。地球にとって良い結果をもたらさねばなりません。宇宙の親神様の意に適うような結果を出さなければなりません。各国、各地の人身霊、自然霊、宇宙霊、宇宙の神々様と交流して参りたいと思います。ドイツの神様……、Sでございまする。沖縄からの一行の入国をお許し下さい。（＊筆者注＝このようにして、イタリアの神様に、フランス、イギリス、カナダ、アメリカの神様にと、全ての国の神様に対して挨拶が行われました）

七月七日に神々様のサミット、そして七月二十一日から二十三日までは、人々のサミット、世界の神々様におかれましては、沖縄の地にしばらく滞在して頂き、人々のサミットを良き方向へとご指導頂きたく思いまする」。

先生はこの旅が終わると間もなく、七月七日を目標に、宇宙の神様から依頼されました世界の五柱を立てるため、血の滲むようなお仕事が始まったのです。この時はまだ親神様から、先生ご自身が宇宙の大きな神の魂であることは知らされておりませんでした。しかし、世界の光の柱を立てるお役目は、神の魂をお持ちでなくてはやり遂げることなどできぬお仕事でした。また、どれほど心身を酷使せねばならないお仕事であるか、想像することすら出来ません。

先生のお祈りの後、天照大御神様もご挨拶を下さいました。

天照大御神様

「世界の神々に向かっての心からのお声掛け、真に有り難うございます。七月七日に向けましての心の準備を整えさせて頂く、日本の神々でございます。七月七日、世界の神々様をお迎えさせて頂くためには、日本国の神々は心をひとつにして、統一を図る時が参りました。たいへんな仕事にございます。

沖縄の地の神々様の温かな心を、世界の神々様に知って頂くまたとない機会でもございます。また、七月七日の会議は、世界の神々が注目する会議にございます」。

次に、宇宙の神様のお言葉です。

宇宙の神様

「創造の神様はこの地球をお造りになられます時、あらゆる力を尽くされました。しかし、地球の人々はその心をも知らずにいまの時代を迎えております。S氏が世界に五本の光の柱を立てることは、地球の存続を支えるという、未来へ繋がる大きな力となるものでございますが、宇宙に繋がる光の柱からは、地球の地核に向かって、かつてない大きな神の御意志が働き始めます。光の柱の力は、これから興される宇宙文明の大きなポイントとなり、また、力ともなります。S氏は地球上に、創造の神様のお心をお伝えし、そして、いき渡らせるために宇宙から地球を任され、降ろされた魂にございます。神々様へのご指導は、勿論S氏の努めでございます。しかし、地球上の人々に、創造の神様のお心を分かって頂けぬ時が来たときは、S氏の想いの心ひとつにて、言葉ひとつによって、どのようにも改造でき得る日が到来するということにございます」。

先生は宇宙の神様から、ご自分がとても大きな魂の存在であることを知らされました。その時、ご自分ではこんなことをおっしゃっていません。

「そんな大きなことを宇宙から言われても、私は何が何か分からないよ。だけど、こんなことがあってね。夜、星を見ていて、天に向かってこう言ったんだよね。『神様は私にいろいろなことを言って来るけれど、私がもし、宇宙から来た魂でしたら、私の指さす方向に星を流して下さい』って……。そしたら、十回位、流れたんだよね。ほんとに驚いたね」と。

これは十数年前の先生のご経験でありましたが、後にこのときのことを回想し「神の心を確認するためとはいえ、とんでもないことをしてしまっていた……」と悔やんでおられました。魂がどれほどの方であれ、背負った天命がどれほど重く大きなものであれ、肉体をまとった人間として生を得たからには、一からの成長過程を経、さまざまに気づきを得ていかなければならないのです。

私自身も自分が何ものなのか分からないまま、神様の導いて下さるままに動いておりますが、その場その場のことをすべて記憶してはおりません。しかし、この本を書くにあたり思い返してみますと、過去に神様のおっしゃって下さったことが現実となっていることに気づかされます。神の言葉として信じないわけには参りません。肉体をお持ちになって神の務めを果たしていかれるという、先生がクリアしなくてはならないバーの高さを想像しますと（想像を試みるだけで私などには分かり得ない領域ですが）、どれほどに苦しくたいへんな道のりであるか、それは誰にも分からないことと思います。

二、四月八日の祈り

サミット参加国訪問から帰られて、先生は地球の神様、日本の神様へのご報告を下さいました。四月八日は、お釈迦様のお生まれになった記念すべき日です。先生とお釈迦様との対話をご紹介致します。

S先生

「釈尊殿、貴方様は、天の教えを地にならしめるために生まれて来られた証に、天地を指したのでございますよね。人々が、自分たちの都合のいいように、唯我独尊というとんでもない解釈を広めさせてしまいました。本当に、申し訳なく思います。

釈尊殿、ここに集まった方々は、心ある人々でございます。そういう迷いを持たない人々でございます。今日のこの日はあなた様の誕生日。また幸いなことに、花祭りという形でお祝いされております。花というのは、ほんとに素晴らしいものでございます。宗教の壁を、政治の壁を、経済の壁を超えているのが、この花でございまする。花を見て、宗派が異なっても、国が違っても、また、人種の差別もなく、花に対しては誰もが共通の心を抱きます。いまから十五年ほど前でしょうか、私が日本中を花園にしたいと思って種を持って回ったのも、そのためでございまする。花こそ、差別もなく、壁も作らない、まことの心を伝えてくれるものであると思ったからやったことでございますけど、この、花祭りという名を頂き、そして、四月八日。まことに四方八方に広がる無限の数字を持つ、ほんとにすばらしい日でございます。どうぞお釈迦様、ここに集《つど》う人々に言葉をかけて下さいませ」。

お釈迦様

「数日前に『この東の国に光あり』と天の御中主様からお聞きし、本日はこの地に赴《おもむ》かせて頂きました。

　S殿、天の父も、たいへんにお喜びになっていらっしゃいます。本日は、東の国のおおらかな光により、花ほころぶ桜の季節、まことにおめでとうございます。

　わが身は、この地球のアジアの地域に常にございます。私のことを皆様が、仏の道の師と仰いでおられる様子にございますが、この日本という国の仏の教えのあり方は、私の意にございません。日本国という国は特別な国でございます。天地を結ばせて頂くための神の声を聞き、そして、その声を広めるために、中国という地に参ったこともありました。仏に思いを寄せる多くの仏典は、我が心のままを表したところもあり、また、我が心とは、まったく違っているところもあります。人の心に書物は必要ございません。長々と唱える経、それらの意味合いを、多くの人々がお分かりになりますでしょうか。私でさえも、あのような難しい言葉は、神から戴いたとしても理解しかねます。言葉で神の国に入ることはできません。神がこの地上に顕された美しく咲く花々、滴《したた》る清らかな水、その姿に感謝を申し上げてください。感謝を申し上げたときに神の声が聞こえ、そして、神の心が見えて参ります。私も、神の姿を見、神の声を聞きましたときには、念仏を唱え、心を静かに瞑想にふけり、などという心境にはございませんでした。ただただ、神を求める心、そして、自然のあるべき姿に感謝、心が、命があることに感謝を申し上げるという素直な心でそれを受け止めたとき、与えられた王族の地位に執《と》らわれる心は全くなかったのでございます。どうぞ、この、私の誕生の日と定められし日に、神から与えられました素晴らしい光と、花と、木と、水と、草花に満たされしエデンの花園と申しましょうか、これを目の当たりにさせて頂き、また、完成の日に向かっての節目となる良き日を今日とお定めになられたことを、心から嬉しく思います。そしてまた、ここに参加をさせて頂きましたことを、心から嬉しく思います。どうぞ、ここにお集まり頂く多くの人々よ、ここを作られた方の心に感謝を致します。そして、ここにお集まりになられるとき、ほのぼのとした温かさを感じられる、そのような人々が一人でも多く集まらんことをお祈りするばかりにございます。また、多くの、仏の心に身を置かれる方、ご指導する方、そのような方たちも、ここに縁あることをお祈りを致します。そのお手伝いをさせて頂けることをうれしく思います。まことにおめでとうございます」。

沖縄サミットに参加する国を迎えられる際、日本の神様も同行なさり、それぞれのお言葉を述べていらっしゃいました。海玉伊志の神様は初めての海外でのご経験を、次のように話されました。

海玉伊志命様

「海玉伊志の命にございます。S殿の心温まるお振る舞いに、心から感謝を申し上げます。私をここまで導いて下さったにも拘わらず、また、更に更に世界へ目を向けさせて下さいまして、修行中の身に、余りあるご褒美にございます。

これからは、S殿の袖に触れさせて頂き、そして、神々様の想いを、一つひとつ学ばせて頂きとう存じます。世界の各地に在られます神々様は、民族的な違いはございますが、S殿に対して温かな目で見守る神様もいらっしゃれば、遠くから冷たい目、何をするのかという風な目でご覧になった神々様もいらっしゃいましたが、やがて、皆が温かな目で、ひとつの国に集う日が必ずあると、心にしっかりと抱いて参りました。この、まるい地球がひとつになって、まず、神々様の思いがひとつになって、そして、人々の思いがひとつになる日が来なければ、まことの地球の岩戸開きはないと思われました。地球の、この広い国土の人々が、心の底からひとつになるということは不可能に近いと思います。しかし、世界のさまざまなことがお分かりになる人々だけでも、思いをひとつにして頂けたらと、強く感じられたものでございました。

貴方様は世界中歩かれて、どこの国の人々の心も、さらには神々様のお心さえも虜《とりこ》にするような温かな心を持ち、その心に皆が寄り添って来ますね。その想いが神々様にも必要なのだということを、つくづく学ばせて頂くものにございました。まことにありがたい旅にございました。申し尽くすことの出来ないほどの、感謝の今日でございます。ありがとうございました」。

月読《つくよみ》の神様

「月読の命にございます。わたくしは、あまりS殿とは、言葉を交わしたり、お側に居させて頂くということがございませんでしたが、折に触れて、S殿が天照大御神様の御許にお越しになります時、日本国はこれまでのあり方では存続が許されないということを、しかと心に刻んではおりましたものの、この度、世界の国々をご一緒させて頂き、荒れ果てた心の有様は、この大和の国ならず、世界どこの国に行きましても、同じようなものを感じました。

まずは日本の国において、神の想いがひとつになり、そして、宇宙から頂くその光を、素直な心にて受け入れる、その準備を大急ぎでしなくてはと、強く感じて参りました。

私は、天照大御神様とは正反対の力を頂いて参りました。影の力としてこの大和の地に働かせて頂いて参りましたが、陰陽でありながら、陰としての力を尽くし切らずにおりました。これまた、神の造反のようなもので、素直な心が失せていたことを、改めてはっきりと認識させて頂きました。共に手を取り合い、共に助け合い、あの日の丸の旗のように心をひとつにして、世界の導きの国としての大きな役割を果たしていくのだと、それを、この短い十二日間ではございましたが、強く感じ、共に学ばせて頂きました」。

月読の神様も、初めて日本の地を離れてみると、日の丸の旗の真の意味、世界における日本の国の役割など、よく分かられた様子でした。

次いで宇宙の神様は、

「人類が住む地球となってから長い年月をかけ、さまざまな大きな転換期を幾つも迎え、いまの時代に全てが整ったかのように見えるかも知れませぬが、神を中心とし、自然と人がひとつになり、真のエデンの園としての地球を造り始めるのは、これからでございます。十二日間世界を巡り、神々の心の揺さぶりをして下さいました。ご苦労、まことに有り難う存じました。我らが為すべき仕事でありながら、肉体を持つそなたでなくては実行出来得ぬお務めにございました。心からお礼を申しあげます」とのお言葉を伝えてきて下さいました。

先生は、各国の神様にお礼の言葉を述べておられました。

十三章　二〇〇〇年八月十五日の祈り

一　沖縄の神山にて、十六名参加しての祈り

二〇〇〇年（平成十二年）の終戦記念の日、この日はまた、S先生が地球に誕生した記念の日でもあります。日本全国から十六名の人たちが集まり、祈りが始まろうとしています。

水の惑星・地球に、人の作りし鉄の玉が降り、美しき大地が傷つき、多くの命が奪われてきたとは……、何と悲しいことでしょう。人々の心の欲が生み出してきた戦争は、創造の神様が望まれる、地球を宇宙のオアシス・エデンの園とするためには、絶対にあってはならぬもの。先生は、地球を宇宙の中のオアシスとして蘇らせるために、天から降ろされた魂です。八月十五日は、毎年、ここ神山にて大きな祈りを行います。崩れることのなき地球の平和のために、先生は二〇〇〇年の四月から七月七日までの約三ヶ月の間に、宇宙の光の柱を世界の五カ所に立てられました。

先生は、祈りの場にて「ここに集まって下さった人々のさまざまな協力……、物質的な協力、また、時間的な協力をも頂いて、そして奇跡とも言える柱立てを無事終えることができました」と、ご挨拶なさいました。

次に、先生は宇宙の神様へ祈りの言葉を発せられました。

「私はあるだけのエネルギーをここ三ヶ月で使い果たして参りまして、今日もこの祈りにやっと漕ぎつけました。少し目に見えない世界のことがわかって参りますと、人は恐ろしいもので、驕《おご》る心を持ちまする。その驕りが他を支配する欲を持ち、支配が戦争へも繋がっていくことさえあります。人々の驕りの心が如何に怖いか……、ちょっとした驕りから戦争まで結びつくわけですから。人は肉体を持つと、肉体から発する煩悩の強さ故、魂は神の魂を持ちながらも肉体からの影響を受け、がむしゃらに肉体的な欲望の方向へ引っ張られて参ります。二十世紀までの地球の教えが、肉体次元で便利さを求める教えであり、政治でありましたから、致し方なかったかも知れませんが……。肉体を養うために衣食住を求めて参ります。その衣食住も、もっと美味しいものを……、もっと上等な洋服を……、もっといい車を……と求め続け、また、諸々《もろもろ》の煩悩の中で、性的欲求をはじめ、さまざまな欲の求めに影響されながら人類は生きて参りました。人は、元は、透明で輝く水晶の如き御魂《みたま》でしたが、どんどんいろいろな色をつけ、人間としては片端の魂になって参りました。そしていつの間にか、間違いを犯しながらも、全て自分の生きやすい方向へと進んでしまうのです。

今日ここに集まった人たちは、それらのことからやっと目覚めてきた人たちでございます。人を代表する御魂でございます。これから、大きな働きをもって頑張って下さる魂であると思います。どうぞ、人類がこの地上に生き延びることを許されるものでしたら、親神様の使いの神様のお言葉を頂きとう存じます」。

日も暮れてきましたので、別の場所に移動しました。

宇宙の神様のお言葉です。

「真っ暗闇の宇宙の親神様の側にも、このようにお側に仕える神々がおります。今日のこの場は、丁度その雛形のような状況でございます。S殿が地球に降り、半世紀が過ぎました。人々の心はまるで空高く放たれた風船のように神の心から離れ、そしていまの地球を迎えております。荒れ果て、老朽化した地球を元に戻すために、親神様の大手術が必要な時が訪れるかも知れませぬ。その鍵は、人々の心の中にあるのです。しかし、宇宙には地球ほど調和の取れた星は二つとございませんので、親神様はたいへん苦慮するところでございます。もう一度、人間とはどのような存在であるかをお考え下さい。

皆様は、人の欲なる心から発した、さまざまなお祈りをする場を、世界各国で見ていらっしゃると存じます。しかし、本来、創造神とは、簡単に人との交流をなさる存在ではないということです。いや、そのようにしてしまったのかも知れません。この地球が生き物を宿し動き始めた頃には、自然そのもの、すべて息づいているそのものが、創造の神様の御心でございました。人間は他の生き物と同様、親神様の御心から造られ、親神様の御心が宿っている他の生物と同様、自然の一部なのです。親神様の御心が宿り、そして親神様のお力が入れられてこそ、そこに太陽（火）があり、水があり、空気を頂くことによって全てが育つ訳でございます。そうした自然の一部であることを忘れ、地球で人間が中心とばかりに進んでいきましたなら、宇宙の神のオアシスとしての地球は存在しなくなってしまいます。

この地球は単なる球体ではなく、南の極と北の極とに区別され、同じ寒さの地でありながら、そこに生きる生き物は異なります。赤道を中心に南北に足を運んで行きますと、少しずつ変化して参ります。このような自然のあり方も、神の御心の奥まで感じることの出来なくなってしまった人間によって、地球の法則に基づくものではない、異様な変わり方が生じて参りました。地球上には動かしてはならない多くの物質がございます。その物質さえ人間の欲望によって左右される有様に、神は憤りを覚えておられます。神は必要なものは全て地球の表面に備えて下さいました。敢えて成層圏を貫いて宇宙に出る必要もなく、また地中深く鉱物を掘り起こさなくとも、自然のあるがままの姿の中に、人々が生きていく手だては全て用意しておられましたのにも拘わらず、神の領域にまで手を染め始め、人々の不幸を招くようになったのです。成層圏を越えた領域は、神の領域と思って下さい。

また、人間が自然の一部の存在であるとの認識がしっかりとなされておりましたなら、地球でいま何が起ころうとしているかは理解できる筈でございます。

ここに改めてお示し致します。S氏とは、世界で初めて親神様の『真心』が宿った魂をお持ちの『人』でございます。世界に類のない、真心を持つ魂を育ててゆくことを課された方にございます。時の権力者といえども、大いなる宗教の教祖といえども、真心の魂を育てるとは、なかなかに難しいことでございます。これまでの地球上の指導者は、言葉と権力によって人々を導いて参りました。しかし、言葉と権力から真心は見えにくいと思います。宇宙の神は『想い』そのものです。神様の前に〝人間の必要とするもの〟を差し出されても、神には全く必要なきものです。故に神とは、魂が水晶のように清らかで、お心は母の出すお乳の様に温かく、時には、人を育てるための厳しい言葉もありますが、神の姿とはそのようなものでございます。S氏の歩いてきた道の中に、その姿をよく見かけたことと存じます。まさに神の姿でございます。皆様、この虹の館は、宇宙の神の光が充満しております。人と共に各地の神がここにお集まりになります。そして、虹の館に参りますと、神も変わって参ります。そしてここにお集まりの皆様方も神と同様に、虹の館の光を頂く内に、御自分でも考えたことのない大切なお務めに気づかれます。この祈りに参加されて気づかれた皆様の姿に、他の人が心の中で手を合わせるようになられますよう、たくさんの光の中で、御自分の全てを洗濯していって下さい。また、必要なきものはこの光にて洗い落としてお帰り下さい。

多くの人々のため、宇宙のため、この地球がいつまでも生き生きと存在できるよう、大きな祈りを捧げて下さいませ。本日はまことにおめでとうございます」。

次に、ヒマラヤの神様がお話し下さいました。いつぞや、先生がヒマラヤに行かれた時に出会われた神様のようでした。

「ヒマラヤにお越しの際には、たいへんご無礼を致しました。お見守りをする役でありながらも、手を差しのべることも出来ず、創造神とはこのように厳しいものかと、改めて貴方様のお務めの重大さに気づきました。

小さな体のあなた様が、このような大きなお仕事をなさる方とは露知らず、たいへんご無礼を致しました。人間の身体を持ったあなたを、もう少し助けて上げなければならないとは思いつつも、手を差し出すことを許されなかった。

いまの神々様のお言葉の中から、私がその時どうしても助ける手を差し出せぬその訳を、はっきりと分からせて頂きました。世界の各地を回られ、神々様にもお会いになられたでございましょう。しかし、その神々様が、大きな試練を頂いていたのでございます。

真の神の世界とは、非常に厳しきものにございます。世俗の神々は、人の生活の中に汚れ切っております。どうぞ、この琉球の静かなる地から、地球を揺るがすような想いにて、多くの人々の導きをなさって下さいますよう、また、必要があれば、想いはどこにでも通ずるものでございます。本日はまことにおめでとう存じました。心からお祝いを申し上げます』

先生は遠くヒマラヤの地からの神様に、感謝の言葉を述べていらっしゃいました。次に先生は天照大御神様に、神山に集まりし人たちに一言お言葉を下さるよう、お願いして下さいました。

天照大御神様

「皆々様、本日は誠におめでとうございます。

世界でも初めてと思われるこのような祈りが、本来ならば大和の地において行われるのが当たり前のことにございましょう。昔、神が神産みをなさる時期には、この琉球の島は、まことにエデンの園でございました。人の数もいまのようには多くなく、とても美しい砂浜とサンゴが神々を迎えてくれました。勿論、日本の本土の海辺にも、いまは想像も出来ないほどの、神様から頂いた美しい自然が息づいておりました。

しかし、人の心はといえば、本土と琉球の島におきましては、大分、心のありようが異なります。

この日本という国は、神にたいへんご縁の深い土地柄。世界の、神と呼ばれていらっしゃる方々も、ほとんどは日本の土を踏んでいらっしゃいます。いまになって、まことの神を想う心がしっかりと代々伝えられているかどうかの観点で見ますと、この琉球の土地が私たちに、最も色々なものを教えて下さっているような気が致します。

日本の神々様は、形としてはさまざまなところにて多くの居場所を与えて頂いておりますが、現在は自然の姿が崩れてきており、とても居づらくなったところも多く出て参りました。神の心は、本来はその地方の民と共にありますが、人々の神を想う気持ちが変わり果て、また、神々自身でさえも思いが変わりつつある昨今でございます。

このようなことを申し上げては、我ら神としては、まったく恥ずかしい次第にはございますが、ここに集まりし皆様の魂を、そのまま御神殿にどうぞと、お招きをしたいほどでございます。いまの真素直《ますなお》な心で、この日本のため、地球という星のために、多くの人々のためにお祈りをなさってみて下さいませ。多くの神社にさまざまな、数え切れないほどの神々がおられますが、皆様の、まことに透き通った魂を目の当たりにしましたならば、襟を正されることと思います。神も学ぶ時でございます。

これからは、そのような時代に入って参ります。

日本を代表する〝天照大御神〟として祀られ、たいへん有難く、また嬉しくも思っておりますが、まことの姿は、絵にあるような、また、皆様の心に描かれているような、社殿（＊筆者注＝神社の、御神体を祀ってある建物）に堂々と鎮座するだけの姿ではございません。民と共に汗を流し、心を砕き、この日本国のためにという想いが、真の姿にございます。明るく澄んだ心にて、伊勢の森にもどうぞお越し下さいませ。そしてまた、虹の館にて、天津神とお呼び頂きましたならば、想いが通じます。ここまで来られる間、お一人おひとりの、この虹の館に想いを寄せるその温かさは手に取るように分からせて頂きました。

やはりこれは、創造神の光が集合する場所でございましょうか。光の強さが違います。

本土からこの地まで足を伸ばされるのにはご苦労もございましょうが、どうぞ、これから多くの人々と共にこの館にお運びになられるとき、一歩一歩、この地球が蘇ると思って下さいませ。日本の悲惨な状態を救うために、光の輪を広げて下さいますよう、どうぞお願いを申し上げます。

本日は、誠におめでとうございました。そして、ここにお集まり頂く方々に、心からお礼を申し上げます。ありがとう存じました」。

虹の館がほぼ完成したことによって、本格的に宇宙の神様が動き始めようとしておられるのが分かり、また唯一、肉体を持ちながら宇宙の神々様に携わって地球のために働かれる存在がS氏であると、はっきり示されたためでしょうか、加えるに、虹の館の重要性を認識されてのことでしょうか、この日集われました皆様は、S先生の存在を、改めてはっきりと分かられたようです。神々は皆、お祝いの言葉を述べていらっしゃいました。

その中にあって、空海様はご遠慮なされているのか、お控えなさっているお姿が見えましたので、先生にお知らせ致しますと、先生は「この若者たちに、貴方様を慕っている者がおりまする。どうぞ空海様、何かお話を下さいませ」と、お声をかけました。すると空海様は側までお越し下さり、おもむろにお話を始められました。

空海様

「わたくしが初めてあなたを訪れた時には、小さな若者のようにお見受け致しました。改めて、本日は真におめでとうございます。このような大きなお仕事をなさる方とは、初めて貴方様の枕辺に立ちましたときには想像すら出来ませんでした。

昔、私を慕って、弟子になりたいと、多くの人々が集まって来たものでございます。ここにお集まりの皆様方のお顔を拝見致しますと、その当時を思い出すような魂のお方もございます。いま、こうしてS殿が、ご自分の力で創造の神様と交信をなさいますなど、畏れ多いほどのお姿を目の当たりにさせて頂きました。日本の神々様、天照大御神様を始めとした神々様のお姿もございますが、昔から、多くの人々に高僧として崇《あが》められておりますお方の姿も見えます。その時代その時代で、それぞれたいへんな行を積まれ、人々の灯台となってこられた僧侶の方々もおられます。

しかしいま、この宇宙の神様の光を拝見致しまして、私自身も含め、たいへんな遠回りをしたものよと思い知らされました。つくづく、あなた様の半世紀にわたってのここまでの大仕事に、改めて心からの感謝とお礼を申し上げるものにございます」。

空海様の意外なほど遠慮がちであったわけが理解できました。これまで、先生を導いて来られた空海様でしたが、先生がどれだけの大きな魂で、どんなに大きなお務めをお持ちであるかはっきりと示されたいま、畏れ多くて、とても先生の前に出ることが出来ぬほどのお気持ちであったのかと、この時のお姿から推察されたのでした。

次に日蓮様でした。私は神山で一度お会いして以来のことでした。初めて神山にてお会い致しました時、日蓮様は先生に「仏の道の指導者、僧侶の皆様に法を説いて欲しい」と話しておられたことを思い出します。

日蓮様

「私の故郷にお出でられました時あなた様の光を見させて頂き、また、先ほど行われました神山の地にて、私の意見を聞いて頂き、誠にありがとう存じました。

本日は、真に素晴らしい光景を見せて頂きました。わたくしが佐渡に流されました折、大いなる光を見せて頂きました。その時に、この宇宙には、何か人々には見ることが出来ない大きな存在があるのではないか、という思いがよぎったことがございます。そして、あなた様が佐渡に足をお運びになられ、あのお山に登られてお祈りをなさった折に、あなた様の、こうしてついておられた杖から、光がヒュル、ヒュルっと見えました。杖から光が漏れるとは、この方は、一体どのようなお方なのかと、たいへん興味深く思ったものでございました。本日は、天照大御神様のお誘いにより、ここに来させて頂きました。

天照大御神様は、たいへん重要なお働きをなさっていらしゃいます。神と仏の世界に境界を置くことは出来ないということを、多くの僧侶、神々様の前に発表をなされております。

たいへんな行を積まれてきた僧侶でさえも、人々の心を、いまの、あなた様の前にて頂いた光の方向へ導いていくだけの力はございません。別な方向に多くの人々が動き始めたとき、それをこちらの方向へ導き動かそうと思っても、人々の欲の力というものはまったく動かしようがございません。いずれの力をもってしても、手の施しようのない今日の有様です。あなた様の光に出会ったとき、僧侶の存在である我々が、我々自身が光を頂かなければならない様《さま》にございます。皆様方には信じることが出来ないと思います。

本日は、まことにありがとうございました」。

十四章　国連主催　世界平和宗教・精神指導者サミットに参加
（二〇〇〇年八月二八日～三十一日）

一　魂の語り合い（天照大御神様とホピの長老）

ニューヨークの国連本部で開催された世界の宗教・精神指導者によるミレニアムサミットは、四日間続きました。

コフィー・アナン国連事務総長が、「世界の宗教・精神指導者が呼びかけるこの会議は、人類に平和の展望を強化することだろう」という声明を出して、参加を呼びかけていたものです。

初日、大会議場の正面に和太鼓が準備され、ドドーン・ドンドンという勇壮な響きで会議が始まりました。集まってきたのは人間は勿論のことですが、神々様も同様にお集まりになられ、私はそのお姿をはっきりと見せて頂きました。太鼓の響きと共に、まず大きな龍神が現れました。龍体の頭が上を向いたかと思うと、天空に向かって昇り始めたのです。まるで映画の世界をみているようでした。大会議場の天井は見えず、代わりに虹が架かった天空に吸い込まれるように龍神は昇っていきました。

天照大御神様が初めて日本の神様の象徴である龍体で現れたのです。その龍体（姿）は何を意味しているのでしょうか。

今日のこの日を迎える前日、天照大御神様とかつてのホピの長老との話し合いが霊界にて行われておりました。まさにこのサミットは、地球再生のために、人も神も国と国との壁を取り払い、地球規模での大改革の第一歩かも知れません。

天照大御神様はおっしゃいました。

「わが日本の国は、南は神の心を重んじ、篤《あつ》くもてなす琉球の国、北はインディオの方々と同じく、神に感謝をし、日々の生活の中に神を見て生きるアイヌの人々。大和の国はまことにまほろばの国、神の国にございます。私は日本国からの使いの神にございます。

日本国のアイヌの人々、また、出雲の地に昔から栄えておりました縄文の人々、そして琉球の民は、アメリカの地に古くから住む部族の方々と皆ひとつの心にございます。アイヌの人々は、日々の生活の中に神の名を、神の心をひとときたりとも忘れたことはございません。それはインディオの皆様も同様と思われます」。

ホピ族の歴代の長老たちが語り始めました。

「日本の国は神の母の国です。宇宙意志は、心の統一の時期と神々の統一の時期とを我らに教えてありました。我らが祖先は、宇宙意志の言葉を戴き、それを後世に伝えるために石に刻みました。そしていつの日か我らは、日本から参りました神を通して石盤の意味を教えられたのです。まさにそれは日本国の神の御意志を継ぐ人々の心に伝えられて参ります。形として残されたホピ族の石盤は、いまとなりましてはたいへんな歴史の重みを伝えているようですが、また、ホピも神の発祥の地であるかのように伝えられて参りましたが、実は私たちは、日本国から生じた神の意志を継ぐ（日本の）人々と繋がるものを持っているのです。

二〇〇〇年七月には、日本国の琉球で、人々の生きる道をお示しになる、世界の国からの代表者が集まるサミットがありました。その後続いて、心の道を開くための集まり（精神・宗教者ミレニアムサミット）が、アメリカの地において行われます。本来日本国は、世界の人々に神のご意志を告げる大きな役目を持っている国にございます。

神のご意志は、宗教者の人々の心に不足している大きな愛の心を、文字や声で唱えるのではなく、心の底から、真心から発動する愛の力、神の心、神の愛を、国連の場においてどうしてもお伝えしなければならない、そのような時期に参っております。そしてまた、この心が多くの人々の心の中に浸透していかぬ時には、浄化の日を迎えることになるでしょう。

この集まりは、地球で初めて神々様が真《まこと》を貫く愛を、多くの方々に、多くの神々様に知らせるための、大きな集まりのようにございます。あなた様（S先生）にお会いできましたこと、たいへん有り難く存じております」と、ご挨拶をなさいました。

やがてこの会議をお守りするかのように、お釈迦様の姿が正面に見えました。

二、お釈迦様の姿

初日の会議が終了した夜の八時三十五分、Ｓ先生は国連の大会議場において、正面の演台に掲げられた国連マークの前にひざまずき、お祈りをなさいました。

「皆が心をひとつにして、真《まこと》の芯が立ちますように。真の心ができますように。真の神ができますように……」。

地球上の多くの神々について知る先生のお言葉であると思います。先生の祈りから大きな感動が伝わって参ります。言葉の意味は伝わらなくとも、先生の祈りの姿に足を止める外国の人々がいらっしゃいました。お釈迦様も深い深い想いを寄せる姿でお手を合わせ、先生の姿に目を止めていらっしゃいました。そして八月二十九日、国連サミット二日目に、お釈迦様はこんな言葉をお示し下さいました。

お釈迦様

「私が入滅致します何年か前に、本日の姿を神からお声で戴いておりました。そして神は『いつの日かこの地上を人々のうごめく声で埋め尽くされる頃、世は、神の光も昼行灯《ひるあんどん》のように力を失い、神の呼び名さえも失い、神の存在も当然の如く心から離れ、我《が》の心のままに浅ましい生活をする人々によってこの地上は覆われてくる』と、申されました。宇宙の神様の想いを地上に復活するため、宇宙から送られし御方（Ｓ先生）の魂の働きにより、十八年の歳月を費やし、今日ここに祈らせて頂きましたことを、心からお礼を申し上げます。我が祖国（インド）の地から来たりし人々、さまざまな土地からはるか離れた島から、この日のために集いし多くの人々に、心から感謝を申し上げます。和の国、日出ずる国、大和の国の響きある和太鼓の音、そして天照大御神様から発せられしあの透き通るような神の声（＊筆者注＝女性の素晴らしい歌声に、神の心を乗せたのです）に終わりし今日一日。ここに集った方々のうち、ある方はその土地の神を代表し、またある人は海や山や川や湖の自然の神々にお供をされ、また、山深きチベットの地から来られた僧侶の声は山々に木霊《こだま》し、山々に棲息《せいそく》する動物たちの愛らしい心を乗せ、モーゼ様と共においでられたあの白髪の老人、皆、二十一世紀へ向けて、地球が一つになり、愛という文字の中に育まれゆく人々の姿を見せて頂きました。

日出ずる国の人々よ、どうか神の御声と神の光を映した心を、日の元つ国から発信せんことを、切に切に願うものでございます。本日の天照大御神様はたいへん大きなお役割をなさいました。これからの世に国連の平和の鐘と共に、多くの人々に高らかに警鐘を鳴らして下さいませ。本日はまことに有り難うございました」。

ミレニアムサミットは〝地球の人々のために〟と考えられたのかもしれませんが、〝地球〟のためということになると、神や仏や人という大きな枠組みで考えなくてはならず、お釈迦様のお声を聞かせて頂き、身の引き締まる思いが致しました。今の世がまさに〝神の光も昼行灯《ひるあんどん》のように力を失い〟というような状態であってみれば、先生の存在意義はそれはそれは大きく、かけがえのないお方であるわけです。

三、マリア様にお会いする

八月二十九日夜、ニューヨークのある教会の前に差し掛かったとき、ふと立ち止まると「マリア様かな?」とS先生が言葉にされました。すると、マリア様がそこにいらっしゃるのです。わずかな気の動きをも見逃さない先生の気づきには、いつものことながら驚くばかりです。

先生は直ちにホテルに戻り、マリア様のお声を頂く準備に取り掛かりました。まず始めに、先生がマリア様に初めてお会いした時のお話をして下さいました。それは南米に行かれたときの、帰りの飛行機の中での出来事だったそうです。

「ある霊能を持つ会社員の方が、『Sさん、この飛行機落ちる。この飛行機に変なのが乗っている。変なのが乗っている。変なのがいる。危ない、危ない、たいへんだ!』と言って大騒ぎだったわけ。何とそこにはマリア様が乗っていて、そのため、機内に普通の〝気〟ではなく、別の〝気〟が、本気の気が機内を動くものだから、その人は〝気〟だけ感じてしまって、たいへんだ! となってしまった。その人にはマリア様が分からなかったんだね。マリア様は天の父の命令で、この子(先生)を無事に日本国まで連れて帰るのが務めであると思っていたって。それから世界をまわり始めてからは、空海さんがついてきたり。世界のその土地の神様がついてきたり。ヒマラヤでは『何の手伝いも出来ませんが……』と言ってついてきた神様がいてね」。

先生は、このように旅先からついて来られる神様がいらっしゃる場合、神様にも気を遣いながら帰国なさることも度々だったようです。細やかなる先生の心遣いには、本当に頭が下がります。それは、屋久島の学校に絵本を配っていたときの、次のようなお話からも窺い知ることができます。

「屋久島で、冬の寒い雨の降る夜、暗闇でね、吊り橋が落ちてしまって、吊り橋に胸が引っ掛かって足なんか血だらけ。やっと這い上がったけど血がダラダラ出て、寒いし食べるものは何もない。身体は動かない。何とか歩くけど、とうとう気根尽《きこん》きて、気も身体も根も使い果たしてぶっ倒れ、天に向かって『殺せ！』って言ったわけよ。そしてその旅から帰ったら、女房が『お父さん、何かあったの？』って。子供が小さいのに、夜中に寝言で、『お父さん、お父さん！　帰ろう、帰ろう！』って言っていたって」。

S先生は、ご家族のことを真心から大切に思っていらっしゃる。その想いがしっかりと結ばれていることを見せられたような気が致しました。家族を思いやることができなくて、他人を思いやることが出来るはずもありません。

この夜、マリア様は初めてイエス様に対する母親としてのお気持ちをお話し下さいました。マリア様はイエス様に対しては、我が子であっても非常に厳しい目で見ていらっしゃいます。また長いキリスト教の歴史の中に、マリア様、イエス様の、まことの心が伝わっていないことを大層嘆いていらっしゃいました。

余談になりますが、沖縄の先生の家に、マリア様について研究している独身の男性が訪れたことがありました。マリア様にその方がいろいろと質問をされていました。そして最後に「マリア様、いまのようにこれからもご指導頂けますでしょうか」と、言いました。するとマリア様は、

「あなたは御自分のお子を育てたことがありませんね。お子を育てた経験がないということは、私の

イエスに対する本当の想いは、あなたにはお分かり頂けぬことと思います。そして、あなたをご指導下さる方は、私でなくともっと素晴らしい御方がすぐお側にいらっしゃるではありませんか」と、先生を指しておっしゃったのです。

多くの方がマリア様やイエス様を天上人として、何もかも神と同様に崇拝するばかりでは、人として生きたマリア様やイエス様の、血の通った本当の心に気づけないことを、マリア様のお言葉から教えられたひとときでした。

八月二十九日の昼のことでした。ニューヨークの国連ビルの中庭に置かれている平和の鐘は、年に数回、アメリカの大統領や、世界で唯一被爆国である日本からの要人が訪れるときのみ鳴らす鐘だそうです。決まった人以外、勝手に鳴らすことは許されていないとのことです。このことは、〃こと〃が終わった後で知らされたのでした。実は先生は、沖縄の石垣島にある鐘、北海道・稚内の平和の鐘にそれぞれ祈りを終え、最後は国連の平和の鐘に祈りを納める予定で来ていたのです。そして国連の平和の鐘がある庭に、神様に案内されるが如く、私たちを案内して下さったのです。先生のグループ七人が、それぞれカーン、カーンと鐘を鳴らして祈る間、止めに来る人もなく、全員が祈り終えるまで鐘は鳴り続けたのです。振り返ってみますと、まことに奇跡的な時間を頂いたものでございました。まさにこの奇跡的な祈りを可能ならしめたものは、先生が、「祈り」とは「真剣勝負」だといつも言われるそのものを、神が世界の人々に見せて下さったものだと思わずにはいられませんでした。祈りは世界中至る所で日々なされていることでしょう。教会でも寺院でも家庭でも、あらゆるところで。しかし、大きな志と深く細やかな思い遣りに満ちた人の、命をもかけた真剣な祈りでなくては、人を心の底から、まして神の心までをも動かすことはできないのだということを、改めて胸に刻んだ日でございました。

四、自由の女神様

八月三十一日、先生は私たちを自由の女神の前に案内して下さいました。先生はとても優しくお祈りをなさいました。

「初めてあなたとお会いし、真冬に立ってお祈りしたことがありますが、覚えておられますでしょうか」。

先生は、私たちに向かって次のようにおっしゃいました。

「フランスのある公園に、アメリカの自由の女神像の元になった女神像がある、ということを聞いていたので、この（アメリカの）女神様に祈る前に、フランスに行ったのですよ。そこの公園に本物があってね。女神像と同じ形のものがアメリカで作られても、魂までは入っていないのではないかと思い、先にフランスに行き、それからここでお祈りしたわけね。その時は真っ白な雪で、人は誰もいなかった」。

先生は再び女神様に向かわれて、

「貴女の体の中にはさまざまな人が入れ替わり立ち替わり駆け回って、見たり触ったりするにつけ、自由の女神と言えども目に見えぬ汚れが付いたことでございましょう。この百余年の垢落とし、日本国の言葉で〝禊《みそ》ぎ浄め〟と申しますが、それをさせて頂き、その後に宇宙から更に大きな魂を入れさせて頂きまする」。

先生の禊ぎ清めの後、自由の女神様がお声をかけて参りました。

自由の女神様

「アメリカという国は多くの国からさまざまな人たちが上陸してきました。その人たちはこの土地の神様の心が分かっておりません。昔からこの大陸を守っている神々様の想いを人々にお伝えするために私は建てられたのです。自由の塔と言われるこの像に向かうと、あたかも新しいアメリカが見えて来るようですが、私はアメリカの昔からの神々様の想いをどうお伝えしようかと、ずうっと考えておりました。アメリカ大陸の昔からの神の心を知ろうとする人たちはとても少ないのです。貴方様が来られる数日前（＊筆者注＝先生がサミットに参加するために、アメリカに来た日のようでした）、私の想いを北米に広めることが出来るのではないかという想いが、この（自由の女神の）像全体にも実感として伝わってきました。ここにじっと立っている訳には参りません。ようやく、私が動き、活動する時が参りました。像は崩れても、思い残すことはございません。昔のアメリカの大地の神々様が、これから共に働いて下さることと思います。そのための力を私に下さいませ。

貴方様の光は心の太陽でございましょうか。私にとっては初めての光にございます。太陽の光は燦々と頂きますが、その光とは違い、暑くもなく、とても快い光でございます。限りなく広がる天の神々様の光でございましょうか、心から感謝申し上げます。とても大きな想いが、私の胸一杯に広がって参りました。
北の大陸ではいままでにこのような光を見ることはございませんでした。なぜいま、この大地にこのような光があるのかをお教え下さいませ」。

S先生
「地球はいまどのような状態であるかは、よくご承知かと思います。宇宙全てを造られた親神様、その神様はこの水の惑星をこよなく愛しておりまする。親神様は、いま、病んだ地球を癒さんがため、救うため、太陽とは違う、また、銀河系とは違う光をもちて、この地球の蘇生を図ろうとしております。また、人類の蘇生のため、高き意識の魂を授けようとしておりまする。
私は宇宙の彼方の親神様の指示により、この光を地上に降ろさんがために働かされておりまする、ひとりの神の使いでございまする。これから二十一世紀はこの光をもって、地球と人類を救わねばという神の念いでございまする。この光は強いばかりではなく、厳しさもありますが、優しくもあり、地球の全てを生かす光でございます。どうぞこの光をもちて、北米大陸の四方八方へとお働き下さいませ」。

自由の女神様はこれに答えて、
「貴方様の言葉はアメリカの言葉と違います。言葉の一つひとつから、また、貴方様の口から光が走って参ります。この光を持って北米の地を歩きましたなら、必ず多くの人々が振り返り、何か気づきを得て下さるような気が致します。遙か遠きお国から海を渡ってお運び下さいました皆様方に、心からお礼を申し上げます」と申されました。

十五章　位山における 神の交替式（二〇〇〇年十一月二十日）

一　神の交替

永い間、天照大御神様が日本の国を治めてこられました。そして、いま何故、神の世界で交替がなされるのか、人間社会の大統領改選などとは意味合いが異なるので一般的にはなかなか理解しにくいと思われます。物事を宇宙レベルでお考えになられる先生には、何年も先のことや、神々の世界のことも、先へ先へと手に取るようにお分かりになられるのかも知れません。いえ、お分かりになるというよりも、いかにも先を読んでいるかのように、すべてが現実となって顕れてくるのです。そのような中、先生は海玉伊志命《みたまいしのみこと》という神様を、何年か前からお育てになっていらっしゃいました。丁度その頃私は、神の交替など知る由もなく、先生の心の中に育てられる海玉伊志命様について、とても謙虚な神様でいらっしゃると感じておりました。

先生は将来を見据えて、海玉伊志命様のことをどのようにお育てしたらよいかを、さまざま思案していらっしゃいました。それはそれはきめ細やかなお心配りで、私たちにも、先生の海玉伊志命様に託すお気持ちがひしひしと伝わって参りました。

こうしてお育ちになられた海玉伊志命様は、宇宙の魂をお持ちの神様で、二十一世紀以降の地球が宇宙文明に移りゆく時、日本の国を治めるべく準備をされた神様であるということなのです。神の世界でどのような深い意味合いがあっての交替であるのか、直接、天照大御神様のお言葉を頂いておりますので、天照大御神様、海玉伊志命様、両神様のお心をお伝えさせて頂こうと思います。

二　位山とは……。そして、交替式の準備

まず、交替式がなぜ位山で行われるのかということから始めます。

位山からは、現在は天皇家の笏《しゃく》（＊筆者注＝束帯〈宮中儀式に着用する正式な服装〉の時、右手に持つ細長い薄板）を作るための木を伐《き》りだしているとのことですが、その昔は、天皇陛下が神としての位を戴くところであったようです。戦前までは現人神《あらひとがみ》とされていた天皇は、現世的には皇居の宮にて位をお受けになられますが、天皇陛下が神上がり（＊筆者注＝崩御の意）なさってからの位を、神様から戴くところであるようです。

時は十一月二十日の夜十二時、位山で交替式を行う計画にて、S先生の他男子三名、私と、車の運転をして下さる方一名と、総勢六名にて、夜の出発を前に軽い食事を摂った後のことです。

位山を守っていらっしゃる神様が、山の様子についてお話し下さいました。

位山の神様

「山々に木霊《こだま》する神々に参集を頂き、本日のお守りをさせて頂きます。道中、雨天のために危険な個所もございます。それと、今回の大きな神事に対して邪《よこしま》な思いを持つ神々もございます。どうか心を引き締めてお登り下さいませ。位山の由来通り、二十世紀の暗闇から夜明けの文明へと神々様をお導き下さいませ」。

いよいよホテルを出発です。雨への装備をし、車に乗り込みましたが、山に入りますと風が強く雨もひどくなりました。道が狭くなってきたところで車を降り、ライトを消しますと真っ暗闇です。雨で道が滑りもし、健脚な人でも歩くのはたいへんなところ、杖をついての先生を思いますと、本当に頭の下がる思いでした。加えて、闇夜に彷徨《さまよ》う異星からの宇宙の魂、今夜の儀式を邪魔しようとする存在の動き、先生を守ろうとする神様の動き、……さまざま交錯《こうさく》し、まさに百鬼夜行という有様で、たいへんな登りの道に一時間半を要してやっと目的地に到着致しました。

まず六角形の屋根がある休憩所に入りました。入ったと同時に、屋根があってもないに等しくなるほど雨風共に凄まじくなり、誰もが全身びしょ濡れ。木を叩く風雨の音がビュービュー、バシバシ……。夜中の寒さも加わり、とても厳しき状況の中で始まりました。

辺りを見渡せば、周囲には数え切れないほどの神様が集まり、宇宙の神々様、そして恐ろしいほどの宇宙の星からの魂……、一体何が始まるのだろうかとおののくような、異様な情景でした。

まずは、先生のお祈りの言葉から始まりました。

S先生

「まずは天照大御神様と海玉伊志命様の交替の儀を執《と》り行いまして、次に、国常立の大神様のお出ましを頂き、その後、宇宙の神様と地球の神様とのご交流を持ちたく思います。（＊筆者注＝ここで、S先生による大きな祓いの儀が行われました）

世は、まさに混沌としております。人々の心は宇宙へも影響を及ぼし始めました。

全てを備えたこの清き宇宙のオアシス・地球が、まさに人間によって崩壊の道を辿るいま、このままにしておく訳にはいかぬ時が参りました。そして、神の国、日の本つ国、大和の国と言われるこの日本国。長きにわたりこの地を導き、お治めになって参りました天照大御神様、そして、日本の国津神、天津神始め、八百万の神々様のご協力で成り立って参りましたが、人々の心の中に神の心は届かず、また、神様の中にも、人よりも堕落した神様さえおられます有様。

天照大御神様、どうぞ、直接あなた様のお言葉をもって、あなた様がどうしてここで辞退をなさり、身をお引きになられますのかを、いままであなた様を尊び、偉大なる日本の光として、太陽神として崇めて来られた八百万の神々様に、しかとご理解頂けるようお話をして頂きたいと思いまする。それによりまして、全ての日本の神々様の意識の改革を図り、そして、出来うることでしたら、満場一致と言いましょうか、出来るだけ多くの神々様の賛成と祝福を得て、海玉伊志命様へと世代交替を賜りたいと思いまする。天照大御神様、どうぞ、お言葉を頂きたいと思います。よろしく、お願い致します」。

天照大御神様は普段と異なり、とても質素な感じの装束を身に纏《まと》っていらっしゃいました。

天照大御神様

「今日は、霊界、神界におきましては、たいへん大きな浄化の日にございました。ここにこうして集まってこられた八百万の神々様は、日本各地におかれまして、何千年、何万年にわたっての活動をなさり、この日本という国を、大和という国を率いて参りました。本日は、世界からの神々様も共に御参集下さいまして有り難う存じます。こうして次の世紀へ、神々の働きを移行させる節目の日に、わが身から言葉を述べさせて頂きますこと、まことにありがとう存じます。

大和の国は、宇宙の神々様の意を頂き、大陸から離れましたが、この南北に長い大きな列島をわが身によって治めよ、とのお言葉を頂き、伊邪那岐神様、伊邪那美神様の下に降り立たせて頂きました。大いなる神々の中に、伊邪那岐・伊邪那美の神様と、大和のあらゆる国々の神々様が、お国を作り上げるために共に力を合わせて参りました。そして、天からの恵みと土からの恵みにより、人々に与えるべき多くの宝をも作り上げて参りました。

神々の数も、神産みによって産めや殖やせよと次第に多くなり、人々の心の中に神の心を映すべく、人々が神と向き合い、神に手を合わせる宮をも、天からお許し頂きました。

永きにわたって、天からの想いの宝を戴き、宮に心を寄せ、大いなる国を興して参りました。初めの頃の人々は、わが神の心をとても素直に、そして清らかな心で受け止めておりました。実りの秋には天に感謝の涙をし、流れる川に神の心を映し、雨あらば天の神を有り難み、日照りが続くとも、天からの水の恵みを信じ、まことに、神と共にありし大和の人々でございました。

何故に、いまの世の人が神の心から離れ、手も足も天の気を受けることなく、人と人との心の間に起こりし〝力〟で世を生きるようになったのか。人の力では造れぬ根本の自然の力を忘れ去り、神から与えられし大きな心の和をも忘れ去り、宮に参る人々も、神に手を合わせる時のみは神を思い出すも、人々の、心と心の摩擦の中に引き込まれてしまい、やがてまことの神の心を忘れ去り、宮は人々の我欲のための祈りの場と変わってしまいました。ここに至っては、宇宙の親神様のお力をお借りしなくては収拾のつかぬ世になってしまいました。そして世の改革のために親神様の遣わして下さいましたお方（S先生のこと）が、海玉伊志命様をお育てになったお方でございます。そして我が統治して参りました大和の国は、これから地球の中心となる地にございます。

それ故に、日本の人々も、古《いにしえ》の大和の人々の心に立ち返らねばならぬ時を迎えております。何億年にわたって成長し続けたこの地球という星も、大きな転換を余儀なくされる時が参りました。

実を申せば、私は天から来た者に非ず、地球の神にございます。太陽の陽《ひ》の神とは人々の作りしこと。まさにこれからの地球も日本も、宇宙創造の神から与えられし、陽《ひ》の神の統治する世になります。まことの陽《ひ》の力の到来の時にございます。

伊邪那岐・伊邪那美の神様も、地球の神として興された神にございます。私はこの秘密を明かすことなく、この日本を統治して参りました。

この地球という星も、二十一世紀は宇宙文明の時を迎えまする。まことの地球の夜明けにございましょう。永きにわたって日本の神として働かせて頂きましたことのお礼を申し上げると共に、お詫びの心でいっぱいにございます。

海玉伊志命様をこの日本に戴き、まことに有り難く、本日のこの節目の日に下がらせて頂きとうございます。海玉伊志命様の魂は、宇宙の神様から頂きました神の魂にございます。来年の二月四日の春立つ（立春）日の発動をもちて、確かなる交替の日とさせて頂きとう存じます」。

天照大御神様は日本国の現状を憂いられ、たいへんお悩みの時期もございましたが、本日はたいへん凛々《りり》しいお姿でございました。

天照大御神様のお言葉に対し、先生がお言葉を発せられました。

S先生

「まことに、ご苦労様でございました。ありがとうございました。

私もこの何年間か、何とかあなた様にそのままこの日本国をお任せして、平安なる日本国に戻して頂こうと、あの手この手いろいろ尽くさせて頂きました。しかし、一向に良くなる兆しが見えない昨今でございまして、あなた様が自ら、もう身を退《ひ》くと言われる日をお待ちしておりました。先月も、位山に登ろうと致しましたが、一日でも多く天照大御神様のお導きを、という気持ちで、とうとう今日という交替式の日を迎えました。よくぞ決心して下さいました。有り難うございます。

さて、お集まりの八百万の神々様。天照大御神様は、自ら進退をご決意なさいました。神々様もさぞ驚かれたことでございましょう。

この地球という星は、宇宙のひとつの生命体でありまする。そして、このようなきれいな星は、広大な宇宙においても滅多にはございません。神々様は、余りにも素晴らしきこの星を汚すまいと、お守り頂いて来たと存じますし、宇宙の親神様にしてみても、この星を何とか救いたいという大いなる愛のもとに、いままで残して下さっております。しかし、宇宙の神々様の中には、地球を一日も早く浄化しよう、大きく作り直そうというお考えもあります。また一方、一気にこの地球を爆発させて、宇宙の塵としようというご意見の神々様もございましたが、何とかそれを親神様がお止め下さったことにより、今日の日があることをお分かり頂きたく存じます。地球を守るために、これから大いなる浄化を迎えることは致し方ございません。腹を括《くく》り、覚悟していかねばなりません。

ここで幸いにして、宇宙の御魂であらせられる海玉伊志命《みたまいしのみこと》様がここに立派にご成長なさいまして、今日の日を迎えておりまする。どうぞこれからの二十一世紀、海玉伊志命様のお働きを頂きたく思いまする。また、海玉伊志命様に大いなる力をお貸し頂くために、この位山に永きにわたり封印されておりました国常立の命様にも、今日はご出現を願う予定にございます。

厳しいことでございますが、いまのまま人々を甘やかしては、地球を滅ぼしてしまいまする。ご承知を賜りますように。そして、神々様もお心をお引き締め頂いて、この地球が宇宙の大いなる神々様の元へと元帰りが出来まするよう、お導きのほど宜しくお願いを致しまする。

海玉伊志命様、どうぞ、天照大御神様の意をお受けになり、そして、伊邪那岐・伊邪那美のお二方の意、天《あめ》の御中主《みなかぬし》様の意もお受けになられ、宇宙の大いなる気をお受けになられて下さい。

海玉伊志命様、二十世紀最後の年の十一月二十日の今日をもちまして、これからの世に向け、この大和の地・日本国の神の世界をはじめ霊界をも含めて、しかとこの宇宙の意をお受けになられて、親神様の意に適う国へとお導き下さいませ」。

この時もまだ、あたかも地上を浄化するかのように荒々しく風が吹き、雨も止むところを知らぬ激しさでした。

海玉伊志命様

「本日は、荒々しく世を洗い流す雨の中、よくぞ、御心を、お身体をお運び頂き、まことにありがとう存じました。

海玉伊志命、宇宙からの数え切れぬほどの光と共に、この地球をお守りする、最も人々に近き存在としてお育て頂き、今日ご指名を頂きまして、たいへん心落ち着かぬ境地にはございますが、しかとお受けさせて頂きとう存じます。

この辺り一帯を見渡しますと、大和の地にも初めてと思われまする、宇宙からの多くの遣い人の魂と、かつて天照大御神様がお育てになられました神々様のお姿、また、数え切れぬほどの龍神のお姿、まことに荘厳なる光景を目の当たりにさせて頂き、私が立たせて頂きますことの大きな意味合いを、ひしひしと感じるものにございます。

S殿、我は、宇宙から、この地球という星に初めて誕生致しました時には、どのように誕生し、そして何の使いであったのか、目隠しをされておりました。この目隠しを外し、わが身を、まるで赤子を育てるが如く、温かな心にてお育て頂きました月日、まことにありがとう存じます。宇宙は果てしなく広く、人の思いで計ることは到底不可能なことにございます。宇宙の神様の大きさも同様でございます。

太陽系と申しましても、創造の神様からご覧になりますればまことに小さな存在でございましょうが、そのような中に創造の神様のお心をそのまま表されたこの地球という星は、ほかに類を見ない、まことに荘厳なる美しさを湛えた星にございます。

これからは人々の心の中に、宇宙の光が差し込む時にございます。地球の人間は、あの大空に瞬く星の如くに増えて参りました。しかし、あの宇宙の星の光とは全く正反対の、光のない魂と化した人々を、どのように救って差し上げられるのか、私にもいまは手だてがございません。しかし、神の姿に似せたこの人々を残すべきか、私も、何と判断を下して良いのか、分かりかねております。

この太陽系の星の皆様、宇宙の星の皆様方、どうぞお教え下さいませ。地球にいまこうして生かさせて頂いております人々の姿は、これからの時代何をなすべきか、どうぞお教え下さいませ。

海玉伊志命は、創造の神様からの大きな愛を頂いて、ここに立ち上がらせて頂きました。どうぞ、この地球の素晴らしい姿を、多くの星の皆様方、どのようにお守り致しましたら宜しいかをお教え下さいませ」。

S先生と天照大御神様、海玉伊志命様がお言葉を交わされた後に、宇宙のある星からの方と、木星からの方との言葉の交流がありました。木星の方の言葉、他の星からの方のお言葉を次にご紹介致します。

他の星からの方の言葉

「すべて浄化せよ。すべて浄化せよ。今のままではならぬ。すべて浄化せよ！」

木星の方の言葉

「あなたは、どの星から来られたお方ですか。私は木星からやって参りました。この地球は私のおなかの中にございます。私は海玉伊志命様を助けてゆきたいと思います」。

他の星からの方の言葉

「地球は守りたい。地球は愛おしい。地球がとても愛おしい。壊せというのは、この地を治せということだ。人々はその折に取り壊す。何もかも、地球人は自分で、この大自然を踏みにじり……。こんなにも愛おしいこの地球を守りたかった。この地球を守りたいのに、他の外宇宙、色々な星から押しかけて来て、世界各国そこらかしこにその魂を植えつけていった。それらの魂が勝手のし放題。

海玉伊志命殿、地球を変えることは可能ですか。私の目で見るともう無理だと……。地球がもたないと。地球が自分で破滅しようとしておる。二月四日。二月八日。地球が自分で破裂しようとしておる。それを救うには、まず人間を整理せねばならん。でなければ、壊さねばならん。手だてがあるなら私は全力を尽くす。しかし、人間は要らぬ。新しい人間をまた作っても、この星めがけて外宇宙からの魂が、他の星の魂がまた……、その繰り返しじゃ。

親神様はこの地球を、本当にオアシスとして、本当に楽しみにしておられたのに……」。

木星の方の言葉

「あなた様のおっしゃることは、よーく分かります。創造の神様が降ろされました人の魂は、現代のこの地球に数多《あまた》存在する人々の姿とはまったく異なります。創造の神様がお許しになります人の姿は、丁度、海玉伊志命様のようなお心を備えた、そのような人の姿でございます。

あなた様のおっしゃる通り、創造の神様は、この地球をオアシスとして楽しみにしておられました。また、何故にこの地球に人の魂を降ろされたのか、そこをお考えになって下さいませ。

この地球が存続することが、宇宙にとってどれだけ大切なことか、よーく分かります。生きとし生ける動物たち、神の与えし叡智によって生きねばならぬ人々も、その動物の一部でしかないのです。他の星からの魂の、仮の学問（人間が作り上げた〝科学〟）を持った人々の影響を大きく受け、地球という星がここまで変わってしまいました。それを何故に創造の神様がお許しになったのか、そこをどのようにあなた様はお考えになりますか。お言葉を下さいませ」。

他の星からの方の言葉

「宇宙の中には、親神様の愛が分からずにいる星もある。その愛を示すためにこの地球を作った。それはよく分かっている。しかしいま、この地球のために、宇宙のバランス、ひずみ、ゆがみ、揺らぎが、異常なほどに起こっておる。本来ならば、十月いっぱいで終わらせなければならなかったこと。それをここまで引き伸ばし……、引き伸ばし過ぎじゃ。

人々にまことの心を伝えても見向きもせず、心の中も荒《すさ》んでおる。光を与えても、それを受け止めることも出来ない。私とて、私とて、人々のために、なにぞや少しでもと思いを広げ、努めていたにもかかわらず……」。

木星の方の言葉

「あなた様のお心の内はお察し致します。この地球という星をお造りになられる頃から、あなた様はこの地球の遥か彼方から親神様の意を受け、ずーっと永きにわたって見守ってこられたお方でございます。

私は木星で、あなた様の姿も教えられて参りました。私は、海玉伊志命様がこうして立たねばならぬ、この日が来ることを教えられておりました。そして人々の心の中に潜入しておりました。

S殿は、創造の神様から、地球をお守りなさいますことのご指名を受けられたお方にございます。そして、いまこうして海玉伊志命様をお育てになり、地球という星がやっとの思いで宇宙の仲間入りをするその日を迎える時、海玉伊志命というたいへん心温かな神様をここにご準備されました。これから成長する地球は、宇宙の仲間入りをするために、大掃除をしなければならないのは当然のことにございます。それをどのようになすべきかを、海玉伊志命様が温かな心でお話を下さいます。私は、あなた様の湧き出るような愛と、その愛を具現してゆく大きな力を存じております。でも、その大きな力をもってして、この地球上の人々をすべて消していった時に、地球という星が、本当に宇宙の仲間入りが出来ますでしょうか」。

他の星からの方の言葉

「バランスは崩れる。地球としての役割はなくなる。人間は残したい。心ある人は残したい。心ある人とは、どこまでを心ある人というのか。家族を思う気持ち、悪人と呼ばれる人もその心は持っておる。その心を持っている人を助けると、いまの状態になってしまうのだ。その判断は私には出来ん。それであれば、みな一斉になくなった方が良いのではないかと。私はそう考えておるのだが、如何なものだろう」。

木星の方の言葉

「海玉伊志命様、どうぞ、貴方様のお心を、われら宇宙からの魂に、お聞かせ下さいませ」。

海玉伊志命様

「宇宙を代表してのお二方のお言葉を、有り難く受けさせて頂きます。地球の、この美しき自然の中に生かされておりまする人々は、皆、親神様にとっては、必要でない人はないことと思われます。が、しかし、他の星からの魂の影響によってまことの人の心を失った人々は、排斥しなければならぬと思われます」。

再び、S先生からのお言葉がありました。

S先生

「二十年ほど前に、地球のため、人のためと行動を始めました体もボロボロになってしまい、いまでは本当に、地球を駆け回る力もないほどでございまする。その間幾度となく地球の危機はありましたが、木星にも救われ、自分も命を賭けて、富士山の頂上で噴火を防いだりもしつつ、地球を守るためにどうにかこうにか、ここまでよくやって来たなあと思います。

人間の場合、その肉体から出《い》づる諸々の煩悩といいましょうか、人間二人いれば、欲が出るものでございます。反面、愛とか慈悲とかいう心、それから、人情とか、仁とか、情けとか、親切とか、優しさとか、素晴らしい心も人間にはありまする。しかし、何千年か前から、宇宙のさまざまな星から地球に降りて来た実にたくさんの人々には、心よりも知恵、知識が価値を持つと言いましょうか、そのような宇宙からの魂の人々によって、自然のバランスを崩すとんでもないことがこの地球を覆い始め、心ない人々が多くなり、いまの日本、いや世界にとって、欲を満たすための頭の働きはすぐれているけれど、心はどうしようもない人々が出来上がってしまいました。宇宙の魂の知恵にかかれば、地球の純粋なる人々の心は、赤子のようなものでございましょう。人間の中には、きれいな魂を持つ人たちもたくさんおります。私も純粋な人間として生きようと志してやって来ております。そういう心の人たちをも、少しずつ作って来たように思います。そしてやっと最近、宇宙から降ろされ、地球での本来の仕事を果たそうと志す人々との出会いがあり、その人たちと動いているときに、ふと、海玉伊志命様を見かけ、どうにかしてこの魂を育て上げたい、そして地球の改革を果たすその時にはこの魂を、と思いました。

そしてただ一緒に自分の屋敷の中にお住まい頂き、思うままに振る舞っていただきました。また、私の家庭での人としてのあり方、また、私の子供たちの姿をお見せして、私の妻を、私の家庭をお見せして、また、私の周囲に集まって来る人と人との接し方、人と人の関わり合いをお見せしながら、海玉伊志命様には人の心をたくさん見て頂きました。、また、ある時は共に世界を回り、世界の神々様、世界の人々もお見せして、ある意味では我が子以上に厳しく、色々と学んで頂いたつもりです。その甲斐あって、素晴らしき神様に成長なさりました。私は、今日の大きな儀式を終えましたら、また一人の純粋な人間として、沖縄の自分の家で、出来うる限り純粋な人間を育て、自分の子供を育てながら余生を暮らし、地球の行く末を祈っていきたいと思いまする。本当に今日は、宇宙の神々様も、また、地球の神々様も、日本の神々様も、ありがとうございました。

海玉伊志命様、たいへんな仕事ではございますが、どうぞ先頭にお立ちになり、頑張ってお働き下さい。私もお手伝い出来ることはさせて頂きたいと思いまする。

それではまず、海玉伊志命様の力になって下さいます神様を、これから起こしたいと思いまする。かつてこの地球に来られた、大きな龍体を持つ、国常立《くにとこたち》の神様でございます。どうぞ、この国常立の命様という大きな後押しを得て、一緒に力を合わせ、大きなお働きをなさって下さい」。

猛烈な風雨に、みなびしょ濡れになり、手も足も凍り付くような中、先生はひとり休憩小屋から外に出られ、再び暗闇の中にてお祈りをされました。新しい世を造るために、全身全霊の力を振り絞って祈られました。暗闇に、先生の祈りの声だけが、まことに宇宙から伝えられる響のようでした。

三、三重県のホテルにて――位山での儀式の当日

山を下りてその日の夕刻、天照大御神様は、改めて先生にお礼を申されました。

天照大御神様
「これまでの天照神《あまてるかみ》は、神としての御霊をお許し頂きましてから、永きにわたって大和の国の神々と共に祈りつつ歩んで参りました。しかし、時の替わりには神とても逆らうことは出来ず、全く予想だにしないことをここに見せられました。新たなる世への鐘を打ち鳴らして下さり、ありがとうございました」。

四、伊勢神宮にて

先生は翌日、改めて伊勢神宮にご挨拶に向かわれました。どこまでも心を尽くし、礼を尽くされる姿、今更ながら、先生の神々様に対する真摯《しんし》なお姿には魂が揺さぶられます。先生ご自身、宇宙の魂であり、天照大御神様でさえも頭を下げるお方ですが、天照大御神様は、日本の国にあっては多くの

神々の頂点にあるお方です。その時の、天照大御神様のご挨拶をご紹介します。

天照大御神様

「本日は伊勢の地までご足労頂き、有り難う存じます。いまここに、須佐之男命様と共に、ご挨拶をさせて頂いております。

四つの柱としての神を配し、四方の大元に、、伊邪那岐神様、伊邪那美神様を中心として、北に海玉伊志命様、南に月読の神様、東に天照神（天照大御神）、西に須佐之男命様を配置させて頂きました。

大和の国の神々は、海玉伊志命様の偉大さを知る由もなく、私共もまた、宇宙の壮大なる力には気づかぬ点が多々ございます。海玉伊志命様をお見受けする限り、非常に厳しく、その反面、大きな大きな、温かなお心をお持ちの神様のようにございます。

これまでの世は、神も温かな心を持ち合わせてはおりましたが、厳しさに欠けていた様です。そのために、神も人もわがままな心が多く出て、その結果が今日の有様であるようにお見受け致します。私もまた海玉伊志命様の下に、人々と共に、神々と共に歩ませて頂き、改めて一生懸命に働かせて頂きとう存じます。素晴らしい大和の国における神々様の、新しい年を迎えるこの節目に、一度も考えることもなかったこの状況を頂きましたこと、ひとえに貴方様（S先生）のご努力であると、ただただ感謝の気持ちで一杯にございます。須佐之男命様と共に、お礼を申し上げさせて頂きます。どうぞ、お身体を大事になさって下さいますよう、心からお祈りを申し上げます。ありがとう存じました」。

そして、海玉伊志命様も、伊勢神宮にてご挨拶を下さいました。

海玉伊志命様

「本日改めてご挨拶を申し上げます。まず、貴方様（S先生）を、神のお名として聞き及びますところ、宇宙の大元の意を発する親神様の、橋渡しのお役をなさる御方と教えられました。

宇宙が如何に広い世界であるか、まったく、宇宙から来た私といえども、何と表現して宜しいのか分かりません。貴方様は光をお伝えするお役にある方と教えられております。宇宙の神の根元の、大いなる力を束ねていく御方、宇宙大根元光源の神と教えられました。

この地球という星でお会いしたこと自体、私の予想をはるかに超えたことでございます。私は初めてこの星に生まれました時、地球のある地点に落とされ、気が付く人もなく埋もれておりました私を、どこでどのようにお気づきになられましたのか、このような形にて貴方様にお救い頂こうとは思いもよらぬことでございました。まことにありがとう存じました。

昨晩、そして、今朝の闇の中、辺り一帯、神々様の姿と、宇宙からのさまざまな魂との混じり合う中、この地球を滅ぼそうとする魂もあり、また、見物に来る魂もありに憂慮して見守る魂もあり、あなた様の光を求めて来る魂もあり、混沌とした状態で始まりました。そして、この地球の行方を教えて頂けるが如くの光の大きな輪が、上空に現れて参りました。そして、その光の輪の中に入れられし魂、光の輪から外へはじかれねばならぬ魂、光のどのような力にございましょうか、地球の上に、燦然《さんぜん》と落とされた光の輪は、大きな風の力の如きものでございました。良きものは光の輪の中に引き寄せられ、地球に愛を持たぬ、地球の魂として相容れぬ魂は、光の輪から大きな風によって外へ押し出されるが如く、一瞬の間に整理をされました。

その輪の中心におられましたのが、貴方様（S先生）にございました。これからの地球が愛をもって救われるさま、そのお姿を見せて頂きました。

宇宙からの光が、良き魂と良き心のみを引き寄せるということは、どのようになされますのか、自然の力の成すことゆえ私にも判断は出来ませんでした。今日この日まで、折に触れてさまざまな神様や人の心の有りようを見せて頂いた上、このような光景を一瞬に見せて頂き、まことにありがとうございます。

S殿を通じてさまざまな光を見せて頂きました。肉体を持ち、人々の肉眼に見える貴方様は、小さな手足、その足を引きずるように歩かれる、そのような貴方様が何をお示しになろうとも、信ずる方はまことに少のうございます。しかし貴方様と同じように、まことの温かき心をお持ちの方にはまっすぐに伝わります。二十一世紀に入りますと、地球のエネルギーが百八十度変わっていく様を、私は宇宙のある時点で既に見せて頂きました。貴方様は夢のような状態でございましたでしょうが、異次元で宇宙へ招待を受けました折、その様を拝見して参りました。これからの時代は人々も、神の御心をしっかりとお受けになり、神と共に生きようとする意志をお持ちにならねば、苦しくて生きていけぬ時代と相成ります。その苦しみは、医学や、あらゆる知識=科学に頼ろうとも、到底除くことの出来ぬ苦しみにございます。ただ、神に繋《つな》がりし心を持った時、初めて心休まる時を与えられるのです。

宇宙大根元光源の神様（S先生）、大和の国の神々様は世界の神に先駆けて、この様子を目のあたりに見せられる日が近くやって来ると思います。あなた様が、はじめにこの日本の国すべてをおまわりになられた意味が、初めてよく理解できました。

神の世界では、あなた様の魂に触れた神は、一瞬に分かるような仕組みを頂いております。ほんの僅かな私との出会いの中にこれほど大きなもののあることを、あなた様ははっきりと私に見せて下さいました。何と素晴らしいお心をお持ちの方かと、改めて、感謝の言葉を真心から申し上げたく思います。有り難うございました」（＊筆者注＝神とは、宗教でいう神ではなく、宇宙法則と共にある神の存在を言います）

五、沖縄にて

また別の機会に、神苑(先生がご用意された日本の神様の座)にて海玉伊志命様のお言葉を頂きました。海玉伊志の神様はこの神苑において、先生に付いて学んでいらっしゃいましたので、海玉伊志の神様にとりましてはふる里のような地でございます。そこで、どのようなお話を頂けますでしょうか。海玉伊志命様は御自分の出生について語られました。

海玉伊志命様

「海玉伊志命と名づけて頂きました私は、伊邪那岐・伊邪那美の神様のお力によって、この地上に産声を上げることができました。私はもともと、小さくて綺麗な水晶のような箱に乗せられる予定でございました。それがなぜか、水に浮いてゆらゆらとした、とても温かな木の葉のようなものの上に置かれました。その瞬間、宇宙のいずこからか、破壊の光が、まるで千本の針が刺さるが如く私の魂に刺さり、無残にも形が崩れてしまいました。そして魂は宇宙に帰ることも出来ず、長い間、その状態から脱することが出来ず、全く無限の闇の中に閉ざされておりました。

いつの日か、私の存在を分かって下さる日が、大きな光が差し込むときがきっと来るであろうとお待ちしておりましたが、ある日、無残にも大地を砕く真っ黒な雲が天から降りて来ました。しかし、私の上にはそれとは正反対の、巨大な光の玉を見せて頂きました。それが、日本国の、戦いの終わりの日であり、また、大きな夜明けの日でもございました。その巨大な光が、貴方様（S先生のこと）がこの世に降りるべく準備されました光であったようにございます。S殿とは、その時からの出会いでございました。宇宙の神々様は、学ばなくてはならぬ時には、光の存在にて全てを現わされます。S殿、心から感謝とお礼を申し上げます。そして、あの位山では、私の成人した証でもあると教えられました。

これからこの地球という星には、宇宙からのたいへん大きな力を頂くことになります。そして、大きく宇宙が統一される時が参ります。地球の人々の目から見ましたならば無限に広がる宇宙ですが、地球は、大きな、目に見えない膜に覆われております。それは創造の神様の息吹によって作られた膜でございます。私は位山で、その息吹の膜を、一目だけ見せて頂きました。その膜は何のためであるかといいますと、この地球という星が凶器を持ってしまっているため、その膜で地球を覆う必要があったのです。他の星に悪い影響を及ぼさないためにです。凶器とは何か。それは、人々の心である、ということなのです。

こんな小さな地球、宇宙のオアシスとも呼ばれておりますこの星が、何と、宇宙に対して、最も凶器となるような心を人々が持ってしまったこと、そのことに対して、大元の創造の神様が嘆くのは当然のことです。そして、凶器となるものは排除せねば、宇宙のオアシスとして残すことが不可能になるかもしれません。しかし、S殿の魂から発する巨大なる光は、地球の多くの地を潤すことでしょう。そして、宇宙の光を受け付けぬ肉体と魂は、やがて滅びの方向に向かうかもしれません。

私は、あなた様が渾身の力を振り絞り、この地球全土に神様のお心を伝え歩かれた、そのまことを全身に頂き、これから、共に歩ませて頂きとう存じます。

形の上では、大和の国と琉球の国は離れてはおりますが、神の御意志は、日本国の良さと、琉球の国の良さを一つになさるご所存のようにございます。神の体を現した、琉球と大和は、一つになって日本国《にっぽんこく》、言魂でも、二つの国、体《たい》と魂が、合わせられた日本国（＝二本国）でございます。

いままでの世は、魂と体《たい》が離れておりましたが、体と魂と心が一つに合わさった時、まことの神の心を発信していく国となることでございます。ですから、あなた様の琉球の国に多くの方々が足を運ばれるようになりますでしょう。これからは、神様から頂きました心と魂の光の心を学びに、あなた様の所へ、神に縁《えにし》を結ばれる方が足をお運びになられるはずにございます。私は、あなた様と共に居させて頂きます」。

海玉伊志命様は、先生について次のように話していらっしゃいます。

「地球にお生まれになりましたS殿はとても温かで、多くの人を心から愛し、そして、大きな思いやりを掛けて下さり、縁ある方をお育てになろうとして、努力を惜しまぬ御方でございます。人の心と神の心とが通い合ってこそ、初めてこの地上にさまざまなものが形となり、進んで参ります。S殿は、神様へもたいへん大きな愛をお持ちの方ですが、己に対してはとても厳しいお方でいらっしゃいます。人がこれほどまでに己に厳しく出来るものかと思うほどでございます」。

先生は、例えば、楽なことと難儀なことがあるとしたら、いつも、難儀なことの方に気持ちを持っていかれます。このようなことも、海玉伊志命様の心の底に流れる温かさが育まれる上で、大きな力になることだったのでしょうか。

先生はことに当たり、温かな大きな心で、そしてあらゆる角度から、相手の方の心を深く読み取られます。ある時、先生の思いを世に広めようという会がありましたが、そこに、先生ご自身が出席した方がよいかどうか、とても迷っていらっしゃったことがありました。それをご覧になられた海玉伊志命様は、

「宇宙の神はその集まりを『赤子のような遊びである』と言葉を下しております。神の心は、遊びでは通じません。真心をもって、まことを通してのみ、神の光は射して参ります。ですから、今回はそのまま遠くからお見守りしてあげることが宜しいかと私には思われますが、如何なものでしょうか」

と、おっしゃいました。それに対してS先生は言われました。

「海玉意志命様、本当に有り難うございました。何故かと言いますと、私の周囲の人々が、大きな集

まりも作りますが、私の目から見ても、まさしく遊びにしか見えないのです。気の合った人たちが集まって、楽しくワイワイするばかり……。何か覚悟して、命を賭けて、自分の一生を貫き、心から、芯から、世を直そう、世のため働こうというよりも、何か体裁を作るというのか、遊んでるというか、やろうとするその深さが私には見えないので、私の目がおかしいのかと思っておりました。やはり、私は宇宙の心を持たされているのかも知れません。

どんなに皆が一生懸命やってみても、まだまだ、本気の心から見ますと、口には出し辛くて言えませんでしたけれど、遊びにしか見えないのでございます。ですから私は、先だってもある人に、自分の可能な限りの体力を使って、位山一つ登るにしてみても、いま、私の体で山を登るのは只事ではありません。ましてやそれが夜。そして冬。しかも雨の日。その中を行く。決心して行く。この気持ちをまだまだ皆が分からぬ故……。皆が同じような気持ちを持てば、この世はすぐにでも救われると思うのですが……。宇宙の神様の気持ちは、自分の気持ちと一緒でございました。ありがとうございました」。

先生は、周囲にいらっしゃる人たちに対しては、どれほどの魂の成長があるかを、常に見ていて下さいます。ですから、今回の集まりに際しても、会を運営する人たちにとっては、とても厳しい対応であったことでしょう。人生のハードルが高ければ高いほど魂は磨かれてくる、と先生はいつもおっしゃいます。

六、（沖縄の）神山の地について

　Ｓ先生がお生まれになりましたところの周囲には不思議なエネルギーを持つ地が幾つかございます。先生の魂が宇宙の神であると致しましたら、やはり肉体が育てられるためにも、宇宙のエネルギーを受けるための場が必要であったのかも知れません。この神山の入り口ですが、その地点から既にエネルギーが変わるのです。この山はあまり高い山ではありませんが、まさに宇宙の神が降り立つ特別なエネルギーを持ち合わせる場所でした。
　この神山について天照大御神様から、再び言葉をいただきました。

天照大御神様
「昔、沖縄のこのあたりが〝神産み〟をなさる地であり、宇宙の神と地の神とによって造られた、神々をお育てする地でもありました。また、そのことを強くお感じになられた方が、神に祈りを捧げるために神山の地に形を作られました。この地は、天との交流を図る場所としてはまことに相応しい場所でございます。
　太古のエネルギーを、この場に蘇らせようとしたようにございます。まさに、神産みをする力を有している地でもあります。ですから、ここから祈り、発信する力が、ことを起こしていくような地でもございます。そして貴方様がいま探していらっしゃる水晶の玉ですが、昔の人はこの透明な水晶の玉に神の御心を投じて、お父様の心、お母様の心をお考えになられたことと思います」。

先生は「お父様、お母様というのは、きっと、伊邪那岐・伊邪那美の神様ですね」と、おっしゃいました。

そして最後に、先生は何かお話を下さいますよう、海玉伊志命様にお声を掛けました。

S先生

「貴方様の星は、天の姿は、このオリオン座を表しているのでしょうか。毎夕、東の空から登り、西の空に移行しますが、きれいに三つ並んだ星、これは太古の昔のエジプトでは、ピラミッドの配置が関係するとしております。もともとピラミッドはお墓にあらず、神殿でございましたから、やはり、大きな意味があっての配置ではなかったかと思われます……」。

こんな話をしていると、先生は大きな声で、アレッ！ と。私も驚いて、エッ！ と先生の方を見ますと、人差し指を出しているのです。

「天から一滴、指の真上に水が落ちてきた。濡れたものだから分かったさ。見えますか、光ってるのが、こんなして、凄いですね」。

私は本当に驚きました。全く予想もできないことを目の前に見せられたのです。空はよく晴れ、頭上には木立もなく鳥も飛んでいないのに……。その時の状況を皆様に見せてあげたいようでした。

海玉伊志命様はお答え下さいました。

海玉伊志命様

「この神山の地に参りまして、貴方様が宇宙から戴くさまざまな想いを寄せて降ろして下さいます光には、心から感謝を申し上げます。貴方様は全てに思いやりが深いだけに、全てを見通す力をお持ちでございます。

私は、宇宙からの直接の魂にございます。そして、宇宙は広大な空間の中に多くの星を有しておりますが、あなた様のお考えの通り、私もまた、天と大地と水、大きな意味では地球を代表する、地球の神とも呼んで頂いてもよろしゅうございますが、宇宙における数多《あまた》の星が私の象徴でございます」。

更に、先生のお話が続きます。

S先生

「天照大御神様が太陽を持ち、月読みの神様が月を持ち、海玉伊志命様が星を持ち、全部で三つあるという訳ですね。沖縄には〝天のみてん〟というのがありますね。三つの天。やっぱり本土の言葉では説明できないのですが、沖縄には諺がありまして、みてんというのが、太陽・月・星のことであって、太陽、月、星と言わなくても、「みてん」と言えばよい訳です。

もっと凄い言葉があるのですよ。例えば、地でも、地の底の神様って言うでしょう。沖縄では、ウティン ナナスク、ククヌスク、ジイチ、ナナスク、ククヌスクってありますが、意味するところは、天の七つ、九つの、あの遠いところまで……、地の七つ、九つの深い所まで……、と、こういうことなのですが、分かり易く言えば、七次元、九次元という方がいいでしょうか。考え方はまだまだありますけど」。

先生の話を伺っておりますと、太古の昔を思い出すような、何故かホッとするような時間が過ぎてゆきます。

私も、森の中にたたずんでいた時に、素晴らしいことを神様から教えられました。

「神とは、水、空気、土を動かす根元の力であり、花を染める神の心は、人の心を包むかのように温かく、時には焼き付けるような鮮やかさで示されます。時には荘厳な偉大さを示すために、気品溢れる色に染め上げてみたり、野の草花、木々の葉、空を飛ぶ鳥にさえも、色づくしで表現します。神の想いはすべて、自然界に色として表現されます」。

そして、同時にS先生のことについても知らされました。

「S氏とは、宇宙の最奥のことをご存じのお方。そして、肉体を持つが故に、そのことを言葉で伝えなくてはならない役目を持たされたお方です。宇宙の謎は、地球に全て天降《あも》らせております。しかしそれは、長い歴史の中で、人間の力によって世界各地に隠されてしまっています。そして、これからの世に、もっともっと大切な言葉が下りて参ります。その謎解きをするために宇宙から下ろされたお方が、S氏であります。人として更に目覚め、磨かれた魂が必要なのです。現在の人々が知っている〝人〟としての存在ではなく、更に磨かれた、まるで神のように宇宙意志がそのまま伝わる（創造の領域からの宇宙意志）人をこの地球に多く残すことが、S氏のいまの世で果たすべき役割でございます。そうして地球が救われていくのです。最終的に地球を救う大きな仕事が、S氏に与えられた仕事なのでございます」。

十六章　S先生から頂いたさまざまな気づき

二十一世紀は地球に何が始まるのだろうかと、多くの人々が耳を澄まし、目を輝かせて新しい世紀をお迎えになったことと思います。実際、神の世界では本当に凄いことが始まっていたのです。

先生が偉大な神の存在であることも明かされました。とても私たちの思い及ぶところではありませんが、偉大なる神がなぜ肉体を持って地球に下りて来られたのか、人としての先生に触れあう人々の話から、また、先生の体験のお話から、また先生のお供を致しました旅の中から、気づかせて頂いたことを書いてみようと思います。

一　二度目の北極点から帰られたS先生の話

地球環境がなぜここまで荒れ果ててしまったのか。それは人の心の荒廃から……、そして人の心の荒廃は、神（創造神）の心を忘れてしまったことから始まったようです。

私も昭和五十八年に、「地球環境のために何かしなくては……」と、いう思いで前職を辞し、行動を起こしたものの、その頃の思い（気づき）としては、「地球環境は、人の意識を変えていなかくては根本的な解決にはならない」と、いうもので、地球を創られた「創造神の心」を知るという気づきまでには、とてものこと至ってはおりませんでした。

先生は、とても分かり易い言葉で温かく話して下さいました。

「神様のことを全知全能と言うよね。人間は何を表す存在かというと、心なんだね。親神様が人間に求めていたのは唯一、心だった。神が人間に与えたのは心だった。全知全能ではなかったと思う。能力とか、知恵とかは、神が司《つかさど》っているのでしょう。そういうのは、神に任せておけばいいような気がするね。いまの世の中の動きも、知識とか能力でしょう。そして技ばかり磨いていくと、心をなくして傲慢になってしまいやすいと思うね。

全知全能というのは神が持っているのだから、人は心なんだね。要するに、心を表現したかったのよ、創造神は。心を表現するために地球を造り、そして、人間を造ったんだよ。

何のために人を造ったかというと、創造神の心を表現する入れ物を造りたかったわけよ。それが人間だった。

こんなに素晴らしい自然というのも、心なんだね。地球の最高の宝は、花ですね。自然にとって、次元を超えて愛されるものは、花と心ですよ」。

先生が実業家としてのお仕事を捨て、子供たちのために配り続けたものも、花の種と本（心）だったことを思い出します。やはり、先生の心ははじめから神の心そのものだったと思えてなりません。

先生のお話を伺っていますと、頭と心がどんどん整理されてきます。私の母は学歴こそありませんが、S先生の話は生活の体験でよく分かると言います。

母は、真剣に神を信じている人です。神を信じるといいましても特定の宗教に入る訳ではなく、母の言葉を借りるならば、自然と人間を造った神、その神を信じるというのです。常々母が言うには、「人間っていうのは、魂が中身（中心）で、身体はまとっている洋服のようなものだから、自分は霊（魂）だって思っていると、神様の知恵と力で、いつもいつも守られているんだよ」と言い、朝の目覚めの時から、夜、床に就くまで、暇があると「我は霊なり」と、心の中で呟いているというのです。「農家だから、仕事をしながらでもこれを心で言っていたり、声に出して言ってみたりすると、仕事がはかどり、身体も疲れないよ。人間は神様を信じていれば、神様の知恵と力で守られているから安心だ」と言う母。母がこんな話をするようになったのはいつの頃からでしたでしょうか。たった一度、他人《ひと》から「人間は魂と肉体からできているのですよ」という話を聞いただけで、あとは全て自分の体験の中から導き出したことだと言います。こうしたことは母の意識にひらめいたものでしょうから、それはやはり神様から教えられたものでしょう。母は八十歳になりましたが、身も心も若く、私はこのような母を心から尊敬しております。これまでの私の人生を振り返ってみますと、大学まで行かせて頂いた私ですが、母に追いつくのはいつのことでしょう？　いえ、大学まで行ったからこそ追いつけないのかもしれません。神や仏や心について知りたくてセミナーに出、本を読み、友と語り、知識を身につけて、いかにも心が分かったと思っていた自分がありました。道を求め、自分が成長したくて宗教に身を置き、神の存在について学んだ時期もありました。真剣に取り組みましたし、奇跡的なことも体験しました。その団体では、講習の段階に従い、上級者としての証を頂く……（そこの敷いたレールに乗っていく）、まさに知識そのものだったのです。しかし、その時は成長したつもりでいました。

その後、先生に出会いを頂いて、まったく成長していない自分を改めて思い知らされました。先生は、

「自分が成長しようとしたら、相手をいかに思いやるかですよ」と言われました。先生のお心の大きさの前では、それまで私がかき集めてきた知識など一片の泡雪のごとくで、一瞬にして消え去るばかりでした。先生にお会いするまでの四十数年の間、私は何を学んできたのかと悲しくなりました。先生はおっしゃいます。

「神を知りたいという願望の強い人には、神を知ることは出来ません。人は苦労をしなくては、神の想いの深さを理解することはできないと思いますね。苦労して、苦労をして、どんなに小さくてもいいから、神の意に適った心を持った時、神はその人の前に、神の心を見せてくれるのです」と。

二　カナリア諸島の旅を前に気づかされたこと

〈心の準備〉

カナリア諸島は、たいへん重要なポイントとしての祈りの旅であることを先生から伺いました。地球のポールシフトを回避できるかどうか、地球を救うために避けることの出来ない旅のようでした。

この旅の始まりは、私の身体の浄化から始まりました。四月三日から四日間の沖縄行きが決まり、三日の夜、沖縄のホテルにて朝の三時頃、観音様の声で目が覚めました。

「あなたの頭に詰まっているものを浄化します」という声と共に、エネルギーというより〝力〟という方が適切かと思うほどのエネルギーが、頭から入ってくるのを感じました。体が熱くなり、頭、首、上半身、下半身とエネルギーが流れ入るのを感じ、同時に鼻汁が出始め少し汗ばんできました。身体も怠（だる）く、風邪のときのような症状で、沖縄滞在中ずうっとこんな状態が続きました。六日、東京に戻ってからは寝たり起きたり、どうしても熱が下らないのです。そこでハタと思い出しました。観音様のお言葉通り、すべてはカナリア諸島で私の務めを果たすための浄化であることに気づいたのです。真心からの素直さ、心の温もりのある人間へと変わりゆくための、強い勇気が必要だったのです。

〈S先生、神居《かむい》コタンにて龍神の封印を解く〉

このカナリア諸島への旅がとても重要な意味を持つものであることは、先生からも知らされておりました。しかし、先生の場合、祈りの内容は、国内外を問わず現地に行ってみなければ具体的には分からないのです。

今度のカナリア諸島への旅に最も重要なポイントの一つとして、私には、先生の祈りに、いままでにない大きな神様が関わって来られるのではないかという思いがありました。しかし、四月六日現在、先生からも、私を指導して下さる神様からも、具体的には何も示されておりませんでした。

折しも先生のお宅では、お子たちは春休みを迎えておりました。でも、そのお子たちとゆっくり触れあう時間すら先生にはないのです。先生はそのことを常々とても気にしていらっしゃいました。そこで、カナリヤ諸島への旅を前にして、この春休みは、次男と次女がそれぞれ中学・高校の卒業をする記念に北海道に二人を連れて行こうと計画されたのです。しかしカナリア諸島での重要な祈りを前に、初めての北海道への家族旅行をも断念しなくてはなりませんでした。北海道への予定は組んだものの、結局、先生のお手伝いをして下さる若者二人と、次男の方と、四人での旅となったのです。

北海道の旅へ参加するメンバーを変更したことで、先生は即座に、この旅が楽しむためではなく、神様の大きなお仕事が入っていることに気づかれたご様子でした。早速、何か気づいたら電話をするように、という連絡をいただきました。こうして、急遽《きゅうきょ》、たいへんなスケジュールで動く神様のお仕事に変わってしまった訳ですが、私としては、先生の代わりができるのでしたら、本当に代わって差し上げたい気持ちでした。しかし、そんなことができる筈もなく、ただただ感謝の気持ちでいっぱいでした。

さて、四月六日午後一時頃、北海道の上空に紫色の雲が、まるで煙突から出る煙のように、次から次へと上空へ昇りながら、且つ横へも広がってゆく映像が送られてきました。紫色の雲ということがとても気になりました。神様は何を教えて下さろうとしているのだろうか。雲の様子で大きな神事が始まることが推察できました。神の世界の大きな政《まつりごと》をする前に、多くの神々様への〝お知らせ〟だったのです。雲の姿が消えると、次は龍神の頭の部分だけの姿が映し出されました。超古代を思わせるような龍神の頭でした。

ほどなく観音様の言葉が伝えられて参りました。

「超古代の龍神様でしょうか、大きな働きをなさる神様です。S氏が宇宙におられた時に繋《つな》がりがあり、古代の日本を統治していたこともある龍神様のようです。カナリア諸島の旅は、この龍神様をお連れしなくてはならないようです。隠されておりますす存在ですから、まずは世に出して下さいませ」ということでした。

早速、先生に電話で連絡をとりました。先生はツアーの人たちから離れ、レンタカーにて神居コタンに向かうということでした。

「神居コタンの大きな岩山で、超古代の龍神様の封印を解いてきましたよ。その龍神様は、地球創成に携わっていた宇宙の神様だと思います」とおっしゃいました。

先生が世界に向けて動こうとするとき、その動きに必要な神様がすべて動くのです。封印されている神様までも動かしてしまうのですから、たいへんな存在のお方だと思わざるを得ません。

〈機内で神を見る〉

カナリア諸島へ向かう飛行機に乗るため、最後の待合室に向かう通路で、早くも、神様は分かり易く私たちにこの旅の大きなテーマを示して下さいました。

「人と地球の健康のために」と、大きく書かれたポスター。更に付け加えて分かり易く、「未来の子供たちのために」という言葉を、可愛らしい赤ちゃんの写真で示されました。

関西国際空港を午前十時三十分に発つオランダ航空ＫＬ・八六八便。一路アムステルダムへと向かいます。朝が早かったこともあり、飛び立ったところで少々眠ってしまいました。目が覚めて間もな

く、観音様からの声に、ふと時計を見ると、十二時五分。

「静かに目を閉じて」と言うお声。やさしい温もりの中にすっぽり包まれたような、私だけの個室に入ったような、快い空間の中でお声が聞こえてくるのです。

「今《こ》の世の花は、今《こ》の世に咲く花は、神の心の花。今《こ》の世の花は、今《こ》の世に咲く花は、神の心の花……」。

何回も繰り返し聞こえてくるのです。とそのうち、語調が変わりました。

「足許に何が隠されているのか、それを発見する旅です。人類の足許に何が隠されているのか……？　これからの世を人々が歩んで行くとき、さまざまな障害が待ち受けております。その障害を乗り越える時、人々はある一つの目を持たされます。その目は、世界に共通する目ではありますが、現在は誰も気づいてはおりません。北海道で四月七日、S氏によって封印を解かれた龍神様の目。この存在は一つの意味を持つ目でございます。人類もまた同じように、まことの目は幕で覆われていた状態が続き、真実を見ることを許されませんでした。この龍神様の目は、永い間封印されておりましたが、地球創成の頃に、親神様のお使いとしての役目を持たされておりました。これからの地球を導く目でもございます。

何故封印されていたのか？　それは、アダムとイヴの神話が、宗教の謎として全てに共通していたからです。神を語っても、神のまことの目について語れる者は誰もいなかった。それも全て隠されていたからです。S氏はこの隠された神々の謎を解明していかれます。あなたはこの隠された真実を世に示していくお手伝いをする務めがあるのです。そのためにS氏に巡り会いました。真実は、次元の高いところから示されますので、それを理解できる心を持つ方でなくては解明できないのです。今回の旅では、これまで全く目にしたことのない、耳にしたことのないことが開かれて参ります。

ようやくあなたの心が神の目に叶う時が参りました。長すぎた冬のようですね。先ほどから、今《こ》の世の花とか、今《こ》の世に咲く花は、……とかいう言葉が聞こえますのは、あなたの心にようやく春の訪れがあるからなのです。S氏の大きな力を、この世に示していかなくてはならない時なのです。学さん、あなたがこの世に生まれて成さねばならぬこと、その時期がやっと参りました。S氏はこの日のことを……、この時をどんなに待たれたでしょうか。さあ、心の扉は開かれました。高い次元の言葉と心を受け入れるために、地球の素晴らしい自然の中に身を置き、神の真の心を受けて下さい。

S氏は宇宙の神の魂でありますが、人としての肉体を持ち、ご自分の足で世界を巡り、ご自分の目でこの地上をご覧になられました。

これから二十一世紀以降は、宇宙の神の力（北海道の地に隠されていた大きな力もそのひとつ）によって、真の神の姿が見えて参りましょう。

宇宙の乗り物が用意されて、宇宙の神々が動き始めます。北海道の神居の龍神は、多くの宇宙の神を地球に案内して参ります。カナリアの地にてお会いしましょう」。

観音様からの言葉は終わりました。こんな大切なことを私がさせて頂いてよいのかと、何度も何度も考えてしまいました。しかし再び幼い頃のこと、高校時代、学校の往復の道で胸を張って歩く私の心の内なる言葉を思い出しました。

「私は神様に使われる身体なんだ。私は神様に使われる身体なんだ」。まだ何も具体的に先が見えないいままそう繰り返していた、そのような思いが、現在につながっていたのでしょうか。

機内で再び眠り、次に目が覚めた時、神様は私に不思議な映像を見せて下さったのです。いままでに見たこともない神様の映像。観音様かな、と思えたのですが、よく見ると全く違います。頭の部分だけはっきりと見えたのですが、円錐型の冠のようなものを付けていらっしゃるのです。

そのうち「私はヨーロッパを造った神です」という声が聞こえ、消えていきました。後で知らされたのですが、この神様は、地球に緑を茂らせた神でもあったのです。夢のような現実のお姿。ハッとして、飛行機はいまどこを飛んでいるのだろうかと思うと、機内のテレビ画面ではロシアからヨーロッパに入ったところでした。私はそこで初めて頷《うなづ》けたのです。あのお姿はカナリア諸島に大きな関係を持つ神様……と。先生にこのことを報告させて頂くのが楽しみになりました。

私たちは十二時間ほどでアムステルダムに着き、乗り継いでマヨルカ島に渡るのですが、待ち時間が一時間ありましたので、空港の休憩所兼喫茶というような雰囲気の店で少し休むことにしました。たまたまこのツアーで一緒になった、先生のお知り合いの方も交えて楽しいひとときを過ごしました。

七十歳を過ぎたとても楽しいその方の一言が、とても印象に残りました。
「見栄というものは、張るものでなく捨てるものだ……」。

〈マヨルカ島で知ったこと〉

スペイン領のマヨルカ島、カナリア諸島への日本人旅行者は、ツアーとしては珍しいということでした。

先生の仕事はカナリア諸島においてですので、この島では翌日から市内観光を致しました。

観光とは言いましても、先生のお供をさせて頂きますと、〝観光〟ならぬ〝感光〟（かんこう）というほどに、随所に気づきがあり、学びがあるのです。食事の会場においても、私はたくさん気づかされることがありました。ある時、現実の目の前でのことを例に取り、

「人はそれぞれ役割があるのだが、それを見失っていたり、辿り着けなかったりしている。人はその時その時に、分かる必要のある時期や次元にきていると、それを深く理解することができるのです。また、それを如何に深く理解するかが、大事なことなのです」と、話して下さいました。

ある町の広場に来ました時、周囲には煉瓦造りの建物や、近代的な建物があり、街の中心地のようでした。広場の中心に千年以上も生きているような大きなオリーブの木が立っておりました。先生は私に、その木が何か言っているかもしれないから、メッセージを受けてみて、と言われました。そのオリーブの木は、

「きれいな夕焼けを見たいものだ」と言うのです。こんなに建物が建つ前この場所は、きっと美しい

夕焼けが見える所だったのかも知れません。先生はオリーブの木に向かって、「それじゃ、カナリアに連れて行ってあげようか」と言った瞬間、いつやってきたのか、すぐ目の前に駐車している車に地球の絵が描かれていたのです。その絵には、カナリア諸島に太い矢印が向かい、先生が同じ方向に指さしているではありませんか。先生が話すことは、即座に目の前に形として現れるのですが、この時こそは本当に、不思議でならない一瞬でした。

マヨルカ島のある教会に行った時のことでした。心臓がむき出し状態に造られたキリスト像があったのです。そのことについてS先生は皆に尋ねました。

「あの心臓は何を意味すると思う？」。

私は、

「何か心の大切さみたいなものを表しているのでしょうか」と答えますと、先生は、

「そうとも言えるけど、私はあの心臓を見てね、こんな風に感じるよ。私も外で講演をする立場にならなければ気が付かなかったかもしれないけど、心ってこんなものなんだよって、心臓を取り出して見せたい思いがするのです。私の話を聞いていても、きっとその人自身の次元でしか受け取れないでしょう。『私の心の中（の想い）は、ここにあるのですよ』って、心臓をそのまま取り出して見せたい位の時がありますからね」と言われました。私は先生の次元にまでは深く思うことはなかなかできませんが、この時は先生のお心が分かるような気が致しました。先生はどのような所であっても、どなたと居ても、相手の方や自然の小さな命にさえも、本当によく気づき、深く思いやる心を持っていらっしゃいます。

教会を出てみると、街のあちこちの通りで、広場にあるカフェが出されています。四人で珈琲を飲みながら、再び先ほどの心臓について話をしておりますと、私たちの目の前を赤ちゃん連れのお母さんが通りかかりました。

「ほら、見て！」と、先生が言われた方を見ると、なんとそのお母さんの胸に、教会で見た心臓のようにくっきりとハートの絵が描かれていたのです。四人とも声が出ないほど、エッ！　と驚きました。またまた先生の話と同時に、形で見せられたのです。

先生はその時、

「見る時が知る時ですね。いまの教育の過ちがここにあるのだと思いますよ。知識として知るだけで、心で受け止めることができず、頭ばかり大きい人間になってしまっていますからね」。そういえば、百聞は一見に如かずという諺があったのを思い出します。見ることによって感動し心に残るということなのでしょう。更に先生は、

「いろいろなところで言えることですが、仕事場でもそうで、心のない人に形だけのマナーを教えてもどうしようもありませんね。植物だって花が咲き、そして実がなるのに、花を咲かせないで実だけをならそうとしても実はならないし。昔の教育はちゃんと花を咲かせてから実をつける。いまの教育は花を咲かせることを省いてしまうインスタント教育がほとんどでしょう。インスタント教育では人の成長はないということですよね。随分違いますよ。私はよく講演で、自立しなさい、結婚しなさいっていう話をするけれど、あれは人間の心の基本の話なのですよ」と、お話して下さいました。人の道を知るにはインスタントではできないということだと思うのです。昔の人の言葉に「若い時の苦労は買ってでもしなさい」とありますが、これこそまさに、インスタントでは切り抜けることのできない努力が必要な労苦であると思います。このような昔の言葉にも、改めて目を向けてみるのも無駄でないように思えます。便利ということの陰に、人は失ったものがたくさんあると思います。

十七章　人のふるさと（心、魂のふるさと）

この世に生まれて来た人は、誰もがふるさとをお持ちでしょう。ふるさとには、〝魂〟のふるさともございます。そのことを分かり易い言葉で教えている経文に出会いました。たった十五秒ほどで唱えることのできるものですが、その経文で教えている意味は、

「神様と仏様とご先祖様と私は、同じ縁でつながっています。だから私が今日あるのだと感じています。心はいつも楽しく清らか。朝に神様を念じ、今日の無事を感謝します。無になって念じます。ひとつひとつの念《おも》いは、私の清らかな本心から起こっているのです。ひとつひとつの念《おも》いは、仏様の心を離れません。私はご先祖様と共にあります。神様！　私は幸せな日々を過ごすことができます。有り難うございます。神様！」というものです。

二十八才の頃から、毎日心の中で、時にはお仏壇に向かってこの経文を唱えておりました。先生はご先祖様をとても大切に想っていらっしゃいます。元来、沖縄の方たちはご先祖を大切にされます。ご先祖を敬うさまざまな行事のきめ細やかさを見ても分かりますように、大和の人々とはかなり違った、ご先祖への想いを持っているようです。

S先生が南極から戻られた後、私は久し振りに先生の家の御仏壇に向かい、お世話になっておりま

すお礼のご挨拶をさせて頂きました。すると、先生のおばあちゃんという方が、声を掛けて来られました。南極への旅は、命をかけた祈りの旅でした。ご先祖の皆様は、そのことをよくお分かりのようでした。

《S家のご先祖様》(S先生の御祖母=おばあちゃん)

「こうやって元気で、家族と一緒にいられることが一番幸せなことで良かった良かった。無事、旅から帰ってきて良かった。ありがとうよ。神様が大きな仕事をお願いしているらしいが、とにかく家族が皆、一つの屋根の下で元気に暮らせることがなかったら、先祖は皆、心配でたまらない気持ちでいるからねー。良かった、ほんとに良かったよ。ほんとに良かったよ。おじいさんが、『このうちの屋根にいろいろな光があって、その光を見るように』と言うので、先祖が集まって、裏の山に登って家の屋根を見てみると、いろいろな光が渦巻いていて、これが孫(先生のこと)のやった仕事かなあーと、何がどういうことなのか、みんな分からないご先祖が多いようだけれども、前の庭に、変わった建物があるが、近所の家とは何が違うと言われて、全く家が見えないほどに幾つもの色の光でいっぱいになっている」。

《S先生》

「宇宙の神様の光ですよ。地球をも造った神様の光ですよ」。

《ご先祖=おばあちゃん》

「あんたが帰ってきて二、三日したときだったか、琉球の王様が何人もこの家に挨拶に来てな。挨拶をするだけで帰っていったが、王様にもこの光が見えるのだろうか。琉球の王様とお付きの方が何人も、この家に、この家に手を合わせに来て、お祈りをしていく姿があったが、……これから何が始まるのか、話してくれないか」。

《S先生》

「地球を救う祈りをして参りました。地球を救うということは、世界を救うということですから、琉球もみんな救うということですから、分かる人たち皆が感謝しに集まって来ると思いますけど、もしかして世界中からいろいろな人がそのことを分かって、感謝をしに訪れるかもしれません。どうぞ悪いことではありませんから、心配しないで下さい」。

《ご先祖＝おばあちゃん》

「S家にこんないいことをする人が、こんな人が……、有り難いことだ。有り難いことだ。ありがとうよ、ありがとうよ。ご先祖の人たちに分かるように、また、ご先祖が集まった時に話をよくよくしてみたいと思う。ありがとうよ。ありがとうよ。あなたの知っているご先祖は、みんな神様の言葉がよく分かって、死んでから行くところが天国のような、とっても楽に神様の話が聞けるようなところに、みんながいられる。あなたのお陰ではないかって、とてもよく分かるような気がします。みんな、みんな、元気でいますよ」。

S家のおばあちゃんの話を伺って思い出しましたが、先生のお父様の魂が入っておられる白色の人の像があります。南極に立つ前に何気なく見たその像が、七色の光を発していたのです。お父様は、南極での先生のことを分かっていたのかも知れません。いえ、お父様は、南極から先生が戻られたときには既に、神上がり（神としての仕事をする。神となる）なさっていたのかもしれません。二、三年前のことだったでしょうか。お父様はあの世で何をされていますかと、訊ねますと、「神様のお手伝いをしています」ということでした。その時はまだ亡くなられて三年ほどでしたが、高い次元で働かれていることを知らされました。先生をはじめとするご家族の働きが、先祖の力ともなり、先祖を救うことにもなっていたようです。

次の話は、私事でたいへん恐縮ですが「目覚め」の本を一生懸命みなさんに配っている時に、亡くなった祖父が、「学のお陰でいいところにいるよ」と、教えてくれたことがありました。ヴィジョンで見せて頂いた時には、色とりどりのお花に囲まれた明るいところでした。「やっぱり子孫と先祖って繋がっているんだなあー」と思えた時でした。一人の人間がこの世を生き抜くということは、自分ひとりのためにあるのではないことを教えられた思いです。

十八章　心に残るS先生の話

一　感動した時、人はどう動くか

ある航空会社の機内誌に「二十一世紀は感動を伝えることが仕事になる時代」とありました。感動を伝えるということは、とりもなおさず〝心〟を伝えるということになるでしょう。言葉に心が乗っていることが大切であると思いました。しかし人は物質的な便利さ、豊かさを追求するあまり、最も大切な心の部分を忘れていると思えてなりません。その様な時代でも、先生のお話を聞き、真心から感動した方々は、何らかの形で身近なところから世のため人のために動き始めます。もう四、五年前になりますでしょうか、先生は、あるおばあちゃんの話を、ぽつりぽつりと思い出すように語って下さいました。

「全く普通に見えるおばちゃんでも、言葉は少なくとも、思いの深い人がいるよね。いつだったか、大阪で講演をした時、終わってから声を掛けてきたおばあちゃんがいてね。『ちょっと待ってて下さい』と言ってその場を去り、暫くしたら再び来て、私に三十万円を渡してくれてね。八十二才になるって言ってたけど、年金暮らしで決して裕福な生活をしている訳でなく、その三十万円は生活費として貯えておいたお金だって。私の話を聞いて心を打たれ、どうしても私に使って欲しい、と言って持って来た人でね。本当に深く感動して、そうしなくてはいられなかったと言ってた方でね。こういう人は、簡単に神の心に繋《つな》がっていく人だと思うね。本当に現在の世では、一万人に一人くらいしか神に繋がる人はいないのじゃないかな……。人は自分のレベル（思いの深さ）でしか相手の思いを受け取れないことを私は分かるだけに、すごいおばあちゃんだと思うね」。

真心から感謝して、感謝の心を形として差し出されたおばあちゃんは、本当に深い思いで先生のお話を聞かれたのだと思います。そして、まことの神様の姿を先生に見たのかも知れません。いえ、先生の本当の心が見えたのだと思います。本と花の種を配った先生の真《まこと》の心が……。人は心の底から感動したときには魂が揺り動かされ、真心からの行動を取るものなのかも知れません。

二　真剣に生きる

この本を書いている間に、先生のお供をして国後島へ祈りの旅に出たことがありました。とても大切な祈りで、日本の国のため、ひいては世界のために欠くことの出来ない祈りでございました。この旅も波乱に富んだ内容ではありましたが、沖縄に戻りましてから数日後、先生からお電話をいただきました。

「学さん、国後から帰ってみると、神様からすごいプレゼントがあったよ。私は何億円頂くよりも嬉しかった。久々に涙を流してしまってね」。先生が地球を救うために二十年もかけて汗水流し、生命をかけて歩いてこられた道を、神様は見ていて下さった。そのプレゼントというのは、一通の手紙でした。その手紙と共に送られて来たものがありました。先ほどの八十二才のおばあちゃんの〝想い〟と同じように、お金が添えられていたのです。私は「先生、そのお手紙を読ませて頂けますでしょうか」と、お願いしてみました。先生から「手紙を下さった方には話しておくからいいよ」というお返事を頂き、早速お送り頂きました。

お手紙を拝見するなり、私は涙が止まらぬほど感動しました。そして、落ち着いてもう一度目を通しました時、自分の心の貧しさを改めて思い知らされました。「真心」というものを真剣に我が身に問いかけました。先生の身近にお供をさせて頂いている私が言うのもおこがましいことでありますが、先生がいつも見せて下さっている真心とは、これなのだと思うのです。先生を通して、お手紙を書かれた方のご了承を頂き、この本にご紹介させて頂きます。

先生の奥様へのお手紙です。

「Iさんへ

いつも控えめで、本当にごく自然に生活しているので、私は正しく理解していませんでした。Iさんのご主人（＊筆者注＝S先生）のこと、これほどの素晴らしい偉業、Iさんの家族の苦悩、痛み、体中がふるえるほどの衝撃でした。

「目覚め」という本に出会わなかったら……と、思うと神様に感謝せずにいられません。それでも、普通に生活しているIさん家族を思うと涙が出てきて、ご主人はもちろん偉大な方だと思うのですが、そのご主人を支えるIさんを思い出すと、いつも笑顔でしたネ……。

どれほど苦しくて、辛かったでしょうか？……でも、やっぱりIさんだから乗り越えられること。あなたの笑顔は落ち込んだ心を元気にしてくれます。私の心の中でいままでとはちがい、感謝する心、何かできること、何かしよう……、そんな気持ちにさせていました。もちろん先生に代わってあげることはできませんから……。

いまこの世の中で、これほどまで自分の身を犠牲にして、無償で、地球を守るため、人々を守るため、きびしい試練に立ち向かう人が他にいるでしょうか？　もっともっとまわりは理解し支えていくべきです。生意気なことを言ってすみません。

私はいま、S兄さんと呼べないのは淋しい気がしますが、先生と同じ村に生まれ、先生と同じ村で育ち、そしていま、同じ村で生活できることを誇りに思います。

また、小さい頃の住み良い村が身近に感じられます。そして先生の思いが、先生の真心が、一日も早く理解され、虹色の花が少しずつ広がっていくことを祈らずにはいられません。

Iさん夫婦の思いはしっかりと子供たちに受けつがれていくでしょう。

微力ですが、影ながらいつも応援させていただきます。

この封筒の中のお金は、私の気持ちには足りることはないのですが、働いて得たお金です。だからこそ、何かの役に立てたら本望です。

先生、どうか私の気持ちを受け取って下さい。そしてくれぐれもお身体を大切にして下さい。Iさん、たまにはぐちなど言ってネ……そして私のぐちもきいてネ……？」

このお手紙を読ませて頂き、その真心にただただ涙があふれました。また、同封して下さったお金が、その方の一ヶ月の給料全額であった（先生の奥様と同じ職場でいらっしゃったので分かるのです）ことに、私の心は打ち震えました。その方にとっては、一家を養うための大切なお給料なのに、それを先生のもとにお届けしたいというその真心に……、まさに、紙の上で、頭脳で学んだ知識の「真心」では、これだけのたいへんな思いは届けることができなかったと思います。

そして、先生は最近こんなこともおっしゃるようになりました。

「僕はお金を頂くよりも、その人がタバコを止めて、できれば酒もやめて下さった方がうれしいよ」。人がお酒や煙草をやめるという行為は、その動機によって、全てとは言えないでしょうが、地球に住まわせてもらっている人間として真剣に地球のことを考え、あるいは、生き方を考えるということの、ひとつの証《あかし》（指標）となるのではないでしょうか。先生は煙草について、次のようにも言われました。

「タバコはたいへん他人に迷惑を及ぼすものであるから、タバコを吸うならば残らずその人の身体に入れてしまうのであればいいと思うけれどね（＊筆者注＝煙も吐き出さないということ）。また、酒については、人によっては酒に逃避してしまったり、精神を狂わせてしまったり、自分をごまかしてしまう材料にもなるしね」。

人はその時々の行為を自分の都合で正当化しようとする傾向がありますが、ものの見方が変わってきますと、先生のおっしゃることがよく分かるようになるのではないでしょうか。

こんな話がありました。本土での先生の古いお知り合いの方で、立派なお仕事をなさっている大きな会社の社長さんですが、その方が、まだタバコを吸っていらっしゃる時、ある銀行の幹部の方から

「あなたはよっぽど暇があるんですね」と言われ、その場でやめたそうです。社長さんにしてみましたら、プライドを傷つけられたという思いもあったでしょうが、直ちに止めたということは、その道を極めた方の反応だと思うのです。ひとつの事業を成功させたほどの方が達する想いは、他の道にも通用するものではないでしょうか。その方の思いとは、〃真剣〃ということなのだと思うのです。真剣に物事を受け止めた時には、最もプラスに働く答えが導かれるものだと思います。〃真剣〃といえば思い出す話がありました。ある日、テレビ放映されたタバコの話題について、先生にお話したことがありました。

「ある業界でバブル崩壊の後、会社経営がたいへんになり、その業界の社長さんたちが八人集まり、それぞれの会社の建て直しにかかったそうです。八人の社長さん自らタバコと酒を止め、必死になって努力をされ、見事に業界の模範になるような業績をあげたそうです。そしてそれを契機に、八人の社長さんが集まるところには、お祝いであろうが、どんな楽しい席であろうが、酒、タバコは一切出ないそうです」。

するると先生は

「学さん、そういうのはなんていうのか分かる？　そういうのを、人生を真剣に生きるって言うんだよ。タバコを吸う人も酒を飲む人も〃真面目〃に生きている人は沢山いると思うけど、〃真剣〃に生きている人は少ないと思うよ」とおっしゃいました。

真剣ということでは後々こんなこともありました。国後への旅で、先生と私たちの会話を聞いたある旅行会社の添乗員さんが、「世の中に真面目に生きている人たちは沢山知っておりますが、こんなにも真剣に生きている人たちは初めてです」と言われたのです。先生の旅のお供をさせて頂く時〝縁〟というものを意識せざるを得ない人たちにしばしば出会います。縁あって旅をご一緒した人たちの中には、先生とのわずか数分間の会話によって何を気づかれたのか、大きく変わっていく方がいらっしゃいます。真剣に求めている方は、周囲が驚くほど変わっていかれます。

これは、ある八十才の方のお話です。一家揃って先生についてよくご存知の方ですが、先生にどうしてもお会いしたいと先生のお宅を訪れたそうです。それも本土からの日帰りという事情の中、たった一時間半という短い訪問でした。お帰りになる時先生に、「死ぬまで働かせて頂きます」と言って、一生懸命働いて得たお金を、「お役に立たせて頂きたい」とお渡ししたそうです。このお方は、真心から先生のなさっていることに感動し、何かせずにはいられなかったのではないでしょうか。私もこのお方を存じ上げておりますが、日本の古き良き時代の心をお持ちであり、八十才のお年とは思えぬほど謙虚で前向きに生きていらっしゃいます。

そしてもうひとつ、日本の心をしっかりと持ち続けて生きておられる方の話を伺ったことがあります。五十年間氏神様に仕えてこられた、たいへん謙虚な方と聞いております。そのお方が、「私は五十年間神に仕えてきたけれども、息子は私のことは分かっておりませんでした。しかし、あなた様は私のことをすぐに分かって下さいました。私はあなた様（先生）に会うために、今日まで生きてきました」とおっしゃられたそうです。そして先生がその方のお家にお伺いしました時に、先生のお姿を見るや否や「ちょっとお待ち下さい」と一旦お家に入られ、きちんと背広に着替え、改めて先生をお迎えしたそうです。そしてその後、その方から先生へのお便りの中に「あなた様は聖者イエス、釈尊、孔子にも勝るお方です」と、書かれてあったそうです。真に心の底から謙虚で、礼節を弁えているお方であり、まさに神に仕える心とはこのようであるのかと、大きな学びをさせて頂きました。人として素直、正直で謙虚な心をお持ちの方には、先生の大きな魂がすぐにお分かりになるのかも知れません。

三　器の大きさについて

ある時、十二才になる女の子がこんな話をしていました。

「小さい器に、水が溢れているから自分を偉いと思っているのだから、器を大きく変えたら、自分の愚かさが分かるんじゃない」。

まさに芯（真）を突いた話にびっくりです。

四　謙虚な心

先生のものごとを観る目はとても澄んでいらっしゃいます。ですから、本質を突いた気づきを随所でなさいます。そして、折に触れて、私たちでは気づかないところを、噛んで含めるようにお話をして下さいます。いつの日か、こんな話もありました。

たとえば武道でも、ある程度段位が上がってくると、道場を作りたくなるようです。宗教でも同じで、色々なことを体験すると、それを言いたくてたまらない時期（次元）があるのだそうです。そんな時に先生は「その次元のものを飲み込んでしまっていた」と話されました。上には上の次元があり、そのまた上の次元がある。限りなく上があることを知ると、宗教などの組織は作れなくなるとおっしゃいます。ここで言う宗教の組織とは、一般的な宗教団体のことを指します。本来宗教とは宗（心）の教えであり、ものの本によりますと、「神または何らかの、優れて尊く神聖なものに関する信仰、またその教えやそれに基づく行い」とありますから、まさに先生のなさっていることが、真の宗教そのものであると思えるのです。しかし先生は組織を絶対につくりません。

ある時、茶のみ話の中で先生はこんなことを言われました。

「大きなものに命を賭ける者と、小さなものに命を賭ける者との差は、大きなものに命を賭ける者は表には出ない。小さなものに命を賭ける者ほど表に出たがる。神自身は本来裏方なんだよね」。謙虚な心がないということは、人間も神も、真のものを作り上げることはできないのかも知れません。競争社会の中で努力して手中に収めたものであっても、〝私が一番〟という考え方の中では謙虚さは生まれないと思うのです。傲慢が増幅してくると、自分でも気づかない内に、地球を崩壊させようとする存在と波長が合ってしまい、地球にとって喜ばしくない存在になってしまいます。いまの世にこのような成功者が多いのも事実ではないでしょうか。……そういえば、ある社長さんとのお話の中で先生は、「会社が大きくなればなるほど、謙虚になるのが良いと思います……」とおっしゃっていましたが、まさに最高の助言ではなかったかと、私はそばで伺っておりました。

五　チャンネルを変えると何かが変わる

人間としての先生の姿を予言したかのような言葉がある本に記《しる》されていたと、先生の身近な人が知らせてきたそうです。（先生の魂が宇宙の魂であるということはまだ知らされていない頃でした）それは一九九二年のことでした。内容は、「日本から新しい世が出発する。世界で待ちに待った方が誕生する。その方は、無名。誰も予想しない。本当に普通の方が出現。そして、多くの方々に見守られて！……」というものでした。

地球を救うために正々堂々と人の生きる道を示していかれる方なのでしょう。一人でも多くの方が先生の話に耳を傾け、地球が発する音に耳を傾けたなら、真のエデンの園が地球に誕生するような気がしてなりません。

地球のさまざまな音や姿に敏感に気づくことのできる先生の感性も、最初から備えられていたものではなかったようです。みな同じに、五感の能力、生み出す力、創造の力を与えられているそうです。ただ、「脳」の使い方を知らないだけ、と先生はおっしゃいます。

「人間はもともと善人であるから（生まれたばかりの赤ちゃんを見たら、皆そう思うことでしょう）心で悪いことを考える人はいない。悪いことは頭（脳）で考えるのではないでしょうか。チャンネルを切り替えればすぐにでも変わることができるのですよ。

また、感性を磨くには、素直にチャンネルを変えて、直感を磨く練習をすることが大切。例えば、神社にお詣りするのにも、一度はひとりで行って真剣に祈ってみる。人の気配のない時間にね。自然

（神）は、答えてくれますよ。そんな時には何か閃《ひらめ》くことがあるかも知れません。閃きというのは神の力です。また、自分の心の中が見えるのも、そんなときかも知れません。一度体験してみるといいですね」と、とても分かり易くお話し下さいました。

先生の想いについても、チャンネルを変えると理解をより深めることができると思います。アイルランドでのある祈りの後、緑が茂る川縁《かわべり》で、人の通る細い道まで上がるのに、五十センチほどの段差がある所でした。上がり口に、なぜか熊ん蜂が飛べずに地を這っていたのです（私は気がつきませんでした）。先生はゆっくり、人差し指、中指、薬指と指を変えながら上に飛ばしてあげようとするのですが、なかなか飛べません。三回目にやっと飛び立ち、高さ三メートルくらいの黄色い花にとまりました。そこで、

「地の神が起き上がった」と言われたのです。というのは、その土地の神様を救う祈りをなさっていた直後のことでしたから、蜂の姿に地の神様が救われ立ち上がった証を見たということなのです。「自然の動きのタイミングをとらえることが大切なのですよ」と先生はおっしゃいます。こうして自然の現れを見逃すことなく神様の心を捉え、世界中、先生の歩かれる先々の神々様をお救いになり、地球の力を取り戻すお務めをなさっているのです。

一九章　人が神に導かれる時

一　ある方が守護神を知るまで

二〇〇二年五月十三日、東京からいらしたある方（仮称＝〝Aさん〟）を、那覇から沖縄北部の山原《やんばる》までS先生に一日がかりで御案内を頂きました。このときのことを思い起こし、綴ってみたいと思います。

その方は四年前に「目覚め」と出会い、先生の講演のビデオも御覧になり、先生に対して尋常でない関心を抱かれたのでした。そして先生のお話を聞くために沖縄への研修旅行を計画され、仕事関係の方々百二十名ほどを集め、先生に沖縄での講演をお願いされたのです。その方は直接、先生のお話を伺って、本やビデオでは味わえない感動を覚え、最後まで涙が止まらなかったということです。その時からこの方は、世のため、人のために大きく動き始めたのです。それから六年の間、紆余曲折《うよきょくせつ》はありましたが心と魂の成長を見、ついにご自分の天命を知るに至ったのです。そしていま、溌剌《はつらつ》とした人生を歩んでいらっしゃいます。この方はどのような事態に出会っても、良き方へ考えを巡らせて進みますと、かならず仏や神の導きがあることに気づくとおっしゃいます。その女性を導きます仏や神は、当初はただ黙って見守り導いてこられましたが、四年目にしてお声をかけて下さるようになりました。

私自身も、我が身を振り返ってみますと天命に気づくまで、神様は成長する段階、段階できちんと導いて下っていたことに気づかされます。ただ、周囲も本人もそのことに気づかないだけで、目に見えない存在からの導きは必ずあるのです。「世の中に偶然はなく、すべて必然である」と言われることも、まさにその通りであると実感させられます。ですから、日々の出会いや縁というものを意識的に大切にしておりますと、気づきの内容《なかみ》も変わってくるように思います。

先生の周囲には、神様ご自身が先生のお心の下《もと》でお働きになりたくて、ご神縁《しんえん》のある方を動かし、その人と共におそばにおいでになることがよくございます。縁のある神と人とが一体となって、世のため人のために働く……、これが真の「神と共に」という姿なのでしょう。

先生の、神としての魂がどのような存在かをよくおわかりになる神様は、時機を得て思い切り働き始められます。真剣に働き始めると次元も上がり、先生の神としての存在が更によくお分かりになるようです。神とても、いや神であるからこそ、先生の光を戴いて成長したいと願うのです。なぜ？……神としての先生の魂は、二度と肉体を持って地球に降り立たれることのないことをご存知だからです。先生の魂に出会い、そして心（光）を頂くことは二度とないことを十分にご存知なのです。

地球という星に人間が存在する限り、神は、神独自で働くことは少なく、人間を導きつつ、人間と共に地球のために働くことを望まれるようです。先生の周囲にはこれからも、神自身の天命を全うするために神が集まって参ります。いまの地球の状況を十分に分かっておられるでしょうから。そしてそのような神様と共に、自らの天命を知るに至った人々がこれからも数多くお集まりになることでしょう。

それでは、山原までの道中の様子に話を戻すことに致します。まず琉球を造るときに働かれました龍神様が、先生に声をかけて来られました。

「海の洞窟にてお会い致しました龍神にございます。沖縄の地を預かっておりますが、本日は海の座にこうしておいで下さいまして有り難く存じます。かつて宮古の島におきまして、地球創成の頃に働かれました太古の海を司る神様の封印を解いて頂きましたことにつきましても、心から感謝致します。これからはあなた様（S先生）のお力を頂き、世界に向けて地球の歴史の謎が解き明かされて参ります。あなた様のご尽力により、縁ある人々をこうして沖縄に御案内下さり、重ねてお礼申し上げます。神々の想いが人々の心になかなかに通じませぬ昨今、神から見ても、ここまであなた様のなさるお仕事かと思うほど御苦労あそばされつつ歩まれましたことにつきましても、心からお礼を申し上げます。本日は、ここに座を戴いております豊玉姫様にご縁のある方をお連れ頂き、豊玉姫様および私が御挨拶を申し上げる機会をお作り頂き、なにからなにまで誠に有り難う存じました」。

そう言えば、この岬に来ることは当初の予定になく、先生は岬の入り口の所で咄嗟にハンドルを切り、この浜にやって来たのでした。この浜に豊玉姫様の座があることを、二十年前に知ったそうです。そして今日、この岬を通りかかったときに、そのことを思い出されたのでした。その豊玉姫の神様のご挨拶です。

《豊玉姫様》

「豊玉姫にございます。九州の宮崎においで下さいました折には、御指導を賜り有り難う存じました。いまお話を伺っておりますと、人がまだ住まぬ頃から琉球のこの地をお守りになっていらっしゃいました龍神様がおられたご様子、このような大きな神様を前にお話をさせて頂きますことは恐縮にございます。

ここにおられまするお方（東京からの女性）は、一度宮崎の宮に参られた様子、あなた様は前の名を何とおっしゃいますか。大雪山のお守りを致します龍神の塚がふもとにございますが、あなたのお母様の魂は、その塚から発する大きな力を頂いて真素直な心にて精進をなされたお方でございます。（＊筆者注＝お母様は大雪山のふもとで誕生なされたそうです）そのお方の体を神はお借り申し上げ、あなた様が北の大地にお生まれになりました。まさにS殿にこうしてお会いするために世に生まれた魂にございます。身が朽ち果てる前にお会いすることができ、ようございました。

人は、神から与えられた務めを果たせずに朽ちていく人々が大半でございます。しかし、いまここに真の天命を、真の務めを、どうしても果たさなければならぬ方々が、Sと名をいただく神の前に集まっておられます。あなた様も、宮崎の宮に参られまして、御自分の果たすべき役割を一つひとつ学んでおられる様子にございます。貴方様の母君も、大雪山の神様にお守りを頂き、あなたの夫を通し、あなた様をこの豊玉姫のもとまでお運び下さいました。

この星をお守りする大事な役を担われておりますのが、ここにおられますS殿でございます。あなた様が神から与えられました役割として、S殿のなさるお役のもとに、神のお手伝いをさせて頂くこと、ここに焦点をお合わせになることです。どうか足下から一つひとつ階段をお上り下さいませ。私は龍神として海を守る役割にございます。

母なる大地とも母なる海とも申しますように、大地も多くのものを生み育て、海も多くのものを生み育てております。豊玉姫の神の存在は温かな人の心の中に生きゆく神の息吹にございます。どうぞあなた様を通じて、神への感謝、温かな心をお持ちの方を、この地上にたくさんお育てになって下さいませ。それがあなた様のお務めであります。また、S殿のお話の一言一言を心に留め、多くの方にお伝え下さいますよう宜しくお願い申し上げます。本日はまことによい機会をお与え頂き有り難う存じました。S殿、この方をよろしくお願い申し上げます」。

そのとき、そばに現れた紫色のとても珍しい太古の生物のようなものにこの方が気づきました。「どんな意味があるのか、学さん、メッセージを取ってごらん」と先生がおっしゃいますと、豊玉姫の神様が説明を下さいました。

《豊玉姫様》

「この生物は珊瑚《さんご》の海にしかおりません。そしてどこから見ても生きものには見えず、石か珊瑚のように見受けられます。ほんのわずかな薄い紫色をしております。神様が海をお造りになる時に、さまざまな生き物の発生の場として珊瑚《さんご》の海をお造りになりました。私が琉球の海に座を一つ頂きましたのは、珊瑚の海を有する神の島として造られた琉球の地に、海を守る神としての役割を与えられたからでございます。多くの生命《いのち》を生み出す珊瑚の中で、いまここに見えます生きものは、神の息吹を皆様方にお見せするために光を放つ形としてお示しを致しましたもの。この生物は珊瑚礁の海にもあまりたくさんは生息致しません。これが神を象徴する全てではございませんが、神は自然の生きものに一瞬にして息吹を与え、人々に気づかせて下さいます。神とは姿形はなくとも、このように何か形に現した時にそれと気づかれた方は、深く心に刻み込むことができると思われます。S殿が自然の中にさまざまお気づきになるその様子を学ばれて下さいませ」。

東京から来られた女性に証拠として見せて下さったものは、先生も、

「私も五〇年間生きてきて二回ぐらいしか見ていませんよ。紫は日本の神様の色ですからね。見れば見るほど綺麗ですね」と、おっしゃっていました。同時に

「わぁ、綺麗！　すごいエネルギー。まるで丸いサボテンのようにも見えるね」と、とても感動していらっしゃいました。最初にこれに気づいたAさんは、

「手に持ったら紫色が濃くなった様な気がします。この生物からは離れて歩いていたのに気がついたのねー。見せられたんだねー」とおっしゃり、先生も、

「豊玉姫様の神社では写真で見せられ、海では物質で見せられました。今日は、あなたはこれを見せられるために沖縄に来たのでしょう」と話しておられました。

先生は人間だけでなくあらゆる生物の目を身体に感じると言われます。珊瑚の海を歩きながら、こ

んな話をして下さいました。

「ヘビが木の上から見ていても、鳥が見ていても、それを感じる訳よ。明らかに誰か私を見ている存在があるなーって分かる訳。ある時水の神殿で裸になって禊ぎをしていると、今日は誰か見ているなーと思ってね。見ると私の頭の上にある水の出口のパイプの上に小さな亀がいるわけよ。(＊筆者注＝パイプは頭の上なので全く見えないところなのに、先生は気配を感じたそうです）私と目が合ったらジーッと私を見ている訳よ。びっくりしたねー。亀ってね、よく見るとかわいいよねー。優しい目をしているしね。亀っていうのは仙人の目をしているよ。おじいちゃんの目だね。それからヘビも出てきて挨拶する訳よ。亀とヘビが一緒になって挨拶するのには驚いたねー。しかしもっとびっくりしたのはそのあと行ったガラパゴスでね、ガイドさんが教えてくれたことによると、ガラパゴスの意味は〝亀の島〟というらしい。私はガラパゴスに行くための禊ぎをするときに亀と会わされている訳ですから、本当に驚きました」。

私たちは先生の話に感心するばかりでした。先生は更に続けて、

「浜辺で紫色の生物に気づいた貴女にとってはこれは宝物の一つですね。地球に住む私たちにとっての宝は『命』なのに、いまの人たちにとっての宝は、『お金』になってしまい、価値観の違いでこんなにも差が生じてしまうのですね。地球を考えると、お金なんてそんな物で考えられる価値ではない訳ですね。どこかで誰かが狂わせてしまっている訳。〝ここ〟というところで真っ直ぐに行こうと思っても、ほんのわずか方向を狂わすだけで行く先が変わってしまうのさ。初めは少しの角度の狂いでも、時間が経つにつれて引き返せないほど大きい幅で狂ってしまう訳よ」。この先生の言葉は、地球のため

に働きたいという私たちにとって〝鋭いところを突かれた〟という感じでした。小さい角度で変わってきた世の中が、いまでは大きく変わってしまったのですから、修正するためにはもう時間もない……ということは、ものすごく大きな角度で修正していかなくてはなりません。大きく価値観を変えるためには大きく意識を変えるための実践が必要だと思いました。

二　S先生の光の救い

世界を巡っていますと、特に先生がお呼びしなくても先生の光をご覧になって神は寄って来られます。生前、世界に名を馳せた方でも、亡くなられてから先生の光に出会い、ご自分の天命が何であったかをはっきり悟り、成仏されていくのです。特に有名な方では、どなたもご存知のゴッホ。この方はただ単に絵を描くことが天命ではなかったために非業の最期を遂げたということでした。先生は生きている人であればこの世での天命に気づくよう導いて下さり、魂の方々には光によって成仏の世界へと導いていかれるのです。このようなお務めも、地球を救うことに繋がっていくのです。しかしここでもっと考えるべきことは、地球を元に戻す仕事は、私たち人間が地球の神様と、共に進めていく仕事だということです。大きな魂をお持ちであるからといって、先生がおひとりでなさる仕事ではないのです。ただ、地球が大きく方向転換するためには、先生のような高い意識の導き役がやはり必要だということなのです。

三　次元の差

「北極に行った時、ある会社の会長を務める、八十二才になるおじいちゃんが一緒だったんです。四月ですからオーロラの時期は終わっているんですねー。それでもおじいちゃんは地元のガイドさんに

『今日はオーロラは見えませんかねー』と聞かれたのです。ガイドさんは

『オーロラの時期は終わっているし、今日は雪ですから百パーセント見えません』

と言ってね。そしたらこのおじいちゃんがガイドも含めて皆の前で、

『Sさんが見えるって言ったら見えるよ』

って言ったんだねー。私は参ってしまって……。神は信じない人なんだけど私のことを超能力者だと思っている訳ですよ。実は一月のオーロラツアーの時、初めてこのおじいちゃんと出会って、一日目は雪でオーロラが見えなかったんです。本当はオーロラが出るも出ないも自然の法則に任せておけばいいよっていうところなんだけれども、今回もわざわざ見に来ている訳で皆が可愛そうだったから、翌日山の上に行って祭壇を組んでお祈りしたんですね。そして祈る前に皆の前で、

『今日は出るからねー』

と言った訳ですよ。そしたらオーロラが出たんですね。そのおじいちゃんは私が予言してからオーロラが出たものだから、私のことを超能力者だと思っているんです。一番尊敬している人は釈迦でもイエスでもなくアインシュタインだって。そして四月の話に戻りますが、その方がどうしてもオーロラを見たくて部屋に帰らず外に出たいというものだから、部屋で待っていて下さい、と言って帰って

貰った訳です。でもオーロラは出るわけないと本人は思っていて、私も出るわけないと思っていたんです。しかし部屋に帰って貰ったんだけど少し可愛そうだなと思ったので、外を見ると曇り空でも光が見えるのですね。ホテルは町の中でしたので、サーチライトの光かなと思ったんだけど、曇っている雪空の下によく見たらオーロラが出ているわけですよ。実はオーロラは出ているのですが雪が降っていて雲があるものだから、雲の上にあって地上からは見えないわけです。チラチラッとオーロラが見えたわけですよ。この世の中で太陽が無いということはないですよね。曇っているか雨が降るかで太陽が隠れているだけなわけで、太陽は有るわけですよ。それと同じなんですね。それでその方の部屋に電話して、

『オーロラはチラチラ出ていますが、雪が降っていて雲がありますから見えないですね』

と話しましたら見たいと言うんです。

『外はマイナス三十度の世界ですから外に出ようとしたら、雨靴履いて二重三重に着込んで防寒服も着なくてはならないんですよ。それでも出ますか』

と言ったら、

『それでも見たい』

と言うので、出て行って光のない暗い所で見るのですが、チラチラとしか見えないわけですよ。そしたらおじいちゃんが、

『Sさん、どうにか何とかあれを見る方法はないんですかねー』

と言うものですから、どうしようかと考えたのですが、どうしても見たいというおじいちゃんが可

哀そうに思えて、思い切ってお祈りすることにしてね。人の前では私はほとんどお祈りしないんですがね。そしてその方は神も仏も信じない、アインシュタインが世界一という人ですから、こう言ったんですよ。

『私がこれからすることを笑わんで下さいよ』

と、そう言って祈ったんです。

『天の神よ、日本からのおじいちゃんのために少し雲をどかしてくれませんか』

と言葉を出したら三十秒もしない内に雲が真っぷたつに割れていくんですよ。流れていくのではなくて、開くみたいにして天が真っぷたつに割れていくんですね。そしてオーロラが、これでもかこれでもかという様に出てくる訳ですよ。そしたらこのおじいちゃん、我慢できなくなって雪の中にぶっ倒れて、『もう死んでもいい』ってわめいている訳。すごいショックだったんでしょうね。空が真っぷたつに割れていくものだから……、それでも神は信じない！　超能力かマジックだと思っているんだね」。

先生は空が割れていくこの様子を見て、モーゼがエジプトを出る時、海が二つに割れるってことも本当にあるんだ……、と思われたそうです。

このおじいちゃんは八十二才になっても奇跡を信じられないのでしょうか。一つのことを捉えるのにも、意識の階層（次元）によって心に見えるものが全く違うことを、つくづくと知らされたひとときでした。

ある時私は神様から、真の自然〝科学〟とは〝神学《かがく》〟の意味であると言われました。先生が御覧になられた、雲が真っぷたつに割れる現象は、神学で捉えれば、自然が動くなどは当たり前のこと……。意識の違いで科学と神学の違いが出てくることを、先生のお話で気づかせていただき、認識を新たに致しました。

四　S先生の真剣さ

先生の、日本でのある旅のお話です。

地方のある神社にお参りしたときのことでした。誰もいないと思ってお祈りをしていましたら、後ろで宮司さんが先生の祈りを黙って聞いておられたのだそうです。その後、境内のお浄めをすべて済ませた宮司さんが日課の祈りに入る段になり、ジーパン姿の先生に祈詞《のりと》をあげる座を譲られて、ご自分は先生の後ろに座して祈りが行われたそうです。そのようなことはかつて聞いたこともありませんが、実際にあった話だということでした。その宮司さんは、本物か偽物かを見分ける〝眼〟をお持ちだったのでしょう。それほどに、先生の祈りのときのお姿は〝真剣〟そのものなのです。先生は、「〝まじめ〟に生きている人はたくさんいるでしょうが、〝真剣〟に生きている人は、一体どれほどいることでしょうか」とよくおっしゃいます。

先生がまだ三十歳代の頃の次のようなお話もして下さいました。リュックを背負い、すり切れたジーパン姿でしたが、初めて訪れたある神社にお詣りをされたそうです。境内の、水が湧き出ているところにひざまずいて祈りを始めましたら、水の中から金色の小さな蛇が這い出してきたのだそうです。その蛇は、驚いている先生の目の前に近づいてきて、まるで座るような格好でじっとしていました。先生は咄嗟に「これは神様かな……」と思ったそうです。と、そこへどなたか人が参りましたので、踏まないように声をかけ、眼を元に戻すと、蛇は姿を消していたそうです。

先生は宮司さんに「ここのご神体は金色の蛇さんですか？」と尋ねてみたそうです。宮司さんは「見たんですか！……。この神社の御神体は〃金色の蛇〃であると、伝説ではなっていますが、私は三十年勤めていて、まだ見たことがないのですよ……」と答えられたそうです。宮司さんは先生になにか普通でないものをお感じになったのでしょう。後に、先生にお手紙で、神社に勤めることになった経緯《いきさつ》などもまじえていろいろと書いてこられたそうです。

その後しばらくして、先生がある知り合いの方を案内して再びその神社に詣でました。そのとき、宮司さんは先生に「祈詞《のりと》をあげて頂けませんか？」と申し出られたそうです。それではと、宮司さんの定座に先生が着かれてお祈りが始まりましたが、始まるやいなや、同行された知り合いの方と宮司さんが共に声をあげて泣き出してしまったというのです。私も先生のお祈りの場に居合わせて、同様な経験をしておりますが、先生の真心から発する言葉の温かさに触れると、どうにも堪《こら》えられない熱いものが胸の奥底から込み上げてきてしまうのです。

また、こんなこともありました。神様からのお言葉を伝える役のある方が、ある時、先生のお祈りの後《あと》で、お役を果たさずにただ泣いてばかりおりました。先生が「どうしたの？」と尋ねると、「あのような先生のお祈りの後に、どうして言葉を出せますでしょうか」と言ったまま、泣き続けていたそうです。

「若いときから本当に真剣だった。頭で考えるのではなく、自然に祈詞《のりと》が口を衝《つ》いて出てきた」と先生はおっしゃいます。しかし、このごろの先生は、以前とはまた変わってこられたように思います。神様が先生のお姿をご覧になるだけで「光を下さい」と、頭を下げてこられるのです。

思い返せば七年前、沖縄での講演会の直後に神様が「S氏とは、そこに居るだけでよい存在になります。S氏の光を見て、神も人も変わっていくのです」とおっしゃったことがございました。

神様も言われますように、人としての成長の過程を、決して逃げることなくきちんと踏んでこられ、更にその上、命をかけてご自分の使命を果たしてこられた上での、今日の先生がいらっしゃいます。

一九九九年七月七日、天から降ろされた高次元の光によって、先生の本当の姿が明かされました。それまでは、先生ご自身さえも気づかぬように隠されていたのです。天照大御神様でさえ、「落ち葉の中に隠れた水晶玉のようで、私たち（神）にもそのご正体は見えませんでした。創造の神様とは、どんなに厳しいお方なのでしょう……」と言っておられたのでした。

神々様に対する先生のお心は、いつも真剣そのものです。地球のために、日本のために、陰にあって祈るからこそ、神様でさえも感動して涙を流され、そして変わっていかれるのでございましょう。

カリブ海に行った時のことを、先生はお話しして下さいました。

「ある朝、龍宮の神様をお呼びして、お祈りをしたんですね。それに応えて神様が来ておられることは私には分かっているのです。そして祈りの終りに、持参した品を『どうぞ、これ日本からのお土産です』って海に捧げ入れたら、全くそれまで何も見えてなかったのに、大きな大きな針千本が寄ってきてパクッと食べる訳ですよ。神様がちゃんと形で見せてくれたんですね」。

先生のお供をさせて頂きますと、神という存在は、自然のあらゆる所に人と共にありながら躍動しているんだなあ、と感じない訳には参りません。ただ人間がその姿をキャッチできないだけで……。

五　マリア様からある女性への言葉

小学校からお母様の希望でミッションスクールに通っておられたある方が、「毎日、何かが違う……と思いながら、学校に行くのが嫌でやめたいと思っていた」とおっしゃっていました。結局のところ、その方は沖縄まで来られたのですが、前世では沖縄の首里城で神の言葉をお伝えする役目のお方でした。ですから、ミッションスクールでは、魂が学校に馴染むことができず、とても苦労なさっていたのでしょう。

S先生のところで、マリア様からこの女性に対してのお言葉がございました。

《マリア様》

「マリアにございます。初めてお目にかからせて頂きます。私も幼き我が子を胸にこうして抱きかかえ（＊筆者注＝抱きかかえる仕草をしていらっしゃいました）、天から授かりしお子として大事に育てさせて頂きました。そのお子には、天の教えを地にならしめるための心のありかたを教えて頂きました。あなた様も大切な魂としてお母様が天から戴いたお子でございましたでしょう。しかし、お母様も、あなた様が幼き頃には神の大愛に気づかず、人間の価値観であなた様をお育てになってしまわれたのでしょうか。そして学舎《まなびや》にてあなた様を指導なさいましたお方は、真なるマリアの心を知らずに指導されていたのでしょう。あなた様のように純真で清らかなお心を持ち、二十一世紀に向けて天の声を多くの人々にお伝えする大切な役目を神様から仰せつかる魂の方にとりましては、心迷うこともございましたでしょう。心からお許しを頂きたく存じます。いまここにいらっしゃいますS殿の歩んでこられた道を見せて頂き、私もたいへんな学びをさせて頂くことができました。この方が地上にこうして現れて下さらなければ、私とイエスの真の心を多くの人々にお分かり頂く機会はございませんでした。神とS殿に、心からの感謝を申し上げます。S殿のお話し下さることは、私とイエスの次元を超えた教えにございます。長い年月、あなた様にはたいへんな心の苦しみを与えてしまいました。どうか世の多くの人々のために、あなた様の心を世に問うて下さいませ。たいへん勇気のいることと思いますが、よろしくお願い申し上げます。有り難うございました」。

この女性の天命も、現代文明の教育の中で見えなくされてしまったのかも知れません。そして四十才半ばにして先生に出会うことにより、初めて御自分が何のためにこの世にお生まれになられたのかをお分かりになられた様子でございました。

六　「宇宙心」を読んで

S先生について書かれた「目覚め」を読んで、人生観が大きく変わった方はたくさんいらっしゃるようですが、平成十五年五月に明窓出版から出版された「宇宙心」を読まれて、人生観が大きく変わられた方もいらっしゃいます。ある時、S先生にお手紙を寄せてこられましたその方は、その便りの中で、

「『宇宙心』のご本は、心に染みわたる神様のエネルギーと申しましょうか、消えることのない真の癒しの一字一句なのでは……と、本当にありがたく感謝しております」と書いておられます。そしてまた、「親神様が日本のどこかに生まれているはずなのに、いまだに親神様にも逢えない親不孝者だ……」と、友人に宛てた便りで自分のことを伝えたとも書かれていらっしゃいました。

「宇宙心」を読まれ、親神様の心を持たれた方が日本にお生まれになったことを知り、たいへん感動なさったようでした。S先生は「どんなことがあっても、やっぱり人間が好きなんです……」といつもおっしゃいます。この方も含めて、先生に便りを寄せて下さいます方々の純粋な心もまた、先生の地球への想いを途切らせることなくつなげることの、ひとつの糧となっているのではないかと思われます。

この方のお話を伺い、S先生が、人々には知られることなく、まったくの陰の力にて地球のために働いてこられました真実のお姿を、「神とともに」というテーマで皆様にお伝えをさせていただけますことのありがたさに、心からの感謝の気持ちでいっぱいです。

最後の章　人間は自然の一部

家畜が、立つ、座るしかできないほどの小さな檻《おり》に閉じこめられ一生を終える。鶏も、向きも変えられないほど狭い空間に閉じこめられ、卵や自らの肉身を人間に供給させられ一生を終える。中には、少しは開放感のある大地の上に住処《すみか》をもらう鶏もいるでしょうが、そこも過密状態で押し合いへし合い。いずれにしても、人間の食のために、家畜はストレスまみれの生活を強いられる……。三歳だったわが子が、家畜の小さな住処を見て「かわいそう……」とつぶやいたのを、いまでも鮮明に覚えています。昔、知り合いだったある日本画家が「家畜をあんな狭いところに入れてしまって、人間はいつか必ずしっぺ返しを受けますよ」と言われたのも思い出します。

こうした現代の一断面を切り取って、誰かを非難しようというのではありません。世界中を覆う不調和、不条理は、どこが頭でどこが尻尾か分からない連鎖の渦中から無制限に発生していますので、その一部だけを断罪すれば解決する問題ではないからです。

しかし、そうした連鎖の渦中に身も心も預けたままでは、宇宙船地球号もろともに遅かれ早かれ滅びゆく運命を免れないでしょう。

私たちにいま最も求められているのは、自然の一部として生きる、人としての原則に立ち返ることではないでしょうか。地球上の生物の頂点に立つ人間が、自然への畏怖《いふ》や愛情を大切にし、自然を敬う気持を取り戻していくことが、何よりも大切だと思います。

私も十五才までは自然の中で育ちました。祖父が炭焼きをしている時などは、炭を焼く窯の火を消すために夜中でも山に行かなくてはならず、しんしんとした月明かりの中を、またある時は真っ暗闇の山中を、一時間も歩いたものでした。当時、人工的に用意された遊び場を持たぬ子供たちは、自然の中で自然を相手に遊びながら成長してきました。自然の中で出会う生きものたちが、かわいらしくもあり、また、時に不気味であったり怖さを感じる相手であっても、彼らはどこまでも遊び仲間でした。そんな中で私たちは、人間も自然の一部だということを身体で覚えたものでした。

子供の心は、自然界とつながり、自然の中にいて喜ぶ自分があることを、感じ取る能力を持っていると思います。その能力を大人が真剣に開かせてあげることが、地球環境へ配慮のできる人間を育てることに繋がっていくはずです。

沖縄の自然豊かな山原《やんばる》の地に一人の少女が生まれました。その少女が小学校の時から書き始めた詩があります。この少女のお父様は、花が大好きで生きものを大事にし、自然をとても大切にして生きていらっしゃいます。次の一枚の絵は少女が描いたものです。地球を見守る神様の姿そのものでしょう。

彼女が書き綴ってきた詩の数々は、このお顔の神様から送られてきたメッセージなのかもしれません。それらの中から何編かご紹介したいと思います。

地球

地球とはキレイだ
そんなキレイな星に住む人は皆
良い人であってほしい
それを願っているのは
皆の心だ
自分自身が本当はそう願っている
皆でキレイな心になっていこう

少しずつでいいから
いたわりの気持ちを持っていこう
少しの優しさからすごく大きな
世界ができる

すばらしい世界になっていくのだ
それが叶う日は皆が協力すれば
そう遠い未来ではないはずだ
すぐにその世界ができる
この世界(地球)に住む
皆の問題だ

「神」

神とは己の心の中にある
神とは形ではない
目に見える物だけが神ではない
目に見える物だけがすべてではないのだ
神とは一人一人の心の中に存在する
神を信じなさい
自分の心の中にある神を信じなさい
神はあなたを見守っているのです
自分の心の中にたずねてみなさい
そうすればきっと良い道へと
神はみちびいてくれます

「支えあい」

あなたがいたから
今の私がいる
今の私がいるから
あなたもいる

もしも
あなたがいなかったら
私はもういなかったかもしれない
私という存在じたいが
なかったかもしれない
あなたがいてくれてよかった
本当によかった
人間はいつも知らぬ間に
支えあって生きている
それを忘れちゃいけない
一人で生きれる人はいない
みんな心のどこかで
支えあって生きているのだから

「大地と天」
私の天使よ、天使たちよ、
この歌をきいて。
「母なる大地、父なる天は

あなたの母と父だよ。
いつまでも大地に立つ子を見守る。
けっして見すてたりしないよ、わるさをしないかぎりは。
いいかい？
人を守るんだよ。
たよれる人、やさしい人、つよい人、
広い心をもった人になるんだよ」

「人間」
人は近くにある幸せに
気づかずに生き
気づかずに死ぬ
死んでこうかいする
あぁしておけばよかった
こうしておけばよかった
なぜ人がこうかいするのか
それは単純でかんたん
人は遠くばかりをおい求める

上へ上へと
だから近くを見ないのだ
近くを見ないから
こうかいするのだ
だから一度ふりかえってみるといい
そうすれば、こうかいなどということをしなくてすむ
あなたは近くを見ていますか？

「夢」
夢っていい
夢があるから生きていけるのかもしれない
夢がなかったら
毎日がただなんとなくすぎていくだけかもしれない
やること、やりたいことがあるってことは
いいことだ
その夢にむかって生きていけばいいから
夢はかんたんにかなうものじゃない
だから夢なんだ

でも決してかなわないものではない
最後まで夢にむかってすすめるか
あきらめないで追いかけられるか
が大事なんだ
夢には必ずなんかんがある
それをこえられるか?!　がだいじなんだ
夢　大切な言葉

「心の花」
皆心の中に花を持ってる
最初は種だったものを
その心の中の花は
心が成長していくと咲いていく
体が成長しても花はみためではなく
心が成長しなきゃ咲いていかない
今の大人はそれに気づかず
みためだけを美しくみせよう
かざろうそれしか考えてない人が多い

だから心の花はかれてる人、種のままの人、つぼみの人
がいっぱいいる
もしも自分の心の花を咲かせたい時は
もっと周りを見てみるといい
そうすれば自分がどれだけみがってな事をしてきたか
わかるだろう
それでもわからない人は一生心の花は
咲く事もなく種をつける事もないだろう

混迷は深まるばかりで、出口がないかに思えてくるいまの世ですが、私たちや私たちの子ども、孫、その先の子孫が歩んでいくことのできる道は、どのようになるのでしょうか。

最近、教育委員会でお仕事をなさっているある女性からお聞きしたのですが、引きこもりや登校拒否、鬱の子どもが非常に多くなっており、さまざまに対策を講じても解決の糸口すら見えてこないと、ほとほと悩みぬいておられました。私たちがこれまで押し進めてきた文明の、まさに収支決算を見せられたような思いが致しました。私たちはこのままでいきますと、なだれを打って滅びの道へと押し流されていくようにも思えてきます。

この少女が届けてくれるメッセージの数々は、このような私たちに対して神様が、「出口はこっちですよ！　目を開けてよくみなさい！　早く気づきなさい！」と訴える、悲痛な叫びであるように聞こ

えます。わが子が崩れ落ちようとしている姿を、親がどんな気持ちで見つめることでしょう。そのような思いを神に抱かせてなお、なかなかに気づけないでいることに、ただただ申し訳ない気持ちが募って参ります。

この本も終わりに近づき、地球の神は私に声を届けて下さいました。

「『あ』は天地を貫き、『い』はそれを横に広げるそれぞれの音霊の力。また、
『あい』は、地球のすべてを慈しみ、育ててくれる
『あい』はあたたかく見守る力
地球は『あい』そのものである
地球は呼吸をしている
地球は生きている
人間に魂と心と肉体があるように
地球も地球の魂の叫びを、人々に届けようとしているのです。
さまざまな人々が、さまざまな神が
地球に声をかけてきました。
太陽の神、星の神、大地の神
水の神、そして、地球の表面に声をかける人、地球の宇宙空間（オーラ）に声をかける人、
地球の軸に声をかける人……。

人は祈りによって、地球に声をかけてきました。
声なき想いによって祈る。
真心から発する声にて祈る、真心の祈り。
北極点にて初めて人としてのＳ殿の祈りが地球に届いたのです」。

先生が命を賭けて祈ったその時、地球は、自らの魂を「地球霊王」と名付けて、三次元世界の人々に初めて地球の魂の存在を明かして下さったようです。

地球は全身全霊をもって先生に語りかけてきたのでしょう。しかし、先生のまことの姿は、一九九四年のこの時、まだ地球霊王様（地球）にも知らされることがなかったようです。

地球を覆い尽くすように、地球のすべてに祈りが通じるお方とはどのような魂をお持ちの方なのでしょうか……。

地球の歴史の中で初めて明かされる、宇宙最奥の扉の存在（神社にも奥の院があるように、宇宙にも最奥が存在するようです）最奥の扉を開くことを、今世紀、許されるのでしょうか。そして、その扉を開く存在は何ものなのでしょう。

Ｓ先生とは何度生まれ変わっても会うことの出来ない存在である、と知らされました。今世紀、Ｓ先生の存在が明かされる時、私たちは自分という存在をどのように位置づけ、そして何をなしていこうとするのでしょうか。

二巻において引き続き、先生の奇蹟の祈りの旅について書かせて頂こうと思います。地球の神々様や、地球に心を寄せて下さいます宇宙の神々様の深い想いもお届けしたいと願っています。この巻の冒頭に、知識のための本でないことを記しました。一巻を読み終えたいま、皆様はどのようなご感想をお持ちでしょうか。止むに止まれぬような想いを抱きつつ二巻に進んで下さいます方々と、また新たな旅をご一緒できますことを祈念してやみません。

第一巻あとがき

　まことの自分の使命をひたすら求めながらも、自力では繭玉から脱皮できずにこれまで生きてきたような私ですが、Ｓ先生とのご縁を頂く中で、次から次へと続く目を見張るような体験やさまざまな気づきを与えられていくうちに、気がつけば、大きく変わっていく自分がありました。

　ここ何年か「目覚め」を配り続けている私ですが、もしかして私の体験も、世のために何かお役に立たせて頂けるかもしれない、と考えるようになりました。しかし、筆無精に加え文章力のない私には、本を書くなどということは苦痛でしかありません。どうしようか……、先生から伺う話、神様からいただく言葉を、私の胸だけに納めておくには、あまりにも勿体ない。どうしようか、どうしようか……、私に本が書けるだろうかと、相当悩みました。悩んだ末になんとか書き始めたのですが、やっぱり書けません。家事や仕事の雑多な用事に追われ、集中できません。

そんなとき、八十歳になり、ひとりで田舎にいる母からの電話がありました。

「右手が痛くて堪らないが、どうしたもんかなぁ。一度、通信治療（遠隔治療のこと）をしてみてくれないかなぁ」ということで、すぐに取りかかりました。すると、その時は痛みは消えたのです。しかし、翌日再び「やっぱり痛む」と二度目の電話があり、二〇〇二年一月二十二日、母のもとへ行ってみました。山奥の実家で一人暮らしをしている母は、趣味の大正琴を五十曲以上（！）も、毎晩欠かさず（！）弾《ひ》いていたというのです。筋肉疲労が限界に達したのでした。激痛の余り貧血を起こし、気を失って畳の上に数時間倒れていたのを、隣に住むいとこが見つけ、ことなきを得たというのでした。実家の冬は寒く、発見が遅れれば命を落としていたかも知れません。帰省した日から、さまざまに自然療法を試みたものの、一向に良くなる様子がありません。その時、ハッと気づいたのです。「母は、神様に使われたな！」。このことでした。私のやるべきことを、母を通して気づかされたのです。田舎にこもり、本を書きなさい、ということでした。母自身も私に言ってくるのでした。「母ちゃんのこの手は、普通ではない。きっと、学がここで本を書けっていうことだよ」と。実家で私が書く間、母は利き腕である右手の自由を奪われて、一人では何も出来ぬ状態でした。手首近くの筋が炎症を起こして硬直し、箸さえ持てぬ有様です。一時は外科医師から、リューマチと疑われもしたのです（普通、八十にもなってこれほど筋肉が固まってしまいますと、元の状態に回復することなど望めないと、医師から告げられていました。しかし、原稿の下書きを終える頃には、母の手は、全く嘘のように元気な頃の状態に戻っていたのです。裏の畑で、ジャガイモの作付けから収穫まで、今年は一人で全部やってのけたほどです）。

こうやって私は田舎に縛り付けられました。この時ほど、出生の縁を深く思ったことはありませんでした。

毎日、ペンを取る前に二階のご神前に手を合わせ、ご先祖様にも手を合わせ、神々様、ご先祖様の力をお借りしました。そればかりでなくこの本は、多くの方々のお力の中から出来上がってきました。原稿用紙に向かう日々、感謝なしに書き続けることは出来ませんでした。書くことにより、大きな学びもさせて頂きました。

人には例外なく、天から与えられた使命（務め）があると言われます。天命というのでしょうか。

先生は「神様にも天命があるのですよ」と話されます。天照大御神様でさえも「悟る毎に、深い天命が見えてくる」と言われます。ある段階の悟りまでいくと、その段階までの天命が見える。そしてその上の悟りがあった時には、その上の天命が見えてくる。私はこの本を書いているうちにも、さまざまな神様のご指導を頂きました。また、先生のお供をさせて頂く機会もございました。

先生はおっしゃいます。

「本当は世界中の人々に会って、世界中の人々の心に、創造の神様の想いをお伝えしたいのですが、それは到底無理なことで、縁があり、私の近くにいる人々は、世界の人々のひな型なのだと思うから、その方々の思いを見せて頂きながら、働いていくのですよ」。

私は先生のお供をさせて頂き、真心からの言葉を頂いているにも拘わらず自分を変えることができず、本当に申し訳なく思っています。

二十数年間神と共に歩まれ、「地球のために」という先生の想いを、私が本に書かせて頂こうとどんなに努力をしましても、先生の想いの、ほんの僅《わず》かなものしかお伝えできない自分です。

先生は、この道に入られる前、二十代前半から、たいへんな想いをお持ちでいらっしゃったそうです。その頃既に、社会的な成功は果たしておられました。その当時からの先生の想いを聞かせて頂いたことがありました。

一、汝己を知れ
一、我が辞書に不可能はなし

一、我ことにおいて後悔せず

この言葉が、二十代からの先生の基本的な生き方であったとおっしゃいます。私の二十代はと振り返ってみれば、天と地の差がありました。学歴を重ねても、想いの深さを掘り下げることはできないことを先生のお姿から学びました。現代人は、学歴を重ねることで頭に知識は増えても、多くは、心を通して深く物事を把握したり、表現することができなくなっているような気がしてなりません（このことを先生は、本の表紙だけを生きて、中身を生きることを忘れている、とも言われたことがありました）。

また、先生がこんなことを言われたことがありました。

「心臓というポンプが意識しなくとも動くように、自分の気持ち（精神）にもポンプがあるのです。自分（心）を空っぽにすると、必要なもの（良いもの）が入ってきます」。

私はこの本を書き始める頃は、書き終えたら自分の天命を果たせるのだと思っていたのですが、書き進むにつれ、その考えの浅さに気づきました。本を書き上げてからの、私の「想い」、私の「生き方」の方が大切なのだということに気づかされたのです。

神とは　無なり　空なり　真なり
　愛なり　慈悲なり　光なり
　天地　龍宮　龍頭なり
　そして己の真心なり

神とは　真心なり……

このことは、今生でＳ先生にお会いしなくては、先生のお供をさせて頂くことがなくては心の底から分かることではありませんでした。先生が、やがて本来の魂のお姿にて活動なさいます時、私たちは更に真剣に生きてゆかねばと思わずにおれませんでした。

二〇〇三年十月二十一日、宇宙の神様からお示しを頂いた言葉があります。

「二十一世紀は宇宙改革への入り口であり、親神様（創造神）と地球は太いパイプで結ばれておりましたが、いつの日か、まことの（親）神の存在を忘れた人類が多くなった地球は、親神様とのパイプも糸のように細くなり、想いの通わぬ地球へと変わってしまいました。地球はこれから親神様との間に太いパイプを再構築し、揺るぎない神々様のオアシスとしての星へと変わることが、宇宙の大改革の中に地球の果たすべき役割であるということです」。

地球に住まわせて頂くこれからの人類は、更に高い意識を必要とされて参りますことでしょう。肉体をお持ちになった先生の存在に、あらためて感謝せずにはおれません。

この本は、先生のお祈りの言葉にもありますように、天地・龍宮（海）・龍頭（創造神）、全てのお力（真心の愛）を頂かなくては、多くの人々の温かな愛を頂かなくては到底仕上げることのできない本でした。そしてまた先生は口癖のようにおっしゃいます。「人は愛の心を育《はぐく》み礼節をたっとぶことがとてもたいせつです」と。

先生は誰にでも温かく接して下さるのですが、時には厳しく、時には強く、私たちの心を支えて下さいました。本当に有り難うございました。有り難うございました。第一巻の執筆を終えるに当たり、真心から感謝を申し上げます。

合掌

平成十六年七月吉日

神立学

神とともに

偉大《いだい》とは己《おのれ》の真心《まごころ》なり

神立《かみたて》　学《まなぶ》

明窓出版

平成十六年八月二六日初版発行
発行者——増本　利博
発行所——明窓出版株式会社
〒一六四—〇〇一二
東京都中野区本町六—二七—一三
電話　（〇三）三三八〇—八三〇三
ＦＡＸ（〇三）三三八〇—六四二四
振替　〇〇一六〇—一—一九二七六六
印刷所——株式会社　ナポ
落丁・乱丁はお取り替えいたします。
定価はカバーに表示してあります。

ISBN4-89634-157-0

ホームページ http://meisou.com　Eメール meisou@meisou.com